見過ごされた貧困世帯の「ひきこもり」

若者支援を問いなおす

原未来 著

大月書店

見過ごされた貧困世帯の「ひきこもり」◉目次

序章

学校に行っていない。働いていない。他者とのかかわりを絶ち自宅にこもっている。こうした若者の存在が「ニート」や「ひきこもり」として高い関心を集めるようになって20年が経つ。若年無業者（ニート）は87万人、若年のひきこもりは54・1万人とも推計され[*1]、この短期間に多くの研究と実践がおこなわれてきた。

しかし、そこで語られてきた対象は、社会経済的に中上位に位置する家庭の若者たちに偏ってきた。言い換えれば、同じく無業・孤立状態にあっても、低階層の若者は実践上も研究上もほとんど語られず排除されてきたといえる。

なぜそのようなことが生じたのか。また、低階層で無業・孤立状態にある若者とはどのような人々で、かれらへのかかわり（支援）はいかにして可能なのか。本書では、従来のひきこもり・若者支援において排除されてきた人々の存在とその支援を論じることを試みたい。

フィールドでの体験から

以上のようなテーマに至った背景について、少しだけ私の話をしておきたい。

私が大学生の頃、世間ではニートという言葉が流行り、「働こうとしない甘えたダメな若者」というバッシングに溢れていた。自分たちはそんなにダメな存在なのかと首肯しがたい思いを抱えながら、一方で、働き生きていくことへの不安や息苦しさを強く感じていた。これはいったい何なのかと悶々としていたときに、縁あって首都圏のあるひきこもり支援団体にかかわるようになった。ボランティアからやがて非常勤スタッフになり、6年間続けた。２００９年春のことで、私は大学院生だった。

最初にスタッフとなったのは、ひきこもりの若者たちのフリースペース（自由に過ごせる場所）だった。家族や本人が団体の相談窓口を訪れ、スタッフとの面談を経て、徐々に利用するようになる人が多かった。

そこのメンバーと一緒に、自身の体験を語る会に参加したときのことだ。大学を卒業して就職するという「おっきな道」から外れたことが苦しい、「できることなら戻りたい」と語った女性がいた。彼女は、当たり前のことができなかった自分は「落ちこぼれだし、ダメな人間だし、価値がない」、「こんなダメな自分だからどうでもいい」と思いひきこもってきた、と続けた（原２０１２）。

このとき私は、彼女のいうことがわかるような気がした。大学卒業時に進路を決められず、「当たり前」から外れたことをつらく恥ずかしいと思った経験が重なった。「こうでなければならない」に追い詰められ、自信をなくし、そうあることのできない自分を責めて苦しかったのだと、彼女たちと話し、その研究を通して知っていった。

だから、ひきこもりの若者たちとのかかわりは、かれらだけでなく私自身の息苦しさもどこか解明されていく合わせ鏡のような感覚を当時の私はもっていたと思う。かれらのことを「わかった」気になりがちだったとふりかえってみて思うが、ひきこもりの人々の経験を特別なものだと切り離さないスタンスとしては今なお残っているところもある。

２００９年頃といえば、すでにニートやひきこもりといった言葉はすっかり大衆化していて、支援機関も全国に拡大していた時期だ。その大半は私が入った現場と同じように、本人や家族の求めに応じて支援を開始する、いわば「要求応答型」の支援機関だった。本人や家族が支援ニーズを表明すること。これが支援を受ける大前提であり、そうして支援機関にたどりついた若者に支援や研究は対峙してきた。

ところが、私はこの後、まったく異なる現場に異動することになる。それが、本書で取り上げる、首都圏B市でおこなわれていた、生活保護世帯で無業状態にある若者への支援事業だった。２０１０年４月から２０１５年３月まで、スタッフとしてここで多くの時間を過ごした。[*2]

当時は貧困が社会問題化し、低階層の若者や家族への関心が高まっていたが、かれらは自ら支援機関を訪れることが少なかった。そのため、自発的な来所を待つのではなく、対象となる若者を探し出しアプローチしていく支援が徐々に始まっていた。本書ではそれを、従来展開されてきた「要求応答型」の支援に対し、「支援機関アプローチ型」と呼びたい。私はこの「支援機関アプローチ型」の現場で、さまざまな疑問に直面することになった。

一つは、支援の必要性をめぐるものだ。この事業では、本人や家族が支援を求めていない（ように見える）局面からかかわりを始めていくことが少なくなかった。つまり、無業という現状が必ずしも「問題」や解決すべき状態として、本人や家族に捉えられているとは限らなかった。とすれば、なぜ、そして本当に、支援することが必要なのかという問いが生じる。「支援の押しつけなのではないか」という思いが幾度も浮上し、言葉にならない状況が続いた。

また、それ以前の「要求応答型」現場で、「普通」から外れたことを悔やみ苦しむひきこもりの若者と共感的に対話を重ねてきた私にとって、無業状態が「問題」とならない（ように見える）状況も当初は不思議なことに思えた。かれらが無業・孤立状態をどのように捉えているのかわからず、何をどのように支援するのか／しないのか、答えの出ないままかれらと過ごす日々だった。

しかも、若者の無業や孤立に注目する研究や実践では、相変わらずそのほぼすべてが「要求応答型」の支援や、そこに来る当事者を対象としていた（ように当時の私には感じられた）。どの本を読んでも、語られるのは社会経済的に恵まれた家庭出身の若者がほとんどで、私が目の前にしている低階層の人々と重なる当事者像や実践を描くものにはなかなか出会えなかった。実践としても研究としても、かれらのことを語る必要があるのではないか。そんな思いが高まっていった。

本書のテーマ

以上のような体験をベースに、本書が課題とすることは大きく三点である。

（1）低階層で無業・孤立状態にある若者の〈存在〉を明らかにする

無業・孤立状態にある若者への社会的関心が中高階層の者たちに偏ってきたことを示したうえで、社会経済的に厳しい家庭背景をもつ無業・孤立の若者が存在することを示したい。そして、なぜかれらは関心の埒外に置かれ不可視化されてきたのか、その構造を明らかにしたい。

（2）低階層で無業・孤立状態にある若者にかかわる〈支援〉を論じる

「要求応答型」の支援機関が広がるなかで、支援ニーズを表明しない（ことの多い）低階層の者たちは実質的に支援の対象外に置かれてきた。これに対し、本書はかれらにも支援（という名のかかわり）が必要であるという立場に立ち、その実践について論じる。とりわけ、本人が支援を求めていない（ように見える）局面の実践は、「要求応答型」支援を前提とする状況のなかではほとんど注目されてこなかった。こうした実践は押しつけやパターナリズムにも通ずる危険性を孕んでいるため、どのような実践としてその必要性・可能性を危うさに対峙しながら示すことができるのか、考えたい。

（3）低階層で無業・孤立状態にある若者の〈経験〉を可視化する

かれらへの支援を検討するには、かれらが無業・孤立状態をどのように捉え、何を求めている（いない）のか知ることが不可欠である。そうでなければ、かれらにどのようにかかわるのか、あるいはかかわらないのか、その糸口さえつかめないからだ。これまで多くの研究が若者の無業や孤立、ひいてはひきこもりが当人にとっていかなる経験なのか論じてきたが、比較的豊かな家庭出身の人々のそれが論じられるなかで不可視化されてきた経験の一部を描き出したい。

なお、低階層の人々に注目する本書は、単にひきこもりや若者支援の議論に低階層の若者を含めようという話ではない。かれらがなぜ支援・研究の対象や関心から除外されてきたのか、その枠組みそのものを問いなおすことを見据えるものだ。これまで不可視化されてきた低階層の無業・孤立者への注目から、若者支援とはどのような営みであり、何が求められているのか、提起することを試みたい。[*3]

本書は二部構成とした。第Ⅰ部では、低階層で無業・孤立状態にある若者たちについて、その存在を学術的に整理し同定することをおこなう（第一のテーマ）。そして、第Ⅱ部では、かれらの経験と支援を実践論的に検討していく（第二・第三のテーマ）。この際、現場に参画していた私の体験や戸惑いも重ねながら、具体的に論じていきたい。実践者の方は第Ⅱ部（もしくは第5章）から読みはじめ、関心に応じて第Ⅰ部に戻ってもらうのもよいかもしれない。また、注は論の補足や背景を示すために記したものも多いため、読み飛ばしていただいてかまわない。

〔注〕

＊1　若年無業者数は内閣府（2021）、若年ひきこもり者数は内閣府政策統括官（2016）による。

＊2　事業にかかわる若者や関係者は、私が大学院に在籍し、研究的観点を兼ねて現場に参画していることを認識し

ていた。本研究にあたっては、第Ⅱ部で詳細を記述する若者4名には改めて研究説明をおこない、当該期間に私がスタッフとして得た情報、およびその後のかかわりで得た情報について研究に使用することへの同意を書面で得た。また、事業実施者であるB市福祉事務所には上記について了解を得るとともに、当該期間に私がスタッフとして得た事業全体にかかわる情報（事業の概要や事業対象者の全体傾向・特徴等）をデータとして使用することの同意を書面で得ている。個別ケースにかかわる記述は書面で同意を得た4名に限り、匿名化や全体像を損ねない程度の情報加工を施している。

＊3　そもそも若者支援とは何かということ自体が曖昧で検討すべき事柄でもあるが、本書でその議論を展開することは避けたい。1990年代以降、若者の生活困難の広がりと共に各地で支援活動が展開されるようになり、さらに2000年代になると若者政策が進展した（第1章参照）。このなかで、形成され名づけられてきた領域が若者支援といえる。若者期には、教育・福祉・労働・精神保健・心理などさまざまな領域にまたがる課題が存在するため、若者支援の領域・担い手も実に多様だ。中心的なものとして、不登校・ひきこもり支援、障害者支援や精神保健福祉、社会教育や地域づくり、就労支援や仕事起こしなどがあげられるが、若者支援と銘打たなくても、労働組合や女性支援、子育て支援などのなかで若者への支援を展開している活動は多様に存在している（若者支援全国協同連絡会編2016）。本書では、この20年余りの間に若者支援の活動として自認・他称されてきたような活動をひとまず若者支援と呼んでいる。ただし、若者政策の展開においてニート・ひきこもりが議論の中心であり続け（その問題性は大きいのだが）、若者支援の全国組織（若者協同実践全国フォーラム）もひきこもり支援から拡大していった経緯を踏まえれば、無業・孤立状態にある若者に注目しかかわっていく活動が若者支援において重要な位置を占めていることは疑いえない。

第1部
見過ごされた低階層孤立者

2000年代以降、ニート、ひきこもりなどのワードによって注目されてきた若者とは誰だったのか。第I部では無業・孤立状態にある若者をめぐる言説や政策の検討をおこない、一部の若者たちへの注目の背後で不可視化されてきた「低階層孤立者」の存在を浮かび上がらせる。

まず第1章では、ニート、ひきこもりをめぐる言説や若者政策のなかで注目されてきた人々の属性や特徴を明らかにする。続いて第2章では、それとは対照的に関心の埒外に置かれてきた貧困世帯で無業・孤立状態にある若者たちの存在を、貧困研究とオリジナルデータから示したい。以上を経て第3章では、同じく無業・孤立状態にありながらなぜ低階層の若者たちは不可視化されてきたのか、その構造を考察する。

第1章　注目されたのは誰だったのか

まず、若者の無業・孤立をめぐって注目されてきた人とは誰だったのか明らかにすることから始めよう。本章では、ニート、ひきこもり、そして若者政策の順に、それぞれどのような人々が関心を集めてきたのか見てみたい。

1　ニートへの注目

若者の無業・孤立に注目が集まる前史

本題に入る前に、そもそも近年における若者の無業・孤立への注目はいかにして始まったのか確認しておこう。[*1]

1990年代以降、若者の〈学校から仕事へ〉の移行過程は大きく変容した。たとえば、学校卒業後の進路では無業者や一時的な職に就く者が増え、非正規雇用で働く若者の数は飛躍的に増加した。[*3] また、若年失業者も1990年代から2000年代にかけて急増している。[*4]

こうしたなか、社会の関心は「フリーター」と呼ばれる人々の急増に集まった。そして、その注目はこの問題を生み出している産業・雇用構造の変化ではなく、若者たちの意識に向かった。「甘えた、ぜいたくな若者」という見方が大勢を占めたのだ（本田由紀2008）。[*5] 1980年代後半のフリーターには、バブル期における「豊かさ」を反映した部分が少なからず存在し、また、フリーターを若者たちの新しいライフスタイルの模索として肯定的に評価しようとする社会的文脈が存在していたことが、バブル崩壊後のフリーターの急増についても、若者の労働意欲や態度の問題として回収させていく背景にあったとされる（乾2006）。

こうして、フリーターは若者の仕事をめぐる意欲や態度を問題視する若者バッシングの初期の対象となってきた。つまり、1990年代以降、若者の仕事へのコミットメント低下を問題視する社会的土壌が成立してきたといえる。そうしたなか、より仕事（あるいはその他の社会活動一般）にコミットメントしない者たちとして、ニートが大きく注目されていくことになる。

ニートの欠陥

日本でニートという言葉が高い関心を集めたのは、2004年のことだ。もとはイギリスの概念であったＮＥＥＴ（Not in Education, Employment or Training）は、日本では「ニート」として図1－1のように定義された（玄田2005）。そこでは、同じ無業者であってもいわゆる失業者（就業希望を表明し、具体的行動をとっている求職型）はニートに含まれなかった。そのため、多くのメディアはニートを「働こうとしない若者」と報じ、若者の勤労意欲や倫理観の低下を厳しく非難する世論が強まっていった。

図1-1　日本型「ニート」の定義

無業者：高校や大学に進学しておらず，独身であり，ふだん収入になる仕事をしていない15～34歳		
求職型	働くことを希望し，仕事を探すなど具体的な行動をとっている人（いわゆる失業者）	
非求職型	働く希望はあるが，今は具体的な求職行動をとっていない人	ニート
非希望型	働きたいという希望を表明していない人	ニート

出所）玄田（2005）の定義をもとに筆者作成

こうした世論を呼び込んだ日本型ニート概念にはこれまで多くの批判がなされてきたが、イギリスにおけるＮＥＥＴ概念の成立過程とそこで焦点化された人々の特徴に重ねてみると、その欠陥は決定的であったことがわかる。

イギリスでは、１９８８年に18歳未満の若年層への失業手当が打ち切られたことにより、義務教育終了後に進学も就職もせず職業訓練にも参加しない18歳未満の若者は失業者とみなされなくなり、その存在は把握されなくなった。かれらは、公的機関との関係が失われたまま放置されたのだ。ＮＥＥＴは、そうした無業の若者をふたたび把握するものとして導入された概念だったのである（乾・平塚２０１１）。結果、ＮＥＥＴ概念で焦点化されたのは、社会経済的に低位に位置づく家庭出身の若者たちだった。親の貧困や失業、マイノリティのエスニックグループなどといった特徴のほか、家族の介護、10代での出産、ホームレス、社会的養護、障害、精神疾患、犯罪への関与等の障壁があることが示されている（the Social Exclusion

図1-2　本田由紀による「不活発層の捉え方」

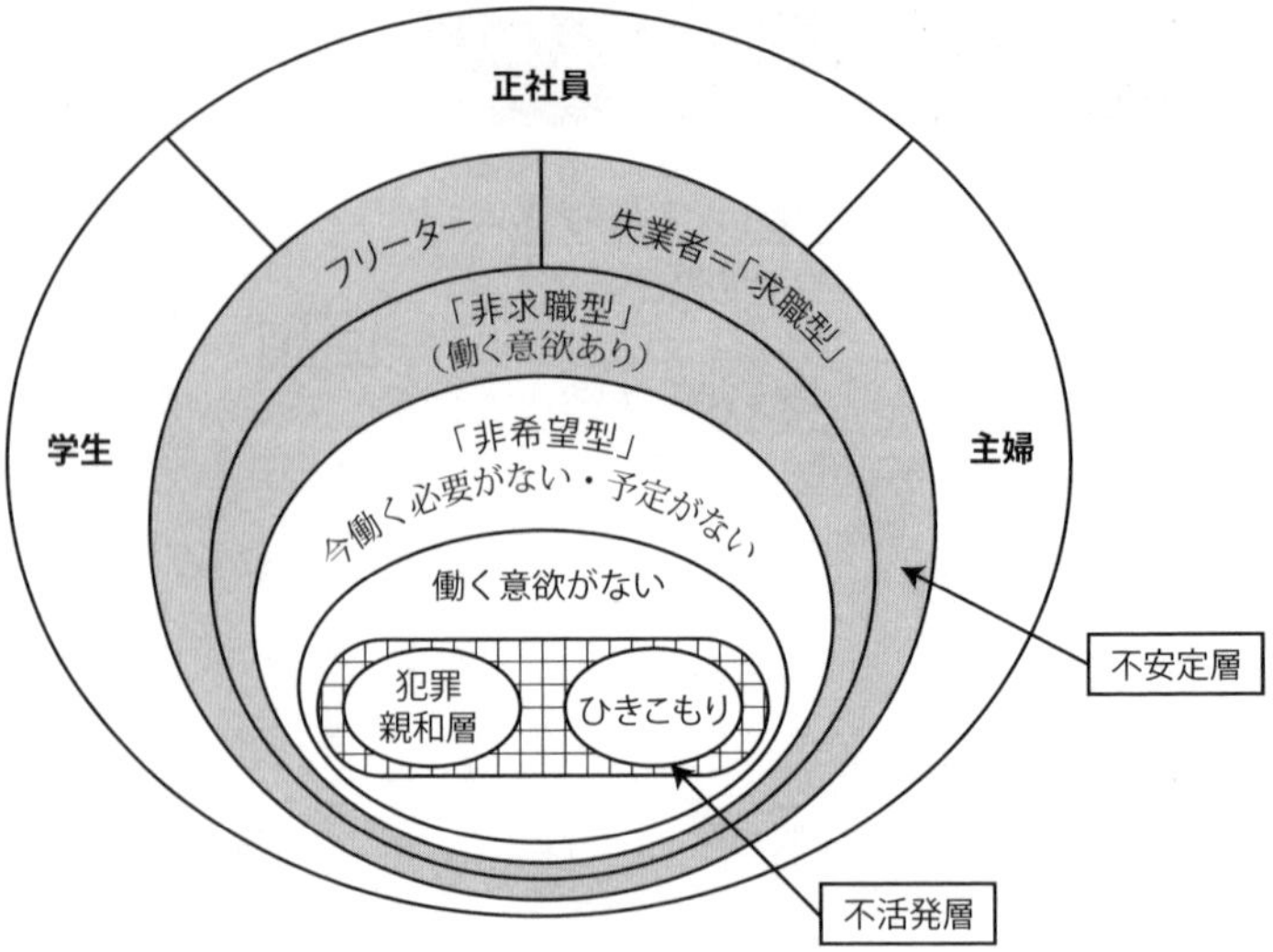

出所）本田由紀（2006）p.62を参照し筆者作成

Unit 1999)。

　対して、日本型ニートは失業者（求職型）を区別したことにより、就労意欲の有無に議論が焦点化されてしまった。そこから、中高階層の子弟に多いといわれるひきこもりと重ねて語られることで、イギリスのNEET議論のように貧困や低学歴など諸資源を欠いて不利な状況に置かれている層への注目には至らなかったのである（本田由紀2006）。

　しかし、当時の調査研究を紐解くと、ニート状態にある若者たちのなかに低階層出身の若者が多く含まれているという事実は、実は初期から示され続けていた。「就業構造基本調査」の特別集計からは、同世代と比較したとき、無業者、とりわけ「非希望型」には世帯収入が低く、教育達成（学歴）も低い段階にとどまる若者が多く含まれていることがわかる（玄田2005）。[*6] また、「特に

図1-3　宮本みち子による「無業・不安定就労・安定就労の輪」

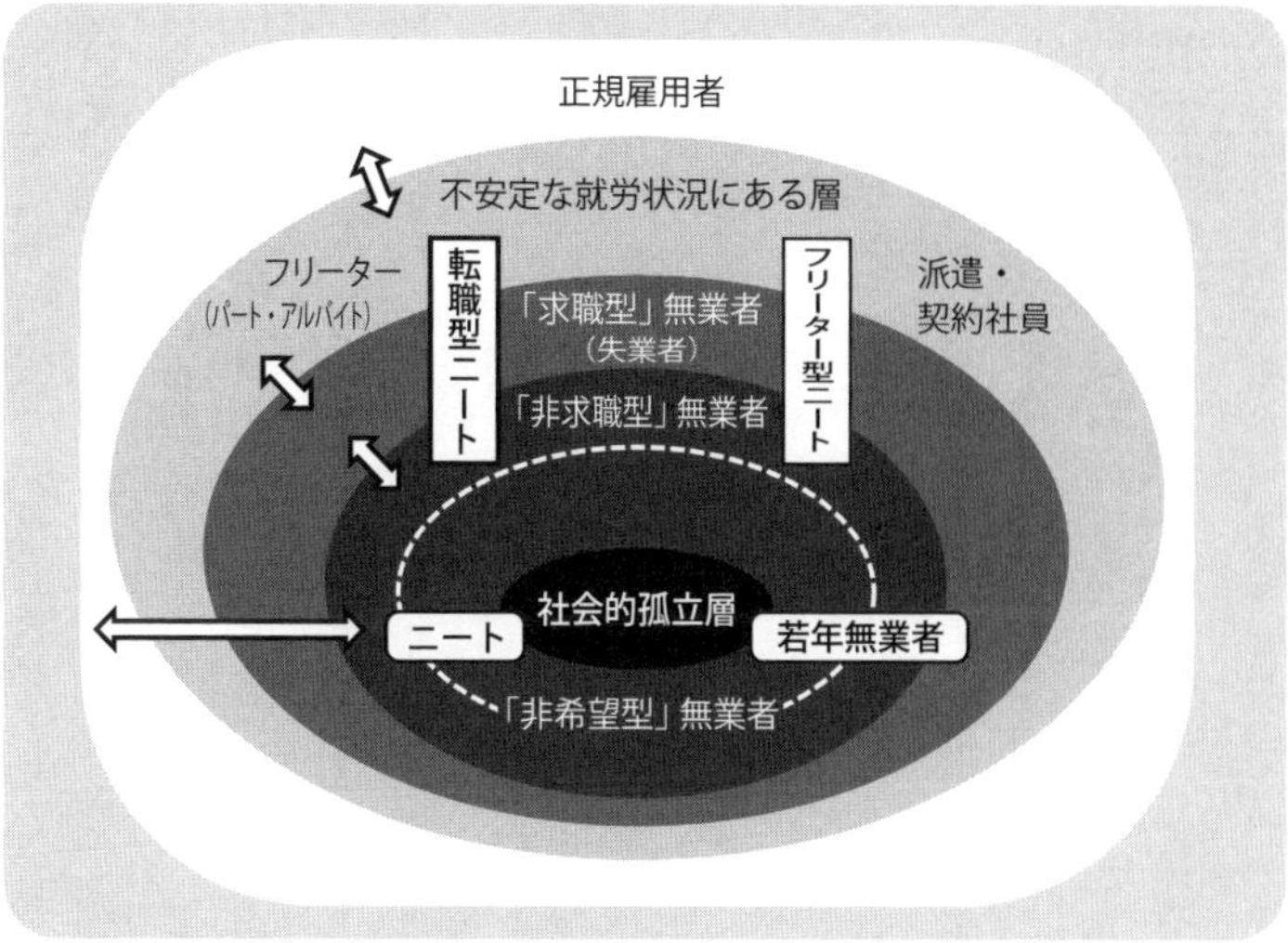

出所）宮本（2008）p.159を参照し筆者作成

何もしていない」と回答した独身無業者には、低学歴、親との離死別、不登校、中退、就労経験がないこと、長期の無業期間、暮らし向きのゆとりのなさなど、不利な状況にある者がきわめて多いという調査結果もある（本田由紀２００５）。

これらを経て、低階層の無業者に目を向けようとする研究者もいた。たとえば本田由紀はニート概念を実態に即していないと批判したうえで、図１－２のように捉えた。就労機会の欠如に直面している「不安定層」に対し、仕事という側面からはもっとも意欲を欠いた層として「不活発層」を位置づけている。そして、不活発層には、中流階級ホワイトカラー子弟に多いひきこもりと、相対的に低階層に多く逸脱的な行動への親和性の強い「犯罪親和層」の両者が含まれるとした（本田由紀２００６）。

また、宮本みち子は図１－３のように層化している。そこでは、「社会との関係を断ち切り（断ち切られ）、活動性のレベルの低い状態にある若者」が、「社会的孤立層」としてコアに位置づけられている（宮本２００８：１５８）。かれらへの支援の必要性が繰り返し述べられているが（宮本２０１２）、その一方で、かれらの具体像を明らかにする記述はほとんど見られず、ブラックボックス化していた。

以上のように、低階層の無業者に注目を促すはずだったＮＥＥＴ概念は、その役割を果たすことなく、結局、本田由紀による低階層の「犯罪親和層」という想定以上のことは明らかにされないままとなった。

2　ひきこもりへの注目

次に、ニートと同様、若者の無業や孤立をめぐって議論の中心となってきた「ひきこもり」について見てみよう。

ひきこもりとは、就学や就労といった社会的活動や他者関係を回避し、6か月以上家庭にとどまっている者（ただし、統合失調症と診断された者を除く）のことを指す。[*7] １９９０年頃から若者の問題として注目されはじめ、２０００年前後にはいくつかの事件と関連づけられセンセーショナルに報道されたことにより、一挙に社会的認知が進んだ。その後はニートと混同されたり、長期化・高齢化への注目がなされたりしながら現在まで変遷している。[*8]

ここでは、ひきこもりに関する言説のなかで注目され語られてきたのはどのような特徴をもつ人々だったのかという観点から検討をおこなう。

「不登校その後」の人々

ひきこもりは1990年代から不登校支援の文脈で語られるようになった。[*9] 1980年代から不登校児の相談活動をおこなっていた富田富士也は、学齢期を終えても「日々の生活には存在感がなく、友人関係も希薄で独り身を余儀なくされている」不登校児たちの「その後」を表現するために「引きこもり」という言葉を用いた(富田1995:9)。また、精神科医の斎藤環は、不登校が何らかの理由で長期化すると学籍を失って在宅の状態で過ごすことになり、その「一部(あるいは大部分)が、社会とのつながりを持たないまま「ひきこもり状態」にいたる」と述べ、「不登校からそのまま長期化した事例が圧倒的に多い」とした(斎藤1998:17-18)。さらに、長年ひきこもり支援に取り組んできた工藤定次は、ひきこもりを、不登校支援の「足りなさ」のなかで浮上してきたものとして捉えている。1980年代からの不登校支援が、フリースペースやフリースクールなど「家から外に出ていける人間の対応策だけが、主流となっていった」結果、「「純粋ひきこもり」という、家から一歩も出られない人間」が、そのまま放置されてきたと主張したのだ(工藤・斎藤2001:18-19)。以上からは、従来の不登校支援への批判の程度はさておき、ひきこもりが不登校支援のなかで取り残されてきた者たち、あるいはその支援によって「回復」しなかった者たちにおける「不登校その後」の問題として、まずは焦点化されたことがわかる。[*10]

では、このとき実際に注目されていたのはどのような人々だったのだろうか。結論からいえば、それは

「不登校その後」の人々のうち社会経済的に豊かな家庭出身の若者たちだったといえる。たとえば、工藤がおこなう「タメ塾」（青少年自立援助センター）の料金設定は、当時、家庭訪問においては登録料5万円、訪問費1回2万円であり、共同生活をおこなう入寮経費においては初回納入金約70万円、翌月以降は寮費として約18万円だった（工藤・斎藤２００１：１５７）。初期からひきこもりの議論を牽引してきた一人である工藤の議論は、上記のような高額な支払いが可能な状況にあり、実際にサービスを受けることのできた人々を前提に展開されていたのである。

さらに、工藤との対談のなかで斎藤は、「お金が出せるかどうかは、おそらく貧富の差もあるでしょうけれども、動機づけの差の方が大きいのではないかと思います。貧しくても何とかやりくりして、月々十八万円のお金を捻出する家庭はたくさんあるでしょう。どれだけ回復を強く願うかのちがいではないですか？」といい、それに工藤も同意している（同前：１５０）。ここからは、ひきこもり状態の解決に向けた親の「モチベーション」が重視され問題視されていることもわかる。[*11]

また、斎藤は、ひきこもりの人々の家族背景について「父親は大卒の会社員、とりわけ管理職が多く、母親も高卒かそれ以上で専業主婦というパターンが平均的で、多くは現代日本の中流以上の階層」が占めているとした（斎藤１９９８：57）。そのほかにも、精神医学領域の著者らによる研究においては「エリート」である父や、中退・不登校経験などの記述がしばしば事例に登場する（狩野・近藤２０００）。また、臨床心理士の著作に登場するひきこもりの家族事例は、父母ともに大卒であり、専門的な仕事に従事する父親と、その子どもの高校段階からの不登校に言及されている（田中千穂子２０００）。

つまり、１９９０年代以降、ひきこもりとして対象化された人々は、主に不登校を経験し、その後も社会参加しない／できない状態にあった者たちのなかで、親が何らかの相談・支援機関に赴く意欲や行動力を持ち合わせており、そしてさらには高額な利用料を支払うだけの経済力のある家庭出身の若者たちだったのである。

ニートとの混同

その後ひきこもりは、「犯罪リスク」と結びつけられるかたちで社会認知度が一挙に高まり、それと同時に支援体制の整備もおこなわれるようになった。[*12] さらに先に見たニート言説の登場によって、ひきこもりはニートと混同されながら用いられていく。

たとえば、ニートに関する日本で最初の報告書では、「就業意欲をみせない非労働力化したＮＥＥＴ層への対応」の重要性が指摘されており、そうした層への働きかけをおこなっている機関として「引きこもりの青年層への働きかけをしてきた諸機関」があげられ、ヒアリングがおこなわれている（小杉・堀２００３）。また、別の報告書では、「意欲をもって求職活動をしていない」無業の若者が「刹那を生きる」「つながりを失う」「立ちすくむ」「自信を失う」「機会を待つ」の5類型に分類され、「つながりを失う」パターンがひきこもりと重なっている（労働政策研究・研修機構２００４）。以上のように、日本型ニートはその内部にひきこもりを含んで展開された。

このような見方は、研究報告書に限らず、ひきこもり支援団体や当事者のなかにも存在した。たとえば、不登校・ひきこもりの支援活動をおこなう二神能基は、日本でニート概念を広めた玄田有史との対談のなかで「ニートの中に引きこもりがすっぽりと含まれている」といい、自分たちのやってきたことは「実はニート対応ではなかったか」と発言している（玄田ほか2004：4－5）。また、長く不登校やひきこもり支援をおこなってきた佐藤洋作は、その頃若者政策として開始された「若者自立塾」[*13]はニート対策と銘打っているものの、実際にその支援を求めてくるのはひきこもりの人々だと述べている（佐藤2005a）[*14]。さらに2004年以降、ひきこもりの自助グループの「当事者のなかにも自らを「ニート」と再定義する者が現れた」という（石川良子2007：23）。以上からは、研究レベルだけでなく、実践レベル、そして当事者自身のなかでも、ひきこもりはニートと混同されながら、用いられ流布していった様子がうかがえる。

変わらない中高階層への注目

こうした状況のなか、2000年代にはひきこもり（あるいはそれと混同したニート）に関する研究や実践者による報告、当事者や親による手記が急増する。[*15]そして、ひきこもりとして焦点化される人々も拡張していった。ひきこもりの取材を続けてきた塩倉裕は「引きこもりは不登校の延長例ばかりではない」と明言し（塩倉2000：186）、大学卒業時や退職後にひきこもりとなった事例も多数あげられるようになっていった（二神2005）。

他方で、中高階層への注目という点では2000年代もほとんど変化はなかった。社会学者の石川良子は、「ひきこもっている（ひきこもったことがある）人々は、高学歴で高収入の父親と専業主婦の母親という、いわゆる中流家庭に育ち、本人も高学歴（もしくは高学歴志向）のことが多いといわれる」と述べ、それは石川自身の「調査の実感とも重なる」とした（石川良子2007：42）。また、二神は自らの支援機関に来所したニート・ひきこもりの事例を多数紹介しているが、その親は「地方自治体の幹部職員」「公務員」「医者」などであり、ほかにも本人が東大卒、兄が有名国立大学の大学院生などといった情報が頻出する（二神2005）。当事者の親たちの手記をまとめたものでも、親自身が大学を卒業しているなど高学歴傾向が見られ、そのなかで子どもの中学受験や（有名）大学進学を前提としていたことが綴られている（岡田2007）。

さらに、この時期には、ひきこもり当事者（経験者）へのインタビューやカウンセリングに基づいた研究も多くおこなわれている（川北2005、横湯2006、石川良子2007、荻野2008）。そのうち石川は、対象者について「自分が抱えている問題を対象化し筋道立てて語ることを得意とするような人々」だと述べている（石川良子2007：18）。つまり、これらの研究で対象とされてきた人々は、言語化したり体系的に物事を考える力もしくは習慣がある人々であり、本人や家族が高学歴（志向）であったり、そのような文化になじんでいたりするような人々が大半だったといえる。[*16]

以上のように、1990年代以降のひきこもり議論は、一貫して中高階層の若者たちを対象とし、語ってきた。もちろん、「私たちが把握できるのは支援団体や自助グループなどにアクセスしてきたケースだけであり、そうして可視化したのが高階層の人々であったにすぎない可能性が高い」といった留保はつけられてきたが（同前：42）、低階層の若者の実態は見えないままだった。[*17]

長期化・高齢化問題へ

その後、２０１０年には厚労省が「ひきこもりの評価・支援に関するガイドライン」を示し、ひきこもりは精神保健福祉領域の事柄として回収される傾向を強めていく（関水２０１６）。他方、貧困が社会問題化するなかで低階層のひきこもりに関する指摘が一部なされるようになったが、これについては政策検討をおこなう次節に譲りたい。

むしろ、ひきこもりの経済状況に強い関心が向けられるようになったのは、ひきこもりの長期化・高齢化にかかわる側面が強い。２０１０年代半ば頃から40代以上のひきこもりの存在が徐々に指摘されるようになり、80代の親が50代の無業・ひきこもり状態にある子どもと同居する、いわゆる「８０５０問題」が近年注目されている。高齢の親の年金に頼り、相談できる相手も乏しいなかで深刻な経済困窮や社会的孤立に直面しているという（山田孝明２０１８、川北２０１９ｂ）。言い換えれば、経済状況への関心はひきこもり状態の長期化や親の高齢化の問題と合わせて初めて関心が向けられるようになったのであり、必ずしも低階層のひきこもりという議論の文脈ではなかった点を確認しておきたい。[*18]

３　若者政策の拡大とその対象

次に、若者世代への支援政策について見てみよう。日本において本格的な若者政策が展開されるようになったのは2000年代に入ってからだが、その後政策は急速に拡張した。ここではその動向をごく簡単に整理しつつ、政策上の支援対象として誰がクローズアップされ、どのようにその対象層が変化していったのか追うことにしたい。

フリーター・失業層への注目

日本における若者政策の出発点は2003年4月発足の「若者自立・挑戦戦略会議」であり、同年6月にまとめられた「若者自立・挑戦プラン」だ。ここでは、フリーターや若年失業者の増加を念頭に、「若年者の働く意欲を喚起しつつ、全てのやる気のある若年者の職業的自立を促進し、もって若年失業者等の増加傾向を転換させること」が目標とされた（若者自立・挑戦戦略会議2003：4）。

同プランは、「曲がりなりにも日本で初めての省庁横断的な、総合的な若者政策として樹立された」ものであり、その意義は小さくない（児美川2010：18）。しかし、近年各国で展開される類似のアクティベーション（活性化）政策と重ねてみると、日本で始まった若者政策は大きなジレンマを内包するものだった。

アクティベーションとは、失業保険給付や公的扶助を受給している人、稼働能力をもつ無業者に対して、職業訓練や社会活動参加プログラムによる支援政策を適用することで、就労またはそれ以外の社会活動への参加を促そうとする政策類型のことだ（福原2012）。1990年代以降、福祉国家が整えてきた給付制度は就労や自立へのモチベーションを下げるという批判がなされるようになり、給付を受ける条件として職業訓練への参加等を義務づける、いわゆる「ワークフェア」や「ワークファースト」と呼ばれるアクティベーションが各国で台頭してきた。

これに対し、従来から給付制度が貧弱な日本においては、失業・無業者層をアクティベーションしようにもそもそも義務（要求）とトレードオフできる権利（給付）がほとんど存在していない。[*19] そのため、自ら進んで支援を受けようとする「やる気のある若年層」（若者自立・挑戦戦略会議２００３：４）に対象を絞り込んだ政策展開にならざるをえなかった。日本のこうした若者政策を、T・トイヴォネンは「象徴にすぎないアクティベーション symbolic activation」と呼んだ（Toivonen 2013）。

以上を踏まえれば、実際のサービス利用者に偏りが出るのは必然だ。若者自立・挑戦プランの目玉となった「ジョブカフェ」は、就業相談や求人検索といった就職活動に関するサービスを一か所でおこなえる若年者向け機関だったが、その利用者の大半は大卒社会人と大学生だったという（横井２００６）。やる気のある中上位層の若者しかキャッチされず、また政策上もそもそもキャッチするつもりがなかったのである。

ニート・ひきこもりへ

その後２０００年代後半になると、若者政策の関心はフリーター・失業層から無業者層に移っていった。この時期に開始された地域若者サポートステーションは、従来の単発的な支援体制では「若者の複合的問題（例えば家庭の複雑な事情が原因となって、学校も続けられず、仕事にも就けないなど）に対処することがで

図1-4　ニートについてのシンボリックアクティベーションのプロセス

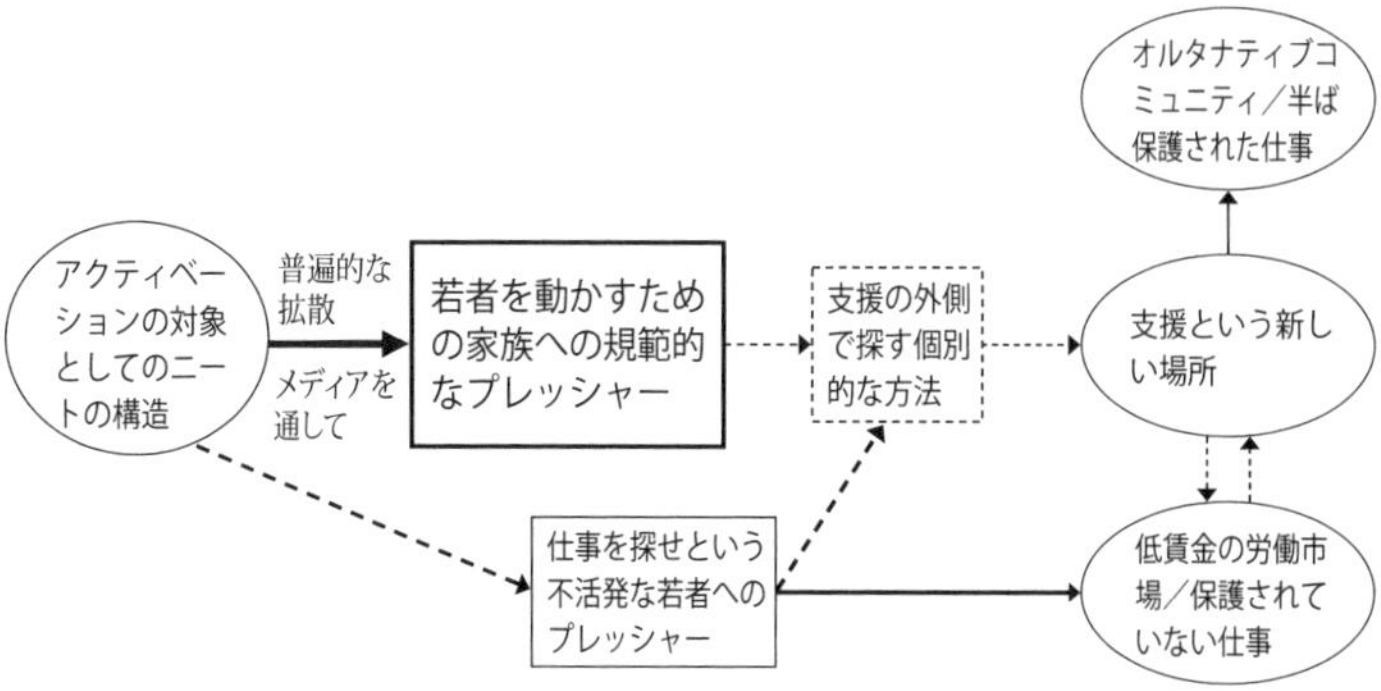

出所）Toivonen（2013）p.19を参照し筆者作成

きない」という問題意識から、「個人ベースで自立のための包括的・継続的な支援を行う」ものとして構想された（内閣府２００５：９）[20]。この背景に、先に見た日本型ニートの登場とそれと混同されたひきこもりへの社会的関心の高まりがあったことはいうまでもない。

しかし、それは「やる気のある」比較的雇用に近い人々を対象におこなってきたからこそ成立していたシンボリックアクティベーションが困難に直面することでもあった。インセンティブとして機能する給付制度を欠き、また学校や職場に所属をもたない人々の存在を支援機関が把握できるような実践的ツールも欠く日本においては、困難の度合いが高く、支援機関を訪れる気力を消耗しているような人々をキャッチできる前提が存在しないからだ[21]。

そこで展開されたのが、「家族を通じたアクティベーション」だった（Toivonen 2013）。日本型ニートが「働こうとしない若者」とみなされ、アクティベーション対象として世間に流布することで、家族には規範的プレッシャーがかかる。その家族を通じて、若者は仕事やそのための支援に向かうよう突き動かされていくという構図だ（図1－4）。[*22] しかし、「家族を通じたアクティベーション」では、家族がそのようにふるまわない場合、容易に支援対象からこぼれ落ちる。中高階層の規範が前提となっている状況では、低階層の人々にそのプレッシャーが作動しない可能性は否定できないだろう。[*23]

さらに、若者自立塾は食費や光熱費等を合わせて10～40万円程度の利用料が求められた。すなわち、若者自立塾という政策そのものが、中高階層の子弟を対象としたプログラムとして志向されていたのである（Toivonen 2013 : 107）。事実、若者自立塾の実施団体へのヒアリングで利用者に困窮家庭が多いという話は聞けなかったこと（安宅2007）、無料である地域若者サポートステーションですら、ある団体では高卒後の教育機関進学経験者が6割以上であったことが明らかにされている（原2014b）。

以上からは、比較的家庭の経済状況が豊かで、高学歴（志向）の者も多く、家族や自らの規範的プレッシャーによって突き動かされる人々が、この時期の若者政策の利用者となっていたことがうかがえる。[*24]

社会的排除層へ

その後、2000年代末に若者政策は「乱立期」を迎える（南出2012）。貧困が社会問題化し、「ネットカフェ難民」やリーマンショックによる「派遣切り」が相次いで問題化され、反貧困運動が高まりを見せた時期だ（雨宮2007、湯浅2008、2009）。そうした状況への対応として「緊急雇用対策本部」が設置され、失業者への支援政策がこれまでにない規模で打ち出されることになった。その大きな転換点は、これまで若者政策でほとんど対処されてこなかった労働市場・社会保障に関する取り組みが含まれていたことだった。[*25] これらは若者に限定したものではないが、その予算規模の大きさや施策内容の重なりから若者支援領域にも大きな影響を与えることになった（南出2012）。

さらに、2010年からは多様かつ複合的な困難を抱える人々への伴走型支援である「パーソナル・サポート・サービス」（以下、PS）が開始された。「支え合いのネットワークからだれ一人として排除されることのない社会、すなわち、一人一人を包摂する社会の実現」をめざすものだ。[*26] これも全年齢を対象とするものだったが、その事業の担い手には若者支援にかかわってきた団体が少なからずあった。その後、PS事業は2015年から開始された生活困窮者自立支援制度へと連続していく（五石2017）。こうして、社会的排除にさらされた人々を主たる対象に据えた本格的な事業が開始されるに至った。

そのなかで、「貧困の連鎖による引きこもりで、親の貧困により、学校での学習も十分に身につけておらず、就職も難しくなるようなケース」など、これまで対象となってこなかった低階層のひきこもりの存在にも言及がなされつつある（一般社団法人インクルージョンネットかながわ2017：48）。[*27] しかし、生活困窮者支援の枠組みのなかでは、依然として若年層に対する支援は不足している（社会保障審議会生活困窮者自立支援及び生活保護部会2017、生活困窮者自立支援のあり方等に関する論点整理のための検討会2017）。[*28] 全国151か所の生活困窮者の相談窓口に、どの年代のひきこもり事例に対応したことがあるかと尋ねた調査では、40代の対応が最多であったという（川北2019a）。

以上のように、貧困や社会的排除の問題化を背景に、家族や当事者自らのアクセスを前提とする（家族を通じたアクティベーション）体制のもとで放置されがちな若者への危惧も徐々に高まっていった。ここに至ってようやく、自ら支援機関につながることの少ない、社会経済的に低位に位置づく家庭出身の非活動的な若者たちの存在に、わずかばかりの関心が向けられるようになったのである。

4　注目されたのは誰か

以上、本章ではニートやひきこもりに関する言説と政策動向から、無業・孤立状態にある若者として注目を集めてきたのはどのような人々だったのか検討してきた。１９９０年代から語られるようになったひきこもりは、中高階層の若者のみを対象としてきた。また、２００４年に登場した日本型ニートは、社会経済的に低位にある若者たちへの注目を促すＮＥＥＴ概念から変質し、ひきこもりと混同されるなかで、低階層で無業状態にある若者たちの存在にはさほど目が向けられなかった。また、２０００年代から開始された若者政策においても、給付基盤の脆弱さから「やる気のある若者」や家族を通じた規範的プレッシャーが作用する若者に対象が限定されてきた。そこでは、若者本人や家族が自ら求める限りにおいて支援の対象となりえたのであり、言い換えれば自ら支援機関に赴かない若者は実質的に放置されてきた。

すなわち、この20年ほどの間に若者の無業や孤立は可視化され、注目され、大いに語られてきたものの、低階層で同様の状況にある若者たちは、政策上も、実践上も、そして言説上も、ほとんど対象として登場してこなかった。人々の関心とその支援は、社会経済的に中上位層の若者に強く傾倒してきたのである。

〔注〕

＊1　就学も就労もしていない状態として捉えられる「無業」に対し、「孤立」は何をもって定義するのかが難しい。本書では、ひとまず家族外の社会関係からの撤退・排除状態としておおまかに捉え議論を進めたい。もちろん、社会関係を保持していても、周りは敵だらけというかたちで「孤立」している人はいる。それを踏まえ「頼りにする人がいない状態」と定義する場合もあるが（石田2011）、主観的認知に依存し議論の対象が拡散するためひとまずここでは上記のとおりとした。

＊2　高卒者・大卒者ともに、1990年代から2000年代前半にかけてのアルバイト・無業等の比率の上昇が著しい（文部科学省「学校基本調査」より）。

＊3　総務省「労働力調査特別調査」（〜2001年）および「労働力調査（詳細集計）」（2002年〜）による。なお、2001年以前と2002年以後で調査時期や調査対象者数に相違があるため、厳密な比較はできない。

＊4　総務省「労働力調査」（長期時系列データ）による。

＊5　研究者のなかでは、フリーター増加の背景に社会構造変容があることは一定の共有がなされていたが（玄田2001、乾2002、中西2003）、なかには若者たちの意識や選択のあり方に比重を置く議論も存在した（小杉2003）。

＊6　ニート概念を広めた一人である玄田有史が、このような貧困や不平等の観点について「明確に言及することを慎重に避けた」のは、「一貫して雇用問題としてNEETを組み立てたかったからだろう」と指摘されている（Toivonen 2013：76）。

＊7　「ひきこもりの評価・支援に関するガイドライン」（厚生労働科学研究費補助金こころの健康科学研究事業「思春期のひきこもりをもたらす精神科疾患の実態把握と精神医学的治療・援助システムの構築に関する研究」研究代表者・齊藤万比古、2010年）より。

＊8　こうした変遷については、石川良子（2007）や工藤宏司（2008）、関水（2016）などが詳しい。

＊9　ひきこもりという言葉自体は、1980年代から論文のタイトルとして使用されている（谷野1985、北尾1986）。ただし、この時期のひきこもりは無気力と結びつけられており、現在ならひきこもりと称されるような事例は退却神経症やアパシーとして扱われていた。そのため、ひきこもりそれ自体が問題化したのは1990年代以降だとされている（石川良子2007）。

＊10　なお、この時期の精神医学領域におけるひきこもり議論では、必ずしも「不登校その後」として問題化されているわけではなかった。たとえば、1997年9月に雑誌『臨床精神医学』で組まれた「ひきこもりの精神病理」という特集においては、不登校との関連は示唆されていない（ただし、精神科医の近藤ら（1999）は、「引きこもりの社会的背景」として不登校の増加をあげ、その関連を指摘している）。また、1997年9月に『朝日新聞』で組まれた塩倉裕によるひきこもりの連載記事（塩倉1997a）は、「不登校と「ひきこもり」の関連も指摘されるが、むしろ「ひきこもり」は不登校とは別個の20代後半の新しい問題のように映る」側面があったとの指摘もある（高山2008：36）。「不登校その後」としてのひきこもりは、1990年代末にはそれにとどまらない様相を帯びはじめていたともいえる。

＊11　斎藤は、親（家族）を中核に据えた支援論を展開しているが、「ひきこもりを問題視もしない、治療したいとも思わない親は最初から無縁の存在ですね」と述べている（工藤・斎藤2001：195）。まさに、親の「モチベーション」のあり方が問われているといえるだろう。

＊12　たとえば、2001年には厚生労働省が全国の精神保健福祉センターと保健所に対応ガイドラインの暫定版を示し、2003年にはその最終版が出された（こころの健康科学研究事業地域精神保健活動における介入のあり方に関する研究2003）。

＊13　厚生労働省からの委託を受けた財団法人社会経済生産性本部がとりまとめ役となり、実施者となった民間支援

団体が、合宿形式でニートの若者への就労支援をおこなう事業である。２００５年から開始され、全国20～30か所で展開された。しかし、２００９年に行政刷新会議がおこなう事業仕分けにおいて廃止が決定され、２０１０年３月で終了した。次節も参照。

＊14　ニート対策として開始された若者自立塾の実施団体には、ひきこもり支援をおこなってきた団体が複数含まれていた。それは、ひきこもり支援団体にとって大きな課題であった資金不足を打開する一つの方途として、公的助成を受けることができるニート支援が位置づいていったことを意味してもいる。

＊15　タイトルもしくは副題に「ひきこもり」「ひきこもる」を含む書籍は、１９９０年代に年間数冊であった状況から２０００年以降飛躍的に増加しているという（石川良子２００７）。

＊16　２０００年代以降には当事者による自叙伝も多く出版されているが（上山２００１、勝山２００１）、そこにも似た傾向が指摘できる。

＊17　民間支援団体の利用料を払えないという母子家庭の相談事例に触れているものもあるが（上山２００１：１３４）、ごく限られた情報にすぎない。

＊18　現在においても、ひきこもりの経済状況が問題化されるのは中高年層のひきこもりや「親亡きあと」に付随する場合がほとんどであり（東京都ひきこもりに係る支援協議会２０２１）、「ひきこもりの方の多くは家族の扶養下にあるため、現に困窮していることは少ない」（遠藤２０２０）という認識がなされていることも少なくない。

＊19　若者領域に限らず、日本では、困窮者を否応なく就労に向かわざるをえない状況に追い込む「はじめに就労ありき」型ワークフェアが展開されてきたとされる（埋橋２０１１）。

＊20　ただし、「検討会」段階で包括的支援を理念とした地域若者サポートステーションは、その後、厚生労働省雇用能力開発局の所管となり実施されるなかで、「職業的自立のための多様な支援をする機関」となってしまった（南出２０１５：26）。さらに、２０１７年度からはひきこもり地域支援センターとの重複を避けるために、ひき

こもりは支援の対象外とされた。現在、厚生労働省のホームページでは、地域若者サポートステーションについて、「働くことに悩みを抱えている」人への「就労に向けた支援を行っています」と説明されている（厚生労働省「地域若者サポートステーション」https://www.mhlw.go.jp/stf/seisakunitsuite/bunya/koyou_roudou/jinzaikaihatsu/saposute.html、２０２１年10月31日確認）。

＊21　たとえばイギリスにおける「コネクションズ・サービス」は、地域に居住する13歳から19歳までのすべての若者の実態を把握することが活動のベースとなっており、そこから支援を展開していた（宮本２００４、労働政策研究・研修機構２００５）。国策レベルの取り組みとしては２０１０年に撤退したが、コネクションズの際に構築された情報把握システム（Client Caseload Information System）は、その後も各地方自治体で運用されているという（塩崎２０１７）。

＊22　実際、家族を通じて若者をアクティベーション対象としていこうとする動きは、厚生労働省職業能力開発局長の上村隆史が若者自立塾のＰＲ方法について述べた下記からもうかがえる。

> 若者自立塾等のニートの対策は、働く意欲が乏しい、あるいはないというような方々をいかに活性化してもらうか、そのきっかけをつくるかということでございますので、委員から御指摘がありましたように、なかなか施策のアンテナにかかってくるというのが難しいところがございます。
>
> こういった方々をこういった施策に参加していただくようにするためには、本人にそういう気になってもらうのも当然でございますが、親御さんへの積極的な働きかけが効果的ではないかというふうに思っております。現に、親御さんからの塾についての相談が相談の中で最も多いというふうに聞いておりますし、先ほど申し上げました入塾者の多くは、親の勧めで入塾しているというふうに聞いております。
>
> したがいまして、いろいろな広報、メディアを使いまして、この塾について理解が浸透するように、特に親御さんに対する訴えに努めていきたいというふうに塾の実施者等とも話をしているところでございます（第１６

4回国会衆議院予算委員会第五分科会会議録第2号、2006年3月1日、強調は引用者による。以下同様)。

＊23　中西新太郎は、職業的社会化の過程や様式などに含まれている既成の解釈枠組みのことを「所与性のドグマ」と名づけた。「所与性のドグマ」は、企業主義秩序における中位労働者層の移行・就業様式を標準としており、それに還元できない、(たとえば正規雇用から非正規雇用へと自ら選択して移動するような)ノンエリート青年のライフコースを看過し、ときに不合理・無計画などとして非難したり「正常化」すべき事態と位置づけたりする。中西は、ノンエリート青年のたどる第二標準の出現を「所与性のドグマ」から「外れた現象」とみなすのではなく、別の社会標準によって規律された現象として捉えるべきだと提起している(中西2009)。アクティベーション対象がフリーター・失業者から無業者へと変遷してきた経緯も重ねると、政策自体が「所与性のドグマ」に基づいており、そのなかでおこなわれてきた「家族を通じたアクティベーション」も中高階層の若者に作動しやすいものになっていると考えられる。

＊24　宮本みち子は地域若者サポートステーションには「社会的包摂政策になり得ない政策上の限界」があるとし、経済給付の脆弱さから、「親の経済的扶養を受けることができ、親がサポステ利用を支援していること、そして若者自身が助けを求めて行動を起こした者だけを支援の対象とする」ものであると述べている(宮本2015：215)。

＊25　たとえば緊急雇用創出事業、ふるさと雇用再生特別基金事業など、公的雇用創出にかかわる事業が大規模に展開された。また、雇用保険を受給できない者を対象とした職業訓練である「基金訓練」は、一定の条件を満たすことで「訓練・生活支援給付金」を受けられるものとして新設された。多くの事業は2012年3月に終了し、基金訓練は2011年9月に終了後、同10月からは求職者支援法に基づく「求職者支援制度」に移行した。時限措置から恒久制度へと変わったことの意義は大きかったが、求職者支援制度における「職業訓練受講給付金」には給付要件の厳格化と罰則が導入され、「求職者支援制度はきわめてハードなワークフェア」となった(福原20

12：269)。

＊26　当時の内閣総理大臣菅直人による所信表明演説における発言（第174回国会衆議院本会議会議録第35号、2010年6月11日)。

＊27　PS事業の対象者の属性等については、垣田（2011）や一般社団法人北海道総合研究調査会（2012）などで明らかにされている。

＊28　岩満（2019）は「若年生活困窮者支援」という枠組みで分析しているが、議論の焦点はローカルガバナンスのあり方にあり、若年生活困窮者の実態が明らかにされているとは言い難い。

第2章　低階層の若者の無業と孤立

では、関心を向けられてこなかった低階層の人々の無業・孤立は、ごく一部の限られたものなのだろうか。そもそも、低階層で非活動的な状態にある若者の存在や実態はどこまで明らかにされてきたのか。本章ではこれらの問いに、貧困研究および「支援機関アプローチ型」支援を取り上げながら応えていく。

1　貧困研究の知見から

社会福祉領域では古くから貧困世帯や低所得世帯の人々に注目した研究がおこなわれてきた。しかし、働くことや家族からの助けを想定されやすい若者層はそもそも社会福祉の対象とみなされにくく、十分な議論が展開されてこなかった（岡部茜２０１９）。ここでは、限られた範囲ながらも子ども・若者の無業や孤立に言及してきた研究を確認してみたい。[*1]

学校の長期欠席

まずは学齢期に注目してみよう。ひきこもりが当初「不登校その後」として登場したことも踏まえ、ここでは学校の長期欠席を取り上げる。[*2]

時をかなり遡るが、1950年代頃には長期欠席は貧困世帯の子どもの問題として語られていた。親が日雇い労働や自由労務（大工など）の家庭で多く見られ（北岡ほか1952）、長期欠席には、貧困とそれに伴う子ども自身の就労という側面と、本人の「勉強ぎらい」とそれに拍車をかける保護者の無理解・無関心という側面の二つがあるとされた（木下1948、三上1950）。このため、当時長期欠席は「生徒と労働者の狭間」にある貧困世帯の子どもたちの問題と捉えられていた（小山2016）。かれらは長期欠席しているからといって何もしていないわけではなく、働いていたのである。

しかし、同時期に東京都北東部の中学校でおこなわれた調査からは、やや異なる一群も見出せる。長期欠席者34名（在籍生徒総数の9・1%）のうち7割ほどが就業していたが、残りの11名は病気の1名を除いてみな「學校に對する興味や意欲が殆どない」者であったという（木下1948：54）。つまり、ここには学校に行くのでも働くのでもない子どもの存在が確認できる。なお、「遊興」として分類されるこの層は、「勉強ぎらい」がもっとも多く見られ、「遊興の形態が調査されていないけれども、非行および不良化防止などの面からじゅうぶん考慮すべき問題を含んでいるように考えられる」として、非行に近しい者たちとして捉えられていた（鈴木1956：60）。

その後1970年代にかけて就労による欠席者は減り、長期欠席者の全体数も大幅に減少した（文部省1960―1979）。1980年代からは長期欠席者数が再び増加に転じるが、その頃になると神経症的症状をもつ中高階層の子どもたちの学校ぎらい・不登校が議論の中心となっていった（保坂2002、伊藤2003）。登校する気持ちがありながら、頭痛や腹痛を訴え登校できないといった特徴をもつ子どもたちだ。登校拒否・不登校といったワードでかれらが注目を集めるなか、貧困や経済状況を背景とする欠席はほとんど忘れ去られていった。

しかし、一部の研究のなかでは、生活保護世帯や低所得世帯などで不登校の出現率が高いことが細々と指摘され続けてきた（村上1972、古川・菱山1980、伊藤ほか1990、渡邉1992、青木1993）。また2000年代後半に入ると、「子どもの貧困」への注目を機に貧困世帯に不登校が多いとする調査結果が多く示されるようになった。[*3] スクールソーシャルワーカーによる実践や報告も広がり（新藤2013、太田2013―2015）、貧困世帯の長期欠席への関心はふたたび高まりつつある。

では、限られた研究のなかではあるが、その具体像はどのように捉えられてきたのだろうか。貧困世帯の長期欠席は、従来から少年非行と重ねてイメージされることが多かった（鈴木1956、古川・菱山1980）。他方で、非行層とは異なる具体像を記述した研究もごくわずかだが存在する。児童相談所の職員であった横田正雄は「社会経済的レベルの低い崩壊家庭」の長期欠席者の事例をあげている。かれらはほとんど外出せず自宅でＴＶや漫画を見るなど好きなことをして過ごしており、他人の目を避けていることから「それなりの不登校に対する葛藤をもっているが、面接してみるとその葛藤はそれほど強いものではない」という（横田1986：251）。また、精神科医の牧原寛之らの研究では、児童相談所で受理したひとり親世帯の登校拒否児を3群に分類し、うち「引きこもり群」は「表面的には心的葛藤の存在が目立たず家庭内で比較的良好に適応しているが、不登校だけでなく学校以外の社会的場面からも撤退している群」とされた。「家庭内での登校刺激となる圧力が比較的弱いため容易に逃避的・退却的な家庭内での安定に達する」という（牧原ほか1985：307）。近年においても同様の実態が報告されており（喜田2019）、家にひきこもり他者関係が乏しくなりがちな低階層の長期欠席者の存在を確認できる。

なお、とかく研究の関心が中高階層の神経症的不登校に偏りがちであった時期から、低階層の長期欠席に注目してきたのが保坂亨だ。保坂は家庭の社会経済的な困難を背景に怠学・非行傾向の見られる子どもたちを「脱落型不登校」と名づけた。学校文化からの脱落（ドロップ・アウト）を特徴とし、相対的貧困層に多く、学校に行くための家庭環境が整っていない場合も少なくないという。そして「実態が把握されていないうえに、学校はもちろんのこと相談機関も、彼らおよびその家族に対して有効な援助体制がとれず、その対応に苦慮している現状がある」とした（保坂2000：48）。ただし、保坂の関心は親の養育能力に傾斜しているため、子ども自身の生活実態よりも親や家庭状況がクローズアップされがちである（保坂2019）。子ども自身のことが語られるときのケースは従来と同様非行傾向のものが大半であり、先に示した横田や牧原らのようなひきこもり傾向の子どもの実態はほとんど語られない。

葛藤を伴わない学校「不適応」

長期欠席以外にも、貧困・生活不安定世帯の子どもの学校「不適応」は多く報告されてきた。[*4] たとえば盛満弥生は、ある中学校の生活保護世帯の生徒のうち半数近くが脱落型不登校を経験し、学校に通っている生徒についても学習資源の不足により低学力に陥っていることを指摘した。また、就職を強く意識するあまり自由な夢や将来像を描くことが妨げられ、将来に対する「天井感」が見られたという（盛満2011）。さらに、生活保護世帯の子どもたちが、家庭で必要不可欠な役割を果たす一方で、学校では周辺的な位置にあり、ますます「家庭への準拠」を高めていくという指摘もある（林2016）。不登校・高校不進学・早期離学などを経験している低階層の子どもには〈学校へのこだわりの希薄さ〉が共通して見られ、学校への「不適応」は「格別に強い逡巡がないままでの〔学校からの〕離脱」として経験されているという（長谷川1993：141、〔 〕内の補足は引用者による。以下同様）。

離学後の無業

さらに離学後に注目してみると、無業にかかわる指摘が実は少なくない。たとえば、母子世帯の子どもたちに「中卒あるいは高校中退「ブラブラ族」「フリーター」として、さらには不登校、非行といった形で」将来展望を描けない兆候が見られるという（青木2003：78）。また、生活保護世帯の高校進学しなかった大部分が「就労もしないでブラブラしている」状態にあったという報告もある（杉村1987：12

4）。

生活保護世帯の子どもの中卒後進路を解明することを試みた林明子は、高校非進学者・高校中退者の移行を四つに類型化している。①「求職・アルバイト型」（求職活動やアルバイト経験が期間の大半を占める）、②「更生保護・医療・福祉型」（非行や引きこもり、病気療養中）、③「妊娠・育児型」、④「編入型」（高校中退後に他の高校へ編入）であり、「学校を離れた後の経験がきわめて不安定で断続的」であったという（林2016：73）。ここで求職活動が数年単位にわたっている者、ひきこもり状態にある者、何もしていない期間が長かったりケースファイルの記載が長期間なかったりするために分類不能とされた者などは、長期の無業のなかで孤立状態にある可能性が高い。

このように、低階層で無業（ときに孤立）状態にある若者が存在することはいくつかの調査研究から疑いえない。しかし、そうした者たちが実際にはどのように過ごしているのか、その具体像はほとんど明らかにされてこなかった。[*5] そのなかで、具体像にまで踏み込んでいる数少ない研究を二つあげておこう。

まず、部落解放・人権研究所の調査プロジェクトとして西田芳正らがおこなったフリーター調査には、現在あるいは過去に無業状態だった者が一定数含まれている（部落解放・人権研究所編2005）。そこでは、早期に学校を離脱し、仲間と共に「遊びまくる」経験を経て、やがて不安定就労をはじめとする「困難で不安定な大人の生活への自然な移り行き」を経験する若者たちの存在が指摘される（西田2012）。飲酒喫煙、万引き、ケンカなどの逸脱的な行動も見られるかれらは、非行に近しい者たちとして捉えることができる。

他方、そうした非行傾向の若者たちと同時に異なる存在にも触れているのが長谷川裕だ。市営住宅居住者への調査をおこなった長谷川は、不登校・高校不進学・中退といった学校への「不適応」を経験した生活困難層の青年を二つのグループに分けて描いた。一方は、離学後も自らの境遇を肯定的に受け止め、正社員やアルバイトで働きつつ「その場をさしあたり精一杯生きようとする構え」がうかがえる者たちである（長谷川1993：135）。かれらのなかには反学校的な仲間集団のなかに身を置いていたと思われる者たちが多く、西田の指摘した若者たちと同様、非行（と、ときに不安定な就労のなかでの無業）に近い人々といえる。他方で、それとは対照的に現在の生活に積極的な意味を見出せずにいる者たちもいるという。かれらは、学校にこだわることなくそこから離脱しその後アルバイトや家事手伝い等で過ごしていた（なお、対象事例はすべて女性であった）。「自分の現在の境遇を消極的・受動的にしか受けとめられず、そこに居る自分自身に確かな実存感を感じられない、いわば現在を〈浮遊〉するような様子」が指摘されている（同前：123）。かれらには、前者のグループと比較して仲間関係や友だちの存在に言及する語りはほとんど見られず、他者関係が乏しくなっている可能性がうかがえた。

若年ホームレス

次に、近年注目されている若年ホームレスについても触れておきたい。ホームレスとは、従来日本では路上で生活する野宿者を指すことが一般的だった。これまでの調査研究も野宿者を対象にしたものが多く、そこでは比較的年齢の高い男性が対象とされてきた。

しかし、2000年代後半になると、ネットカフェやファストフード店などで起居する若い人々の存在が注目されるようになる。定まった住居を喪失した人々を指すものとしてホームレスの語が用いられるようになり（青木編2010、丸山里美2013）、野宿を回避するため他者から発見しづらかった若年層にも光があてられるようになった。

特定非営利活動法人ビッグイシュー基金がおこなった「若者ホームレス50人聞き取り調査」では、ひとり親家庭や養護施設・親戚のもとなどで育った若者が半数に及び、7割を超える人が家族と連絡をとれない／とらない状況にあった。路上に出た理由は退職や派遣切り、倒産など仕事に関するものが多く、8割以上に正社員の経験がある。長時間労働や職場でのいじめ・暴力・トラブルの経験も多く、そうしたトラウマに携帯電話や交通費のなさなども重なり、具体的な求職行動に踏み出せない人が多いという（特定非営利活動法人ビッグイシュー基金2010、飯島・ビッグイシュー基金2011）。他方、ネットカフェ生活者の調査では就労している人が7割以上との結果もあるが（特定非営利活動法人釜ケ崎支援機構・大阪市立大学大学院創造都市研究科2008）、かれらも同様に、成育家庭における経済的困窮や家族関係の不安定さ／困難さを背景に低学歴、不安定な仕事、さらには貧困・不安定で孤立した生活へと至っていた（妻木・堤2010）。

注目されづらい人々

ここまで見てきた貧困研究における知見をまとめておこう。それは次の三点に要約できる。

第一に、学校の長期欠席に強い葛藤をもつことなく他者関係の乏しい状態にある低階層の子どもが存在していること。かれらは、中高階層の神経症的不登校ばかりに関心が偏った１９８０年代から現在まで一貫して存在してきた可能性が高い。

第二に、そうした長期欠席や早期離学などの学校「不適応」経験を経て、無業状態にある低階層の若者が存在すること。なかには住居の喪失を伴う貧困・孤立状態に至っている者もいる。

そして第三に、上記のような状況にある低階層の人たちの具体像はほとんど明らかにされていないことである。数少ない研究として、子ども期の長期欠席では保坂亨の「脱落型不登校」に関する研究があるが、そこで実態が語られやすいのは非行傾向のある子どもたちだった。また、若者の無業についても、逸脱的な行為も含めて「遊び」の世界を共有する仲間集団をもち、無業と不安定就労を行き来するような非行系の人々への言及は少ないながらもある。他方で、ひきこもりがちとなる長期欠席者や、家事手伝いを含む非ヤンチャ層の無業者の実態はほとんど語られていない[*6]。

つまり、低階層の人々の長期欠席や無業はそもそもさほど注目を集めてこなかったが、それでもまだ語られてきたのは非行傾向のある者たちであり、家庭内にひきこもる者たちの存在や実態は明らかにされてこなかった。従来のホームレス研究が野宿者を対象とし、気づくことの難しいネットカフェ生活者等が不可視化されやすかったことを踏まえれば、家庭にひきこもる者たちはもっとも社会から見えづらい無業・孤立の形態としてあるといえる。

2　「支援機関アプローチ型」支援の現場から

次に、「支援機関アプローチ型」の取り組みに注目し、近年の実践のなかで見出されつつある低階層の無業・孤立者の存在に迫っていこう。

語られはじめた低階層の人々

従来展開されてきた支援は、若者や家族が支援機関に相談するという自主的行動を発端とする「要求応答型」が大半だった。それに対し、本人や家族が支援機関に赴くのを待つのではなく、支援機関側から支援を要すると思われる若者に働きかけていく体制のものを、本書では「支援機関アプローチ型」と呼んでいる（図2－1）。日本では、貧困や社会的排除への関心の高まりとともに、自ら支援機関につながることの少ない低階層の若者たちへの支援が求められるようになり、2010年前後から展開されはじめた。*7 主に、学校との連携によっておこなわれるものと、生活保護制度をベースにするものがある。

学校との連携では、若者支援スタッフが学校に入り込む実践がおこなわれてきた。たとえば、貧困世帯の生徒が集中する高校の図書館で「問題意識やニーズが明確でなく、相談をするという意識もないままに」相談員に出会いサポートを受けられる「交流相談」の取り組みがある（鈴木ほか2013：3）。こうした実践のなかで、貧困・ネグレクト・被暴力・性被害・家族のしがらみ等の多重の困難を抱える生徒の様

図2-1　支援開始体制に注目した区分け

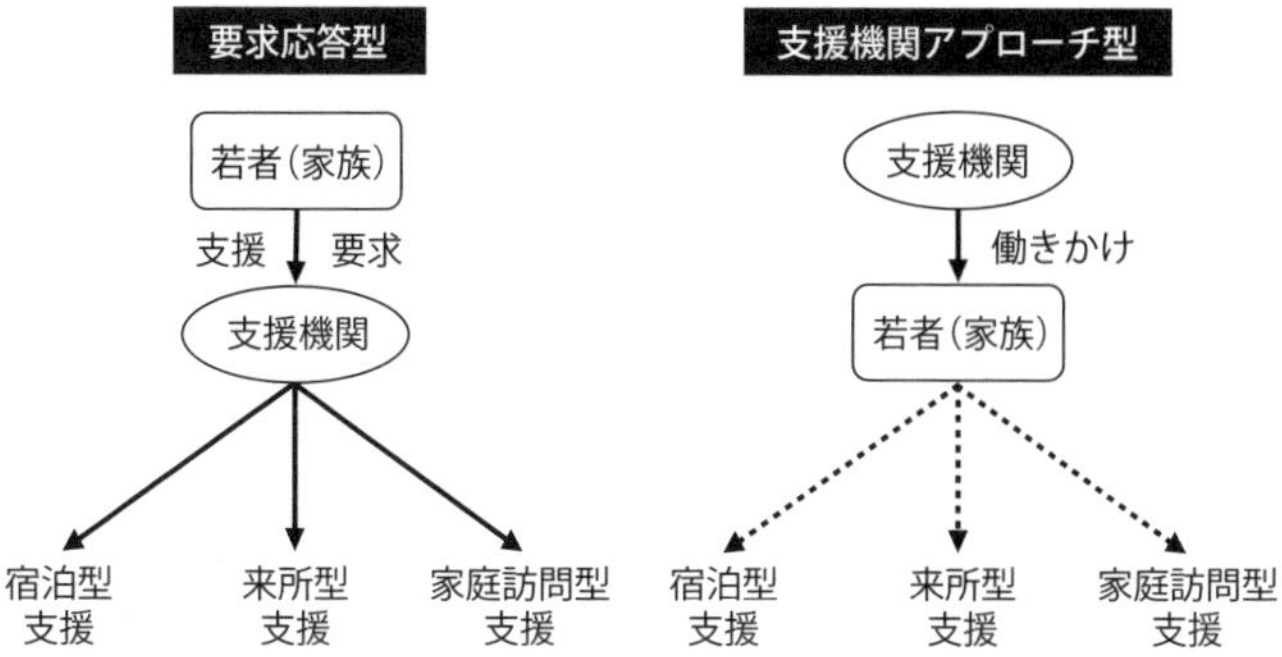

子が指摘されてきた（白水2015）[*8]。

また、生活保護世帯の情報を活用した「支援機関アプローチ型」支援には、あだち若者サポートステーションが比較的早期から取り組んできた。主だった事例として、バンド活動との両立困難のために未就労だった若者（やがて生活保護打ち切りの駆け引きのなかで就労）や、高校入学当初より不登校となっていた若者（最初は拒むがその後サポートを受けるようになる）があげられている。ほかにも「稀であるが今後顕在化してくるであろう事例」として、発達障害や精神疾患が根底にありひきこもり状態にあるケースや、非行傾向のケースがあるとされた（内閣府2010a）。また、生活保護受給者への独自の取り組みをおこなってきた北海道釧路市でも、自立支援プログラムに参加した事例として、ひきこもり傾向が強い20代男性のケースがあげられている（釧路市福祉部生活福祉事務所編集委員会2016）。

これら以外にも、近年では歌舞伎町や秋葉原などの街中で若い女性にかかわっていくストリートワークが展開されている（橘2010、仁藤2014）。決して貧困層だけにとどまらないものの、幼少期から貧困やDV等の困難を抱え、性産業に巻き込まれていく少女たちの実態がリアルに伝えられてきた。

また、実態把握の訪問調査を伴う「引きこもり調査」が秋田県藤里町でおこなわれている。訪問調査は実践（訪問支援）の一環としておこなわれているため、これも広くは「支援機関アプローチ型」に含まれるだろう。[*9] 同調査では、15～39歳の若年層では62名（対象年齢人口比9・1％）が長期不就労状態で自宅などにひきこもっていることが明らかとなり、生活困窮者やひとり暮らし世帯、親の高齢化が目立ったという（藤里町社会福祉協議会・秋田魁新報社編2012）。

以上からは、第1章に見た、従来の無業・ひきこもりの言説ではほとんど言及されてこなかった低階層の若者たちの存在が、近年の「支援機関アプローチ型」支援では見出されつつあることがわかる。換言すれば、「支援機関アプローチ型」支援は、これまで多くの研究・実践が見過ごしてきた低階層で無業・孤立状態にある若者たちに、もっとも接近している取り組みの一つといえるのである。

オリジナルデータから見る低階層の無業

そこで次に、ある「支援機関アプローチ型」事業の対象者の類型化から、低階層で無業状態にある若者たちの概況を捉えることを試みたい。対象とするのは、筆者がスタッフとして参画した生活保護制度をベースとした「ニート・ひきこもり支援事業」である。[*10] 事業の詳細は第Ⅱ部に譲り、ここでは本項の課題に基づく範囲での事業概要を示しておく。

この事業は、B市内で生活保護を受給している世帯の15～29歳の若者のうち、「特に何もしていない状態」にある者への支援をおこなうものだ。ただし、無業者だけでなく、不登校経験者、通信制・定時制高校の在籍者、精神疾患・障害のある同居家族がいる者、仕事が続かない者など、何らかの支援が必要と思われたり、中退や無業のリスクがあると思われる者も対象に含まれる。半年に一度、15～29歳の世帯員全員の状況をケースワーカー（CW）に確認し、協議しながら対象者を選定している。[*11]

ここでは、私が本事業スタッフを担った2010年4月から2015年3月までの5年間に事業対象者としてあげられた128名のうち、情報が不足している20名を除いた108名を対象とする。事業記録から一人ひとりの月々の状態像を整理し、時系列で期間中の本人の状態がわかるようなデータを作成した。また、先行研究の知見を参考に、集団的な他者関係や孤立状態、医療福祉とのかかわり、長期欠席、早期離学、雇用経験、DV等の家族問題などの有無についても、記録からわかる範囲でチェックをおこなった。[*12]

(1) 長期欠席・無業経験者の類型

長期欠席者および半年以上の無業経験者に注目しピックアップしたところ、事業対象者108名中83名が該当した（図2−2）。残りの25名は、小中学校時代に長期欠席を経験していたり、重度の疾患・障害のある家族がいたりするために対象者にあげられた人たちだ。そのうち、約半数はその後順調に高校に通っている在学者、残りの半数が就労している人たちである。後者は学卒後に正規就職した人と、アルバイト就労を継続している人がおよそ半々だった。

ここでは、長期欠席および半年以上の無業経験をもつ83名について詳しく見てみよう。対象者として名前があがった時点での年齢は、10代後半が47名、20代前半が24名、20代後半が12名、平均19・6歳だった。男性が48名、女性が35名である。それぞれどのような状況が多くの期間を占めているかによって類型化したところ、在学、就労、無業、医療・福祉などの状態を組み合わせた九つの類型が見出された。[13] それを表にしたものが表2－1である。やや冗長になるがそれぞれ見てみたい。

図2-2　事業対象者の選定・類型化プロセス

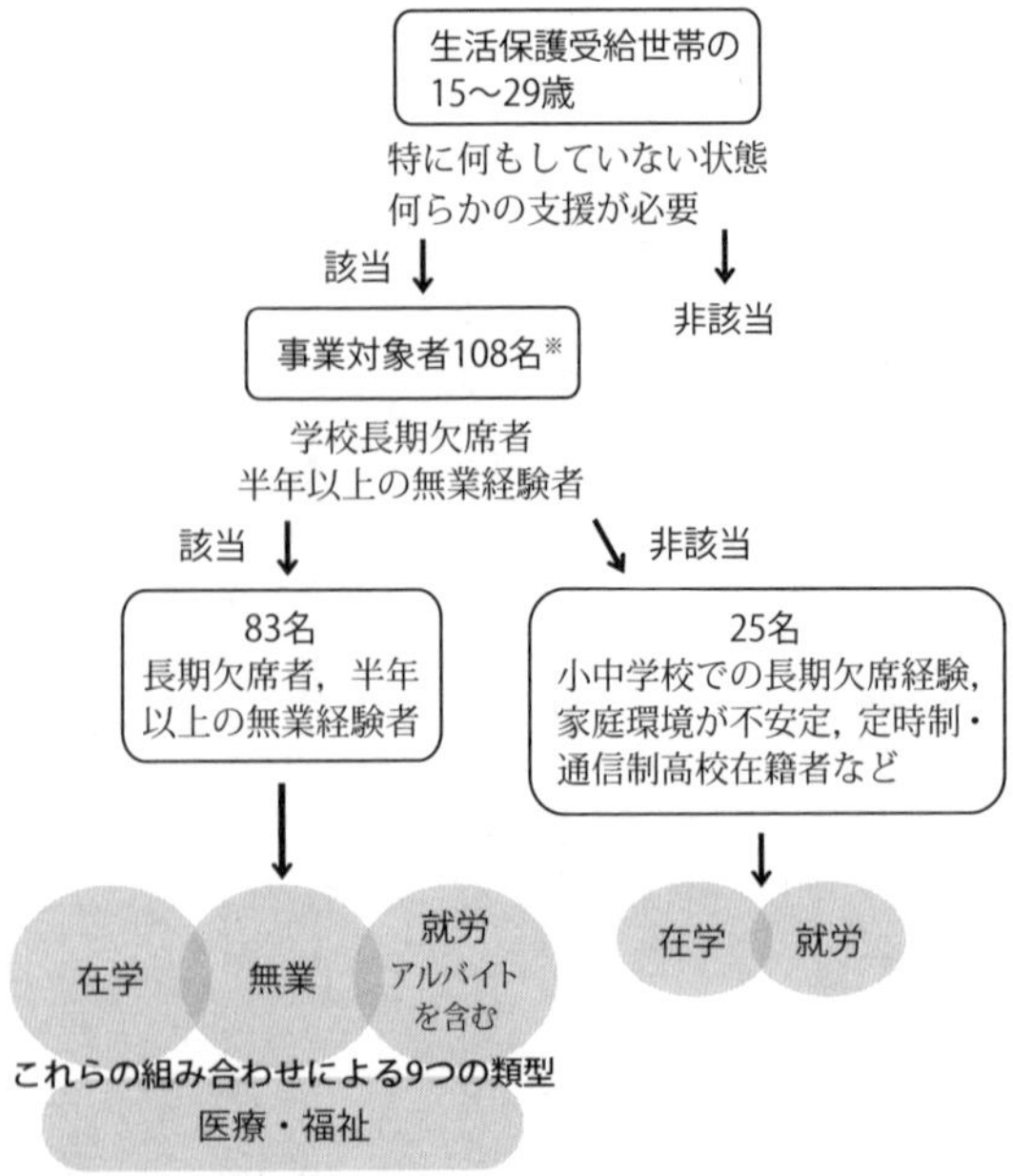

※2010年4月～2015年3月までのデータによる（ただし情報不足の20名を除く）

①「在学型」（8名）は、在籍校があるものの長期欠席中の者たちだ。高校の長期欠席者が多く、[14] 通信制高校に長期にわたって在籍しているものの単位がほとんど取れていない者も含まれる。また、専門学校の休学者もいる。[15] 事業対象者としてあげられた時点での年齢はみな10代後半であり、女性の割合が他類型に比べて高い。ほとんどの者が他者関係の乏しい状態にあり、ひきこもりがちの生活となっている。

②「在学↓無業型」（6名）は、高校

表2-1　「支援機関アプローチ型」支援事業の対象者類型

①在学型	学校（主に高校）を長期欠席中	8名
②在学→無業型	学校を離れた後に無業状態	6名
③在学・無業混在型	無業後に高校再入学など，在学と無業が混在	10名
④在学→就労型	離学後にパート・正職員等で就労	4名
⑤バイト型	アルバイト就労期間が大半を占める	6名
⑥無業・バイト型	無業期間とアルバイト就労期間が混在	5名
⑦医療・福祉型	医療機関・障害福祉サービス等にかかわっている	18名
⑧無業型	無業期間が大半を占める（医療等のかかわりなし）	21名
⑨混在型	在学，無業，アルバイト，就労訓練等が混在	5名
		計83名

中退、あるいは高校卒業後に長期の無業状態となっている者たちだ。かれらは通信制高校などに在籍しているときから、他者関係をほとんどもっていなかった。現時点では①「在学型」に分類された長期欠席者が、離学後にこの類型に入ってくる可能性も高い[*16]。

③「在学・無業混在型」（10名）は、在学と無業が双方とも一定の期間をもって見られる人たちだ。大きくは、中学卒業後に1年以上の無業状態にありその後高校に進学した者たちと、高校中退後に半年以上の無業となりふたたび通信制高校などに再入学した者たちに分けられる。すなわち、この類型の10名全員が中卒後高校不進学もしくは高校中退を経験している。無業後に進学・再入学しその後ふたたび退学し無業となっているケースもあり、高校での長期欠席・休学も見られる。男性がやや多い。

④「在学↓就労型」（4名）は、中退・卒業後に就労し、働き続けている者たちである。生活保護世帯の若者で卒業後に就労している者たちはほかにも多くいるが、事業対象者となってい

るかれらは、高校での長期欠席や半年程度の無業を経験している。重度の疾患・障害のある家族と暮らしており、限定的な他者関係となっている者が多い。

⑤「バイト型」（6名）は、多くの期間をアルバイトで過ごしている者たちだ。みな離学後に半年以上の無業を経験しており、女性の割合が高い。

⑥「無業・バイト型」（5名）は、無業期間とアルバイト期間のどちらもがある程度の比重を占めている。無業期間が年単位の長期にわたっている者が多く、職を転々としている者もいる。全員10代で、ほとんどが高校中退者だ。

⑦「医療・福祉型」（18名）は、医療機関や障害福祉サービスにかかわっている人たちだ。医療・障害福祉支援の事業は別途あるため、比較的症状が軽度な人が本事業の対象となり、この類型に含まれている。かれらのほとんどは無業状態にあるが、なかには障害者手帳を取得し就労した者もいる。日常的な他者関係をもたない人が大半を占めているほか、年齢は他類型と比較すると高く、20代が7割以上を占める。男女比は半々だ。

そうした医療機関等を受診しているわけではない人で、長期にわたって無業状態にある人々が⑧「無業型」（21名）である。数年にわたって無業状態にある者が大半を占めている。また、数年の無業期間を経て、就職や転居、婚姻等によって保護廃止となり、その後の消息をつかんでいないケースも多い。この類型では、長期欠席経験者や高校不進学者・中退者が多い。また、他者関係をほとんどもたずに孤立している者が4割ほどを占める一方で、集団的な仲間関係をもっているとケースワーカーの情報等から明らかになっている者も3割程度いた。年齢は10代が4割、20代が6割で、20代後半の者も少なからずいる。他類型に比して男性が多い。

最後に⑨「混在型」（5名）は、在学・無業・アルバイト・職業訓練などが混在している者たちだ。1名以外は事業スタッフが本人と直接かかわっていたケースであり、そのかかわりによって混在状況が生じている側面もある。事業でかかわった者たちはみな他者関係の乏しい状態にあった。全員半年以上の無業を経験しており、高校不進学・中退経験者も多い。

（2）仲間集団の保持と孤立

次に、先行研究で見出された非行傾向のある仲間集団の保持や、それとは対照的に他者関係が希薄な状態について確認しておきたい。83名中42名がほとんど他者との関係をもたずにいること、他方で10名が非行要素を含む仲間集団を保持していることがわかった[*17]。

ヤンチャな仲間集団をもつ者たちを見てみると、全員10代で男性が多く、2名の情報不足による不明者を除いてみな高校不進学者か中退者である。また、雇用経験のある者が多い。無業状態から、就職・転居によって保護廃止となった者も少なくなく、かれらはみな親族・知人等のツテで職人系の仕事に就いていた[*18]。さらに、ほぼ全員が事業スタッフとほとんどかかわりをもつことがないまま保護廃止に至っていたり数年が経過していたりする。

他方、ほとんど他者関係をもたずに孤立状態にある者たちを見てみると、事業スタッフとの直接的かつ定期的・継続的なかかわりをもつ者が6割以上と多い。「医療・福祉型」と「無業型」が6割程度を占めていることからも、無業状態にある者が目立つ。また、不登校経験のある者、疾患や障害など家族に何らかの困難のある者が、それぞれ半数以上となっている。情報不足によって不明な者がいることを踏まえれば割合はさらに上昇する可能性が高い。

低階層の無業者たち

以上を、先行研究の知見とも重ねながらまとめておこう。

まず、貧困世帯において、学校を長期欠席中で家にひきこもりがちな人々が存在している。1980年代に横田らが指摘したのは中学生年代であり、高校生年代の事業対象者とはずれがあるものの、先行研究と同様に、学齢期から他者関係が乏しくなっている低階層の若者たちの様子を確認できた。

そして、学齢期を過ぎた後も、年単位にわたって無業状態が継続している若者たちが多数存在している。かれらのなかには他者関係が乏しい状態の者も多く、特に「医療・福祉型」では大半の若者がそのような状態にあった。他方、「無業型」では他者関係の乏しい者は4割程度にとどまり、日常的につるむような仲間集団をもっていると思われる者が3割程度含まれていた。ここからは、同じく無業状態にあっても、家にこもり孤立しがちな者たちと、非行傾向を含んで活発に動く者たちの双方が存在していることがわかる。これは長期欠席や無業というくくりだけに注目していては見過ごされる違いだ。[*19]

つまり、低階層で長期欠席・無業状態にある若者たちは大きく二つのタイプに分けられる。一つは、

〈ヤンチャな子ら〉と形容されるような若者たちで（知念2018）、時に非行要素を含んだ「遊び」の世界を楽しむコミュニティを保持しながら、無業あるいは不安定就労状態にある者たちだ。かれらは、やがては見知った大人の世界――周辺労働への従事や困難な生活――に参入していく（西田2012）。事業対象者のなかにも、自らのコミュニティをもち、そのツテを用いて就労・転居していく若者たちがいた。

他方、他者関係をほとんどもたずに、自宅にこもりがちな日々を送っている低階層の長期欠席者・無業者も確かに存在する。かれらは先行研究においてほとんど注目されてこなかったが、事業対象者の類型化からは一定のボリュームをもって存在していることが明らかとなった。

〔注〕

＊1　ここでは、第1章に見たような比較的豊かな経済基盤を持ち、親や若者自身が高学歴（志向）であるような、いわゆる中流家庭出身ではない若者たちの無業や孤立の概況をつかむことを目的としている。そのため、貧困世帯、生活保護世帯、低所得世帯、生活が困難である世帯、母子・ひとり親世帯（貧困率が48・3％、厚生労働省2020）などの諸研究を、特に腑分けすることなく取り上げる。

＊2　長期欠席をめぐる問題では、学校ぎらい・登校拒否・不登校など、さまざまな用語が用いられてきた経緯がある。以下にあげる研究でも時代や定義により各用語が用いられているが、本研究の目的からはひとまず同義に解釈してもらってかまわない。簡潔にいえば、文科省の調査上、長期欠席は「年度間に連続又は断続して30日以上欠席した児童生徒」を指すもっとも広い概念であり、不登校はその欠席理由の1カテゴリーである。名称の経緯や分類の恣意性については酒井・川畑（2011）、梶原（2020）などを参照。

＊3　たとえば、東京都のある自治体での調査では、不登校児発生率は一般世帯2・41％、準要保護世帯3・19％、生活保護世帯11・58％だったという（池谷2008）。また、3万人余りを対象とした厚生労働省による調査では、低所得の家庭（中学1・3年ではとりわけ200万円未満の家庭）で、中学生の「子どもが学校に行きたがらない（行かない）」と回答した割合が高くなっている（厚生労働省2015－2017）。

＊4　子どもの教育達成と家庭背景の関連については、バーンスティン（1981）やブルデュー（1990）、ウィリス（1996）をはじめ、多くの実証・理論研究が蓄積されている。日本においても、階層と学力・学習意欲との関連（耳塚2007、大阪府教育委員会2007、苅谷2008、志水2014）、進学率との関連（林2016、厚生労働省2018）、学校を楽しんでいるかといった主観的感情との関連（阿部2011）などが指摘されている。

＊5　先の林（2016）においても、ライフストーリー分析の対象となっている者は高校を卒業した者がほとんどで、高校非進学者らの離学後や無業の実態には踏み込めていない。

＊6　海外においても同様の傾向があり、たとえばH・ウィリアムソンは貧困地域といわれる地区で育った若者たちを追跡し、かれらの移行過程のありようを明らかにしている。対象の若者たちは集団的コミュニティをもち、ほとんどが万引きやバイク・車の窃盗など何らかの犯罪行為にかかわった経験をもっていた（Williamson 2004）。

＊7　海外でおこなわれている「アウトリーチ／デタッチトワーク」も同じように、ワーカーが対象となる若者を探し出すことを意味するものだが（Furlong et al. 1997）、日本の若者支援領域における「アウトリーチ」は、親の要請に基づく家庭訪問を指す傾向が強かった（内閣府2010a）。近年では、「何らかの事情で支援の手が届きにくい人たちに対してこちらから手をのばして、つなげていく支援」（田中敦2014：65）と捉える向きも増えたが、社会資源が不足している地域に支援拠点を形成したり（田中敦2014）、講演会や現地出張相談会などを開催したりすること（竹中2017）を「アウトリーチ」としているものも目立つ。そのため、結局のところ本

人や家族の要請を起点にする「要求応答型」に近く、本書では「アウトリーチ」という言葉を使用していない。

＊8　学校との連携でいえば、ほかにも厚生労働省による「高校中退者等アウトリーチ事業」があげられる。地域若者サポートステーションが高等学校と連携し中退者等の支援をおこなうもので2010年から開始されたが、「サポステ・学校連携推進事業」として拡張したのちに一転して2014年度に打ち切られた。

＊9　同調査では、町内全世帯から18歳以上55歳未満の者を抜き出したうえで定職等のある者を除外し、さらには同級生や元PTAのネットワーク、民生委員・福祉員等の協力から大まかな「ひきこもり者等名簿」を作成し、実態把握の訪問調査をおこなったという。こうしたやり方については、ひきこもり状態を他者によって暴かれ、プライバシーや人権を侵害されているとして、ひきこもり当事者からの批判もある（勝山2017）。

＊10　生活保護世帯の若者が貧困・生活不安定世帯の若者を代表するとは必ずしもいえない。その点で、本事業の対象者分析には限界があるが、貧困研究において断片的にしか語られてこなかった無業者に関する知見を全体としてどう位置づけることができるかという問題関心には応えうるデータと判断し、検討していくこととする。

＊11　なお、B市福祉課には就労支援、健康（医療福祉）支援、家庭支援（主に母子世帯）にかかわる事業が別途あるため、就労支援で対応可能な者や重度の精神障害をもつ者、子のいる者などは事業対象から外されている。

＊12　これらの作業には、事業対象者全員の概要や月ごとの最新情報が記入される事業記録を用いた。なお、情報はケースワーカーや関係者から聴取したものと、事業スタッフが本人や家族にかかわることによって得たものが混在しており、事業スタッフとのかかわりの濃淡によってケースの情報量には差がある。そのため、すべての項目が全ケースにおいて正確に把握されているわけではない。

＊13　ただし、事業対象者としてあがってくる時期はさまざまであるため、5年間分のデータで類型化されている者もいれば、数か月分で判断されている者もいる。いつ対象者としてあがってきたかや、今後の加齢の状況によって、他の類型としてカウントされることも大いにありうる。あくまで、全体像を把握するという目的から類型化

したもので、人数・割合等に固執することは危険だ。

＊14　本事業の対象者がおおむね15歳からとなっていることによる。

＊15　中等後教育・高等教育への進学については基本的に世帯分離となるが、事業ではそれ以前からかかわりをもっていた若者については世帯分離・保護廃止になった後も本人の同意のもとに継続してかかわっている場合がある。

＊16　なお、この類型には便宜上2名の進学準備中の者が含まれている。ただし、うち1名は進学準備中の状況が複数年にわたっている。

＊17　情報として明記されていたものだけをカウントした。残りの30名ほどは、多少の他者関係をもっているか、明確な情報がないため分類や判断を避けた。

＊18　先の分類では「無業型」として扱ったケースも少なくないが、無業とされる時期にも、収入を得ていない見習いなども含めて何らかの仕事をおこなっていた可能性もあるだろう。

＊19　たとえば、林（2016）では、「更生保護・医療・福祉型」として非行やひきこもり、病気療養中が同じ類型に分類されている。また、保坂（2000）の「脱落型不登校」においても、貧困など社会経済的困難を背景とした怠学・非行傾向の見られる子どもたちは同じ類型として特に腑分けされずに扱われている。結果、非行傾向のある若者に注目が偏りやすい状況が生じてきたといえる。

第3章　低階層孤立者はなぜ見過ごされたのか

これまでの知見を踏まえ、第I部最後となる本章では、無業・孤立状態にある若者が社会的に注目を集めるなか、誰が、なぜ不可視化されてきたのか、その構造を明らかにする。そして、これまで関心の埒外に置かれてきた低階層の人々を若者支援の対象として位置づけ論じることがなぜ必要なのか示したい。

1　低階層孤立者とは

第1章・第2章の知見を総括すれば、社会活動から撤退し、他者関係が乏しくなり孤立する若者たちには、大きく二つの層が含まれる。一つは、これまでひきこもりとして注目を集めてきた中高階層の無業・孤立者であり、いま一つはその陰でほとんど見過ごされてきた低階層で無業・孤立状態にある若者たちだ。2000年代以降、若者の無業や孤立には高い社会的関心が払われてきたものの、研究も、実践も、政策も、自ら支援機関に赴く中高階層の若者に焦点化し、低階層の者たちの存在を等閑視してきた。このことに警鐘を鳴らす意味で、本書ではかれらを「低階層孤立者」と呼び注目したい。[*1]

もちろん、低階層の若者のことがまったく語られてこなかったわけではない。しかし、低階層の無業者はヤンチャな子らとして語られることが多かった。ときに逸脱的・反学校的な仲間集団に属し、無業の時期がありながらも時折アルバイトに従事するといったかれらと、他者関係をほとんどもたずに家にひきこもりがちである低階層孤立者は、異なる状態像を示す人たちとしてひとまずは捉えられるべきだ。[*2]

また、低階層で無業・孤立状態にある人々というと、若年ホームレスとの関係も気になるところだろう。さしあたりの大きな違いは、家族の存在と就労経験だ。「若者ホームレス50人への聞き取り調査」では、7割以上が家族と連絡をとれない／とらない状況にあり、ほぼ全員に就労経験があると見られた（特定非営利活動法人ビッグイシュー2010）。他方、本書で注目する低階層孤立者は生育家族との関係があり、また、就労経験のない者も少なくない。低階層孤立者の状態像からすれば、若者の貧困・就労問題の延長線上で注目されてきた若者ホームレスよりも、若者の無業・孤立の問題として注目されてきたニート・ひきこもりのほうが重なるところが多く、本書でもそうした視点から整理をしている。[*3]

2　三重に不可視化された人々

では、なぜ低階層孤立者の存在は誰にも注目されることなく、いわば社会から不可視の状態に置かれてきたのだろうか。そこには、三重の不可視化構造が働いていたと考えられる。

まず、社会活動に（十分に）参加しない／できない若者の存在自体がそもそも可視化されづらい構造にある。企業主義統合を特徴とする1960年代以降の日本社会では、他国が公的な福祉制度や社会的支援策によって提供してきた諸々の保障を、企業による賃金と福利供与によってまかなってきた（後藤2001）。結果、そこに形成される「社会的標準」に参入していくルートとして成立した「戦後型青年期」は、学校・家族・企業に依拠する比重が高く、普遍的権利保障としての公的福祉制度の占める比重は極端に低いままとなった（乾2010）。こうした状況によって、学校からも企業からも離脱した無業者や失業者、あるいはフリーターの若者はもっぱら家族に支えられ私的領域に抱え込まれることになり、社会的な問題として可視化されづらい。

とはいえ、2000年代以降ひきこもりの存在が社会問題化し、中高階層の若者の無業や孤立が注目されてきたことを踏まえれば、以上の説明だけではなぜ低階層孤立者だけが不可視化されたのかの答えにはならない。そこで、中高階層の若者たちに注目が集まった理由を長期欠席（不登校）の先例から考えてみたい。

第2章で触れたように、従来長期欠席は貧困世帯をはじめとする低階層の子どもたちの問題だった。しかし、そうした関心は神経症的不登校の増加を尻目に次第に後景に退いていった。これについて、そもそも不登校のカテゴリーの一つとして神経症的不登校を独立させることができたのは、「このタイプの不登校児童生徒と出会った精神科医や臨床心理士が、彼や彼女たちの事例を多数、報告したから」との指摘がある。不登校という事態を前に「医療機関や相談機関に出向いていくという選択肢の存在に気づき、実際にその場に出かけていくことができる」ような相対的に高い階層に属する人たちの積極的な行動が、神経症的不登校の成立背景にあったというわけだ（笹倉2008：62）。

ひきこもりも、これと同様のことがいえる。1990年代にひきこもりが表面化した際の主な論者は、民間支援機関、医療機関の者たちだった（富田1992、工藤・スタジオポット1997、斎藤1998）。その機関に赴いた人々の多くが社会経済的地位の高い家庭の若者やその家族であったために、そうした事例からの臨床研究・発信が多くなった。他方、支援の場に自ら訪れることの少ない低階層の人々の無業や孤立はなきものとされ、中高階層に多いひきこもりという言説のもとに不可視化され続けることとなった。

さらに、長期欠席についての伊藤茂樹らの指摘は非常に興味深い。

> 長期欠席が社会的に恵まれない層に限定されているうちは特に問題とはしなかったにもかかわらず、〔相対的に恵まれた〕自らの層の内部にも現れてくると、彼らの資源を用いて教育問題として定義した。この際、確かに神経症や、登校の意志があるにもかかわらず行けないという新たなタイプの出現という事情はあったにせよ、それまで同じ長期欠席をおこなっていた、他の層の子どもたちについては、〔登校拒否の〕定義に含まない、或いは少年非行問題という別の枠で社会防衛的に対処するという方向をとったのである。
>
> （伊藤ほか1990：170）

これを若者の無業・孤立をめぐる状況に重ねてみよう。長期欠席や学校「不適応」を経てそのまま無業・孤立状態に至るようなケースは低階層の間では昔から存在していたが、社会問題化されることはなかった。しかし、中高階層の内部で同様のことが生じはじめると、かれらは行動を起こし、ひきこもりという言葉が生まれるなど、無業・孤立の若者の存在に注目が集まることとなった。その際、昔から一貫して存在していた低階層の人々のそれは無視され、ひきこもりはあたかも新しい、中高階層の人々の問題として語られ、支援が展開されてきた。支援実践も研究も、目の前の「声をあげる」中上位層の無業や孤立を語り、発信するなかで、結果的に低階層の人々のそれを等閑視することに加担してきたのである。

さらに、低階層の人々に注目する議論においても、無業状態は非行や犯罪に近しい問題として捉えられがちであった。つまり、低階層の人々は総じて問題や実態が社会問題化されづらく見過ごされてきたといえるが、言及されるとしてもひきこもりとは別枠の非行問題としてであり、家にこもりがちとなる低階層孤立者はまったく関心をもたれてこなかったといえる。

この理由を考えてみよう。何らかの状態や問題が社会的に認知されるためには、誰かがそれを発信することが一つの方途となる。低階層で無業状態にある若者たちのなかでも、逸脱的・反社会的なものも含めてその行動が見えやすい人々の存在は、非行等の問題として認知されてきた。他方で、孤立しひきこもりがちとなる若者の場合、公的福祉制度が未整備な日本においては、家族以外の他者がその存在を認知することがきわめて難しくなる。[*4] 中高階層のひきこもりの場合は、支援機関に来所するなどの行動が社会的認知の契機となったが、本人も家族も何らかの行動を起こさない場合は不可視されたままとなる。とりわけ、貧困・生活不安定世帯の場合、これまでのさまざまな不利や排除の蓄積のなかでそうした発信や行動をおこなわないことも少なくない。結果、存在を発信する他者をもたない低階層孤立者は、もっとも深く不可視化されてきた。ニート議論において、低階層出身者に注目する必要が述べられた場合であっても、非行傾向をもつ者たちとして捉えられる向きが強かったのはこうした理由による(本田由紀2006)。

以上のように、幾重にも重なる不可視化の過程のなかで、貧困世帯で無業・孤立状態にある低階層孤立者は可視化されてこなかった。それは、かれらがもっとも社会的に排除されている層であり、研究・実践の場から見えづらくかかわりをもつことが困難な層であることの証左だろう。

3　低階層孤立者への支援は必要か

では、これまで支援機関を訪れることなく不可視化されてきた低階層孤立者は支援の対象外なのだろうか。かれらが注目されてこなかったのは、そもそも注目する必要も支援の必要もないということの現れなのか。このことについて最後に考えてみたい。

まず、そもそも若者支援はなぜ必要とされたのか、ということから確認してみよう。2000年代半ば以降の若者政策上では、大きく二つの側面からその必要性が論じられてきた。

第一に、持続的な社会形成が困難になるという視点である。たとえば、日本の若者政策の出発点としての「若者自立・挑戦プラン」では、「中長期的な競争力・生産性の低下」や「社会保障システムの脆弱化」

「社会不安の増大」などを引き起こすため、無業者やフリーターを支援することが必要だと語られている（若者自立・挑戦戦略会議２００３：１）。[*5] また、日本にニート概念を持ち込んだ研究者は「そのまま放置すると、社会にとってコストになる可能性があるという視点から対策を講ずること」が必要だと論じた（小杉２００４：６）。つまり、無業の若者を放置することは社会的活力を減じ社会保障の支え手減少や社会保障費の増大につながるリスクを有しているため、政策的対応＝支援が必要だと考えられたのである。日本の若者政策では、この観点からの必要性が大勢を占めてきた。

他方、第二に、若者自身の権利保障という文脈での必要性も一部示されている。地域若者サポートステーションの創設につながった「若者の包括的な自立支援方策に関する検討会」の報告書では、若者の自立を支援する第一の目的は「いうまでもなく『若者自身のため』」とされた。先に示した持続的な社会形成にかかわる側面が第二の目的としてあげられながらも、ここではより若者自身に重心が置かれ、「社会の側には、若者には自立し成長段階に応じて社会に参加する権利があることを認識し、これを支援する責務」があるとされた（若者の包括的な自立支援方策に関する検討会２００５：７）。つまり、無業者等への支援はかれらが社会参画していく権利を保障・実現するための社会的責務であり、その権利を行使できないリスクのある若者を放置することがあってはならないと考えられたのだ。

これら二つの側面は、社会福祉制度を研究する岡部卓が子ども・若者の貧困をめぐる言説形成の認識を「経済の論理」と「福祉の論理」から整理していることに重ねるとわかりやすい。[*6]「経済の論理」とは、子ども・若者を「未来の労働力」や「政治的・社会的・文化的活動の担い手たる市民として捉え、社会的投資の宛先とする認識」だ。そこでは、「経済・社会への貢献をうながす」ことが主目的となり、「いかに「労働力」としてまた「市民」として有用な人的資源を生み出すかという考えに立って方策がとられる」(岡部卓2018:255)。先に見た持続的な社会形成のためという立場は、まさに「経済の論理」にあたる。[*7]

一方、「福祉の論理」においては、「人間として生を受けたならば、どのような状態の子ども〔若者〕においても社会が環境を整え直接・間接に社会・国家が支援する必要がある」と認識される。ここでは、「能力の序列を廃し最大限それぞれの「生の可能性」を伸ばす方向」が重視され、人間としての「尊厳の尊重と諸権利の実現」として支援の必要性が示される(同前)。若者支援でいえば、二つ目の、若者が社会に参画する権利を保障し支援する責務が社会にあるのだとする視点が、「福祉の論理」に重なる側面をもつ。[*8]

先に指摘したように、政策は「経済の論理」に傾斜しているが、「経済の論理」から支援を推し進めていくことは、その論理に合致しづらい者を支援の対象から排除していくことにつながる。たとえば、労働力に転換しやすい人々に焦点があたり、その観点から選別がおこなわれうる。初期の若者政策が失業者層や「やる気のある若年者」(若者自立・挑戦戦略会議2003:4)を対象とし、また、その後も一貫して自ら支援機関に訪れる若者を支援対象としてきたのは、かれらが自ら支援を求めない若者に比して「労働力」や「市民」としての有用性を高めやすい人々だったからともいえる。「経済の論理」からのみ若者支援の必要性を捉える見方は、労働力たりうる可能性や意欲などによる対象者の序列化・排除を生む。[*9]

以上を踏まえれば、「福祉の論理」から若者支援の必要性を捉えることが重要になる。この社会に存する人間として尊厳が尊重され、諸権利が実現・行使されうる環境を整え支援するのは社会的責務であり、それが若者支援であるという捉え方だ。

この視点に立てば、諸権利の実現・行使が難しい状況にある人々はすべて支援を受ける権利を有し、また支援の必要があると原理的には捉えることができる。「要求応答型」の支援体制のなかで、自ら来所しない低階層の者たちが実質的に若者支援の対象から除外されてきたことは、かれらへの権利保障が十分になされてこなかったことにほかならない。若者政策、そして若者支援実践に低階層孤立者を位置づけ、かれらが支援を受ける権利を行使できる（あるいはそれを選べる）環境をつくることが喫緊の課題となっている。

〔注〕

＊1　このようにある人々を外側から名づけることは、ほんらい安易におこなわれるべきではない。リスター（2011）は〈他者化〉という概念を用いて、非貧困者が貧困者を名づけ、定義づけることで、「我ら」と「かれら」の間に距離をつくりだし、「かれら」の複雑な人間性と主体性を否定し、恥辱やスティグマを付与してきたことを問うている。本書はこの指摘の重要性を強調し、自戒しながら、同時に、少しの関心も向けられてこなかった人々の存在を語り、かれらへの支援が必要だということを示す立場から慎重に提起をおこなうものだ。それは、リスターのいうように表現と承認のポリティクスが再配分のポリティクスに結びつかなければならないという指摘と重なるものでもある。

＊2　その意味で、本田由紀が日本型ニート批判のなかで「中産階級のホワイトカラーの子弟に多いといわれる「ひ

きこもり」と、それよりも相対的に低位の階層に多く逸脱的な行動への親和性の強い、いわゆる「犯罪親和層」」の両者を「不活発層」としてまとめたのは（本田2006：61）、これまでの先行研究の理解を反映したものであったものの適切さを欠いていたといえる。

＊3　孤立した若者というと、玄田有史が提起した「SNEP」（孤立無業者）を想起する人がいるかもしれない。ただし玄田は、「社会生活基本調査」の項目からある特定の2日間家族以外の他者との交流をもっていなかった無業者をSNEPとして定義しており、その妥当性は疑わしいと同時に、個別具体的なケースや実態にはほとんど触れることなく議論を展開している（玄田2013）。関水・藤原（2013）が示すSNEPの具体像も、過酷な労働市場・自身の病気・親の介護等を経て「SNEP」状態にある人々であり、低階層孤立者の存在への視点はほとんど見られない。

＊4　他国では、給付の申し出を契機に社会的排除の危機にある人々の存在を把握するといった足場が存在している。しかし、日本ではこの給付制度がきわめて不十分であり、それがそのまま家族という私的領域に抱え込まされる事態につながっている。

＊5　若者支援が急速に拡大していった2000年代後半の政府見解でも、「我が国を支える人材の育成が図られないことによる中長期的な競争力・生産性の低下、所得が低いために結婚や出産をためらうことによる少子化の一層の進行や、それに伴う社会保障の支え手の減少等の深刻な問題を引き起こしかねない」と示されている（安倍2007）。

＊6　岡部によれば、子ども・若者の貧困をめぐっては自己責任vs社会的責任という構図があり、自己責任の側では「家族責任論」がある。そして、社会的責任の側で「経済の論理」と「福祉の論理」の二つをあげており、三通りの認識があることを示している。ここでは若者支援の社会的必要性を捉える文脈から、社会的責任の側の二つに注目する。

＊7　近年よく聞く社会的投資の議論も「経済の論理」に軸足を置くものとして捉えられるだろう（そもそも投資という言葉自体、経済の用語だ）。福祉や教育を「投資」と捉える社会的投資では、「見返り」が想定される。税収の増加や経済成長といった「経済的見返り」だけでなく、すべての人のより良質な生活と連帯意識の強い社会の構築といった「社会的な見返り」を強調することで（濵田2021）、「経済の論理」への傾斜を抑制しているようにも見える。しかし、「見返り」を想定する土俵に乗っている以上、投資という切り口は「どのような見返りも想定せずに、まずは生きていることだけで一定の保障がされるべき」という人権保障から遠ざかる思考だとの批判もある（岡部茜2021b：75）。

＊8　ただし、そうした支援を受ける若者の側にも「自ら自立のために努力し、社会にその一員として参加するよう努める責務がある」とされていることから（若者の包括的な自立支援方策に関する検討会2005：7）、「社会への貢献」「市民としての有用性」という観点から語られている面もうかがえ、「経済の論理」に傾斜しているとも考えられる。

＊9　岡部は、子ども・若者の貧困がある程度の社会的・政治的理解や支持を広げたのは、「経済の論理」と「それに連なる「財政の論理」（納税者の増加、社会保障費の圧縮）」への理解が得られたためだとし、その背景で「経済の論理」に合致しづらい「障がい者の貧困」「高齢者の貧困」などが除外されてきたことを指摘している（岡部卓2018：256）。

第II部

低階層孤立者の
経験と支援

第Ⅰ部では、貧困・生活不安定世帯の若者で、無業状態のまま他者関係が乏しくなっている人々が存在することを明らかにした。本書ではかれらを低階層孤立者と呼び、支援対象から除外されてきたかれらにも、尊厳の尊重と諸権利の実現という原理に基づいて支援が必要であることを確認した。

とはいえ、これまで「見えない存在」だった低階層孤立者に支援を届けていくことは容易ではない。どのようにかれらにアクセスし、どのような戸惑いや困難に直面しながら、どのように支援を展開していけるのかといった実践論の蓄積はほぼ皆無だ。

それどころか、そもそも中高階層の無業・孤立者に注目が集まるなかで、低階層孤立者とはどのような人々なのかということもまた、明らかになっていない。かれらはどのように過ごし、無業・孤立状態をどのように経験しているのか。

第Ⅱ部では、低階層孤立者への実際の支援実践と、そこで見出されるかれらの経験を論じることを通じて、低階層孤立者へのどのような支援が、なぜ必要であるのか、具体的に浮かび上がらせることを試みたい。まず第Ⅱ部における課題や論点を第4章で整理し、続く第5～第7章で実践の各局面に焦点化しながら議論を進めていくことにしよう。

第4章　無業・孤立経験と支援を問いなおす

これまで不可視化されてきた低階層孤立者の経験や支援を検討するにあたって、どのような視点から、何に注目して論じる必要があるだろうか。本章では、その整理をおこなう。

1　葛藤に焦点化されたひきこもり論

まず、中高階層の人々に焦点があたってきたひきこもりの議論では、その経験や支援はどのように語られてきたのかごく簡単に確認してみよう。

揺るがない葛藤の記述

1990年頃から「不登校その後」の文脈で問題化されたひきこもりは、若者問題、家族問題、精神医療問題、就労問題など、さまざまな文脈のなかで捉えられ、揺れ動いてきた（工藤宏司2008）。その過程で、多くの論者がひきこもりを定義し、その「回復」を語り、今日に至っている。その経緯や詳細は諸研究で明らかにされていることも多いため本書では割愛するが、大きくは、内的葛藤／外的状況（就労）／精神医療という三点がひきこもりを論じる視点となってきた。

たとえば、初期のひきこもり議論を牽引した富田富士也は、「人間関係を拒絶」しつつ同時に「欲求として人間を求めている」という矛盾した心理状態に注目し（富田１９９２：28）、その葛藤するありようを「引きこもり」と呼んだ。そして心理的葛藤と折り合いをつけふたたび他者との関係に分け入っていくことを「回復」として重視した（富田２０００）。

これに対し、同じく民間支援者の工藤定次は「〝心理状態〟という曖昧な定義にしているために、〝ひきこもり〟の子どもたちに対する対応も曖昧になってしまう」と富田を批判し（工藤・スタジオポット１９９７：51）、ひきこもりとは「家から外に出られない」状況の子ども・大人を指すものだとした（同前：58）。そして第三者の力を借りて外に出ることを重視した。さらに、「人に養われてるという状態は、精神的苦痛を伴う」といい（工藤・斎藤２００１：50）、「本人の希望は「自分は働いて、自分自身で生計を立てたい」という一点に集約される」のだとして（工藤ほか２００４：83）、「「生活の糧」を得て自立」することがゴール＝「回復」だと主張した（同前：90）。[*1] こうして２０００年代以降は内的葛藤から外的状況へと注目が移行し、就労を軸とした捉え方がなされるようになった。

さらに２０１０年代には、これに精神保健福祉の文脈が加わっていく（関水２０１６）。精神医学者の近藤直司らがおこなった調査では、各地の精神保健福祉センターに来談したひきこもり１８３件のほぼすべてのケースに精神障害の診断が可能であったという知見が示されている（近藤ほか2010）。こうした問題把握においては、薬物療法・精神療法等の治療が「回復」に向けて重視される。

このように、ひきこもりやその「回復」はさまざまな角度から捉えられ、この30年余りの間に移り変わってきた。しかし、ここで注目したいのはそのさなかでも不変であった要素だ。どのような立場の論者からも一貫して示されてきたもの、それが当人の葛藤だった。

1990年代に富田が核とした「かかわりたいのにかかわれない」といった心理的葛藤に近いものは、家から出ることや就労などの外的状況を重視した工藤においても「『このままではいけない。何かしなければ。家の外に出なければ……。でも、どうして良いのか解らない（から出られない）』と思っているのは子ども自身なのだ」というかたちで示されている（工藤・スタジオポット1997：25）。また、精神科医の斎藤環も「ひきこもり状態から抜け出したいと、誰よりも強く願いながら、それがどうしてもできない」と述べ、本人が葛藤していることを繰り返し強調している（斎藤1998：35）。さらに、就労に傾斜する工藤や斎藤を批判した塩倉裕もまた、「引きこもるという行為を誰よりも自分自身が正当と認められないからこそ、動けない自身の現実との間で深刻な葛藤が生じるのだろう」と述べている（塩倉2000：213）。

加えて、当事者自身の発信や語りでも葛藤への言及が見られる。ひきこもり当事者としていち早く自著を出版した上山和樹は、「ひきこもりというのは、根本的に『価値観の葛藤』である」とした（上山2001：131）。そこでは、「経済生活を成り立たせるためには、自分の価値観や倫理観を犠牲にしなければならない（すると体が悲鳴をあげる）」「自分の価値観を尊重しようとすると、経済生活が成り立たない」というジレンマが語られている（同前：144）。ほかにも、当事者による「普通」（岡部ほか2012、江藤2017）、「当たり前」（原2012）、「世間並」（石川良子2007）などと表現されるものをめぐる葛藤の語りは頻繁に登場してきた。

この傾向はひきこもり研究にも引き継がれ、桜井利行は「外側からの要請に応えようとする欲求と、内側からの要請に応えようとする欲求の間」の葛藤といい（桜井利行2003：225）、関水徹平は「「ひきこもり」経験とはそれ自体が両義的な思いに根差した葛藤の経験である」とまとめている（関水2016：67）。

葛藤を前提とした支援

このようなひきこもり経験の捉え方は、当然のことながら支援のあり方にも影響を与えてきた。民間支援者の佐藤洋作は、「〈普通〉に働くことがあまりにも一面的に競争的なものであったり非人間的なものとしてイメージされている」ために強烈な忌避感情が駆動しているとして、〈普通〉の社会像・仕事観の再構築が必要だとした[*2]（佐藤2005b：212）。そのためには、親密圏としての「居場所」[*3]を外の世界にひらき、「外の世界にも居場所を発見したり、外の世界でもそこそこやれる自分を感じ取ったり」する学びや、「失敗が許される働き方」を体験することが重要だとしている（同前：214）。このような実践のあり方は、「社会規範を解きほぐす」（川北2006）、「強固なルールやこう生きなければならないと考える関係性のもとで抑圧された自己同一性」から自己を解き放つ（山本2009：177）などといった指摘にも見られる。つまり、本人の葛藤の源泉にある〈普通〉像や社会規範などを組み替えていくことに、多くの支援実践が着目してきたといっていい。

さらに、外的状況に重きを置く支援であっても、当人の葛藤や不安を緩和することは広く志向されている。たとえば、津富宏が提唱した「静岡方式」と呼ばれる就労支援では、考える時間をつくると悩んだり立ち止まったりしてしまうため、「若者に考え込ませない」ようにするというスタンスから支援が取り組まれている（津富・NPO法人青少年就労支援ネットワーク静岡編著2011）。また、家から出ることを重視した工藤も、知識や情報や経験が欠けている状態では「考えても考えても同じ結論しか導き出せない、苦しい作業」となるばかりであるからこそ、外に出ることが重要だと考えていた（工藤ほか2004：24）。

以上からは、これまでのひきこもりをめぐる議論や実践は、立場や考え方、支援のあり方の違いを超えて、ひきこもりの経験と支援のあり方の核に当人の葛藤を位置づけてきたことがわかる。当事者の葛藤は、かれらの経験を語るうえでも、支援を展開するうえでも、きわめて重要な意味をもっていたのだ。[*4]

2 「困り感がない」ことに困る支援現場

ところが、以上に見てきたような議論をもって理解・実践していくことが難しい現場も実は生じている。低階層孤立者にかかわっていく支援現場はその一つだ。そこで、私の現場での体験を話したい。

「困り感がない」ことへの戸惑い

「要求応答型」のひきこもり支援機関から、本人の申し出を待つことなくかかわっていく「支援機関アプローチ型」支援現場に異動して間もない頃のことだ。私は、ｃさんという男性と出会った。

ｃさんは中学で不登校となったのち、高校不進学のまま無業状態にある若者だった。スタッフの声かけでふらっとフリースペースに来ることもあるが、また来なくなり、その後は半年ほど連絡がとれなくなってしまう。それを繰り返しているという彼は、当時の私にとってつかみどころのない不思議な存在に映った。ひきこもりがちの状態にあることに悩んでいるようにも見えず、現状や今後についてどのように思っているのか、彼から語られることもほとんどなかった。彼のふるまいからは何に困っているのか、そもそも困っているのかさえわからなかったから、私はどうかかわり何を支援したらいいのか戸惑いを感じていた。

これに近い事柄や支援者の感覚は、「困り感がない」といった言葉で、その後もさまざまな現場でたびたび耳にした。多くの場合は、その後に「だから本人とつながれない」「どう支援したらいいかわからない」「困っている」といった支援者の悩みが続いた。川北稔によれば、生活困窮者自立支援制度の相談窓口151か所を調査したところ、ひきこもり事例の対応で困難を感じていることとして「本人が問題を感じていない」という点があげられたという。具体的には「支援者側が何かアクションを起こそうとしても、そもそも本人が乗ってこない」「意外に困り感がない（親も同様）」「本人が目に見えて困る状況が起こらないと、支援につながりにくいと感じている」などだ。また、「家族が支援を受けることに消極的」であることも困難の一つとしてあげられている（川北2019a：131）。

ここには、「困り感がない」（ように見える）人への支援はいかに可能なのか、そしてまた必要なのか、という問いが生じることになる。

本人のニーズと支援

そもそも支援という営為は、当人のニーズと不可分に考えられてきた。[*5] 端的にいえば「固有のニーズをもつ当事者があり、そのニーズを満たすため支援者が働きかける」という「支援モデル」だ（貴戸2012：69）。障害学者の星加良司は、「支援の「必要性」と「中身」を誰が、どのように認識し、決定する（べき）か、という、ごく真っ当な問いが、実は支援をめぐる議論の中でしばしば埋没してしまう」といい、「当事者優先」あるいは「当事者主権」を訴えている（星加2012：12）。すなわち、当人の意図やニーズに即して支援の必要性と中身は考えられなければならない。

これは、ひきこもり支援においても同様だ。厚生労働省による「ひきこもりの評価・支援に関するガイドライン」では、次のように述べられている。

ひきこもりの支援を考える際に、支援者が心得ておかねばならない重要な留意事項があります。それは、ひきこもり状態に在る子どもや青年がすべて社会的支援や治療を必要としているわけではないという点です。例えば、慢性身体疾患の療養過程で家庭に長くとどまる必要のある事例や、家族がそのような生き方を受容しており、当事者もその考えであるため社会的支援を必要としていない事例の場合、少なくとも当面は支援を要するひきこもり状態とはならないということを承知しておくべきでしょう。

（「ひきこもりの評価・支援に関するガイドライン」：5）

つまり、「ひきこもっている本人が「社会的支援を必要として」いる限りにおいて、支援活動は成り立つ」と考えられてきた（石川良子2017）。支援ニーズを表明することが支援を受ける前提となってきた「要求応答型」支援も、これと同じ考え方だ。

これらを踏まえれば、先ほどのcさん、あるいは「困り感がない」人々は支援の必要性が（少なくともその時点では）ないということになるかもしれない。また、当人や家族の要請に基づかない「支援機関アプローチ型」はそもそも支援として成り立つのかという疑問さえ生じる。

しかし、本人が困っていない／必要としていないのだから支援はいらないのだと断定することに、当時の私は違和感があった。第Ⅰ部でも見たように、自ら支援を求める人だけに応じていった結果、不可視化され、排除され、放置されてきたのが目の前にいる人々ではなかったか。

他方で、かれらは支援されるべき人々だと支援者側が断定することにもまた、釈然としない思いがあった。「困り感がない」という支援側の言葉は、無業や孤立、ひきこもりといった状態にあれば「困っていて当然」という見方をどこか内包している。そしてひとたび支援対象として同定し、支援をおこなうことが自明視されてしまうと、困り感があって当然の状況なのに困っていない（ように見える）人たち、支援が必要なのに必要だと感じられていない人たち自身が問題であるかのような意識に陥ってしまう。これは、あるべき〈生〉を想定しそこから外れた人々を外部から問題化していく姿勢にほかならず、暴力性を孕んでいる。

つまり、当人のニーズの表明を待っているばかりではかかわれない（放置することになる）し、他方で支援することを前提にするとそれに乗らない本人や家族の態度が問題視されがちになるといった状況が生じている。

葛藤に傾斜してきた言説の影響

このような事態には、従来のひきこもりをめぐる議論と支援が、当人の葛藤に強く傾斜してきたことも関係している。すでに見たように、自ら支援ニーズを表明する、社会経済的に中上位に位置する階層の人々を対象にした議論では、本人が葛藤し、悩んでいることが前提だった。そして、「人とかかわりたいのにかかわれない」「ひきこもりから抜け出したいけど抜け出せない」と本人が感じていることこそが、支援の必要性と正当性の土台となり、それを解消する支援というかたちでそのあり方を規定してきた。

誤解のないよう付け加えておくが、ひきこもりの問題化のなかで本人の葛藤に注目する議論は確かに必要で重要なものだった。[*6] しかし、実は誰よりも本人が悩み苦しんでいるのだという説明が、無業状態にあることがよしとみなされにくい社会のなかで比較的受け入れられやすいものであったことも確かだ。少なくとも、無業・孤立状態にあっても本人は悩んでいないという説明よりは、ずっと理解を得やすいものだっただろう。従来の議論は本人の葛藤を強調することで、それを所与のものとみなすあり方を広げ、支援者にさえ無業・孤立状態にあれば困っているはずだという感覚をどこかにつくりだし、果てはそれが感じられない若者に対して「困り感がない」こと自体が問題であるかのような感覚を抱かせることに寄与してきた面がなかっただろうか。支援が当人の葛藤や困り感を前提にかかわる営みとして捉えられるなかで、それに合致しない「困り感がない」人は「困った人」たちとして回収されていく回路が図らずも形成されてきたといえる。

3　どのような視点が必要か

以上を踏まえれば、従来の中高階層のひきこもりに焦点化するなかで形成されてきた共通了解や支援枠組みを解体しながら、低階層孤立者の経験や支援を論じていく必要があるのは明らかだろう。次章以下で論じていく際の視点をまとめておきたい。

かかわりに至る以前の局面を問う

まず、低階層孤立者の経験を語るにせよ、支援を語るにせよ、かれらが「見えない存在」としてあり続けてきた以上、いかにしてかれらと出会うのかということがもっとも大きな問題となる。また、出会えたとして、かれらは支援を求めていない（ように見える）こともあるため、支援はかれらにどうかかわっていけるのか（あるいはかかわらないままでいるのか）といったことも考えざるをえない。本人や家族が支援ニーズを表明することで支援が開始される「要求応答型」、さらにいえば、本人の葛藤や支援ニーズを前提とし、それに応じる営みとして考えられてきた従来の支援枠組みでは、こうした課題はほとんど問われてこなかった。

図4-1　低階層孤立者への支援局面

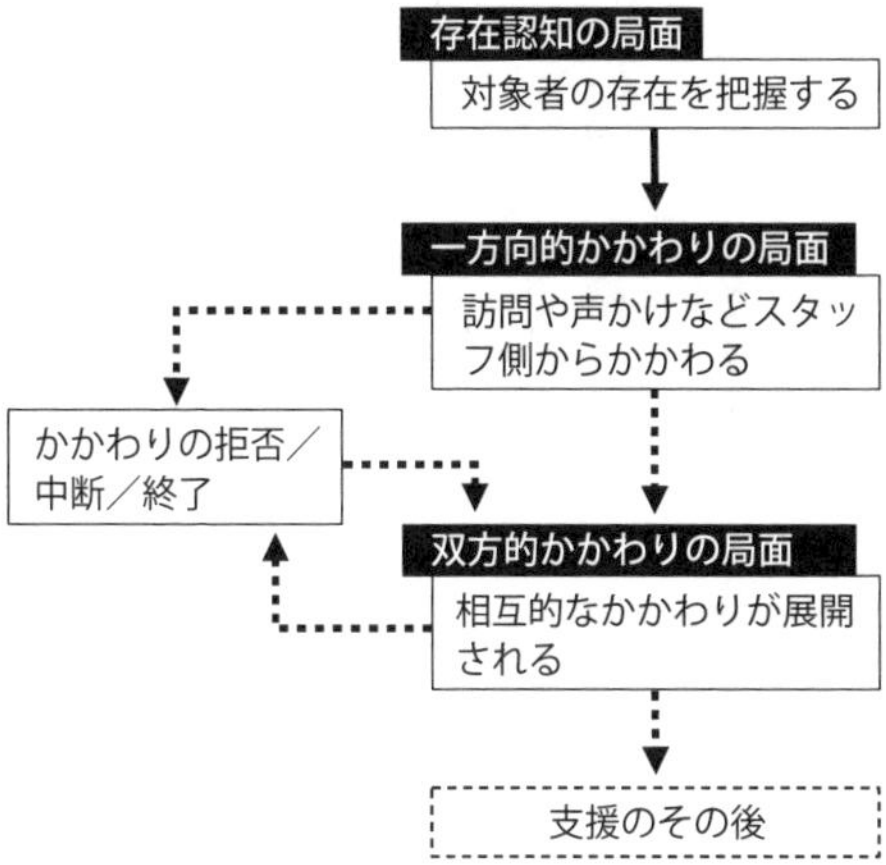

そこで本書では、低階層孤立者への支援を大きく三つの局面に分けて考えていく（図4－1）。まず、自ら支援機関に訪れることの（少）ないかれらの存在を把握する〈存在認知の局面〉だ。この局面なしには、かれらへの支援は始まらないし、また低階層孤立者の経験を可視化することも不可能だ。次に、存在を把握した対象者に支援者側からかかわっていくことになるが、かれらが支援を求めていない場合も少なくない。そのため、支援者側からの〈一方向的かかわりの局面〉が生じることも多い。その段階を経て、徐々に若者と支援者の相互的なかかわりが形成されていく。この〈双方向的かかわりの局面〉に至るかどうかは不確実

であり、その前に支援者側からのかかわりが拒否されることもあるだろう。あるいは、途中で関係が途絶えたり、逆に途絶えていた関係がふたたび結びなおされたりするようなことも、もちろんありうる。

「要求応答型」支援では、対象者が自ら支援機関に来所するがゆえに、〈存在認知の局面〉は問題とされず、〈一方向的かかわりの局面〉にも焦点があたりづらかった。しかし、低階層孤立者への支援を語るには、かかわりが定着するより前の、この二つの実践局面こそを問うていくことが求められる。また、本人の葛藤を前提としないのならば、いったい支援はどのような必要性のもと、何をめざしておこなわれるのか、すべての実践局面で問われることになる。以下では、具体的な実践を論じながら、それぞれの局面における支援の要点を検討していきたい。

不可視化された経験を、実践の過程で見出す

こうした実践局面のなかで、低階層孤立者を発見し、かかわりを形成していくことで、初めてかれらの経験を可視化する道がひらけてくる。

しかし、従来の多くのひきこもり研究のように、本人の語りから経験を明らかにしていけるかといえばそうとも限らない。低階層で無業・孤立状態にある若者たちからは、自身の思いや経験が体系的に語られることは当初ほとんどなかったからだ。これと似た感覚は、沖縄でヤンキーと呼ばれる若者の調査を続けてきた打越正行からも示されている（打越2021）[*7]。従来の研究は、自らの経験を言語化することに慣れ親しんだり価値を置いたりする（中高階層の）人々に対象を限定するなかで、結果的にそれになじまない

人々の無業・孤立経験を排除することにも通じてきた可能性が高い。[*8]

そこで本書では、低階層孤立者とのかかわりに焦点を置き、支援実践を通じて見えてくるかれらの経験を明らかにするというスタンスをとる。その際、葛藤を前提とする視点では、「困り感がない」と一面的に捉え、その背景にある多様な経験に目を向けないことに通じていく危険性を意識しておきたい。

これは、支援現場に軸足を置き、支援現場で直面する課題に重ねた検討のあり方だ。というのも、葛藤を表出しない人々を「困り感がない」と一面的に捉えていては、いつまでも「本人の困り感がないから支援に乗ってこない」という回路から抜け出せず、当人とつながりをもつことは難しくなる。葛藤という枠組みを崩しながらかれらの経験を探っていくという課題は、かれらとのかかわりを形成し支援を展開していくために実践現場で求められる課題そのものだ。低階層孤立者にかかわるなかでかれらの経験がどのように見えてくるのか、またその経験が見えてくることがかれらとの関係や実践のあり方にどう作用していくのか。本書ではそういった実践の過程のなかで見出される経験を、支援の進行やあり方と共に論じていく。[*9]

議論の構成

以下の章では、低階層孤立者の経験とかれらへの支援について、先の図4－1に示した実践の流れに即して議論を進める。第5章は低階層孤立者の存在を把握する局面、第6章はかれらにかかわりはじめていく実践の初期局面、そして第7章はかかわりの定着から支援終了後までの実践中期～後期の局面に注目する。これら実践の過程を通じて、低階層孤立者の経験を見出しつつ、かれらへの支援の要点について明らかにしていきたい。

〔注〕

＊1　斎藤環も、工藤との対談のなかで「九割の人間は働いていないと自分の自信とか自由を維持できない」と述べ、就労の方向性を否定していない（工藤・斎藤2001：64）。同業者や当事者などからの批判を回避するためには「強制的なニュアンスをともなわない方がいい」（同前：60）という戦略的発想に基づき、就労を目標にすると明言しないスタンスをとっているようだ。

＊2　原（2012）では、こうした〈普通〉をめぐる葛藤と〈普通〉像の再構築プロセスについて、ブロス（1971）の対象関係論を下敷きに考察している。「こうでなければならない」という支配的対象関係に抑圧されつつそれを組み替えようとしているがゆえにかれらは葛藤しているのであり、共存的対象関係を発見・構築していくことこそが、ひきこもりからの「回復」として捉えられるとした。

＊3　「居場所」という言葉は1980年代半ばに登場し、当初は不登校の子どもが通うフリースクールやフリースペースを指していた。その流れを汲み、ひきこもりなどの若者たちが自由に集う場も「居場所」と呼ばれる傾向がある。阿比留（2012）は、「居場所」という言葉が、当事者の感覚や性質だけでなく、特定の実践や政策を表す場合にも用いられていることが、「居場所」の意味を拡散させ混乱を招いていると指摘している。本研究でもその指摘にならい、特定の場や実践を表す際にはフリースペースという言葉を用いている。ただし、佐藤（2005b）がここで用いている「居場所」は、フリースペースという場と感覚・性質の両者が含まれているように読める。

＊4　ただし、精神医学領域においては本人の具体的な葛藤の記述は少ない（たとえば近藤2017）。村澤和多里は、1990年代後半以降の精神医学領域における理解枠組みは、葛藤（たとえば人とかかわることへの抵抗など）の背景に精神医学的な「障害」を見出すものであったことを指摘している（村澤2017）。

＊5　ニーズneedsとは何かということは終章で改めて議論したい。ここでは、「生存や幸福、充足を求める身体的・精神的・経済的・文化的・社会的な要求」（狭間2013：292）という意味あいでひとまず捉えておいてもらいたい。

＊6　とりわけ、2000年代に入りひきこもりが就労問題に回収されていくなかで、意識的に当事者の経験や内面に注目しなおし、ひきこもりやその「回復」を捉えた石川良子（2007）の研究は重要な意味をもっていた。また私自身も、中高階層のひきこもりを理解し支援する際の核として当人の葛藤に注目してきた（原2012）。

＊7　語りの形式に関する研究では、階級・階層による差異が認められるという指摘もある。口述を基本とする「主題関連型」スタイルでは、時空を頻繁に転換させ、直接表現されないもの（含意）に価値が置かれるのに対し、「主題中心型」スタイルでは語彙的・文法的なつながりを明確にもち、はっきりした主題的・時間的進行を伴っている。特に後者は、中産階級の子どもに特徴的だという（イェルガコポロ2013）。

＊8　石川良子は自らの研究対象者が「自分の経験を語ることに積極的な価値を認め、かつ言語表現にたけている」特徴をもつとしたうえで、かれらは「決して特殊な人々ではなく、多くの当事者に共通していると思われる、ある特性を際立った形で示している人々」と述べている。そして、自ら積極的に語らない者であっても「自分の経験を全く振り返ったことがないわけでは決してな」く、「むしろ一人でいる間にさまざまなことを考え尽くし疲れ果ててしまった」ような人々もいるとし、その正当性を主張した（石川良子2007：18）。しかし、この主張自体が葛藤を前提としたものとなっており、低階層孤立者の経験に接続していく視点とは言いがたい。

＊9　ここからもわかるように、本書で明らかにする低階層孤立者の経験は実践を通じて捉えられた（つまり実践を

通じて解釈された）経験であり、本人が体感している経験そのものとはずれる可能性を孕んでいる。これは従来のひきこもり研究も抱えてきた問題であるものの（たとえば、当事者の語りから経験を明らかにしようと試みた関水徹平は、Ａ・シュッツの概念を用いて「研究者の「代弁」と当人の主観的意味との間に乗り越えがたい断絶がある」ことへの自覚の必要性を述べている。関水２０１６：21）、支援という意図をもった実践のなかで非言語的なものにも注目し解釈する過程ではそのずれが大きくなる可能性は否定できない。しかし、言語に限らない豊かなデータに基づき解釈できることは利点とも捉えられ、言語化しない人々の経験が排除されてきた状況を踏まえれば、本研究のような実践を通じた解釈もまた重要であると考える。

第5章　低階層孤立者につながる支援の枠組み

低階層孤立者の支援をおこなう際、まず考えなければならないのは「見えない存在」としてあり続けてきたかれらの存在をいかにしてキャッチするのかということである。本章ではB市事業を取り上げ、どのような体制・仕組みによって対象者の存在を把握しかかわっていくことができるのか、具体的につかんでいく。またその取り組みが体制としてもつ危うさについても検討したい。

1　どのような体制でつながるか

まず、低階層孤立者への支援をおこなってきたB市の「ニート・ひきこもり支援事業」の体制を概観することから始めよう。

図5-1　事業のおおまかな流れ

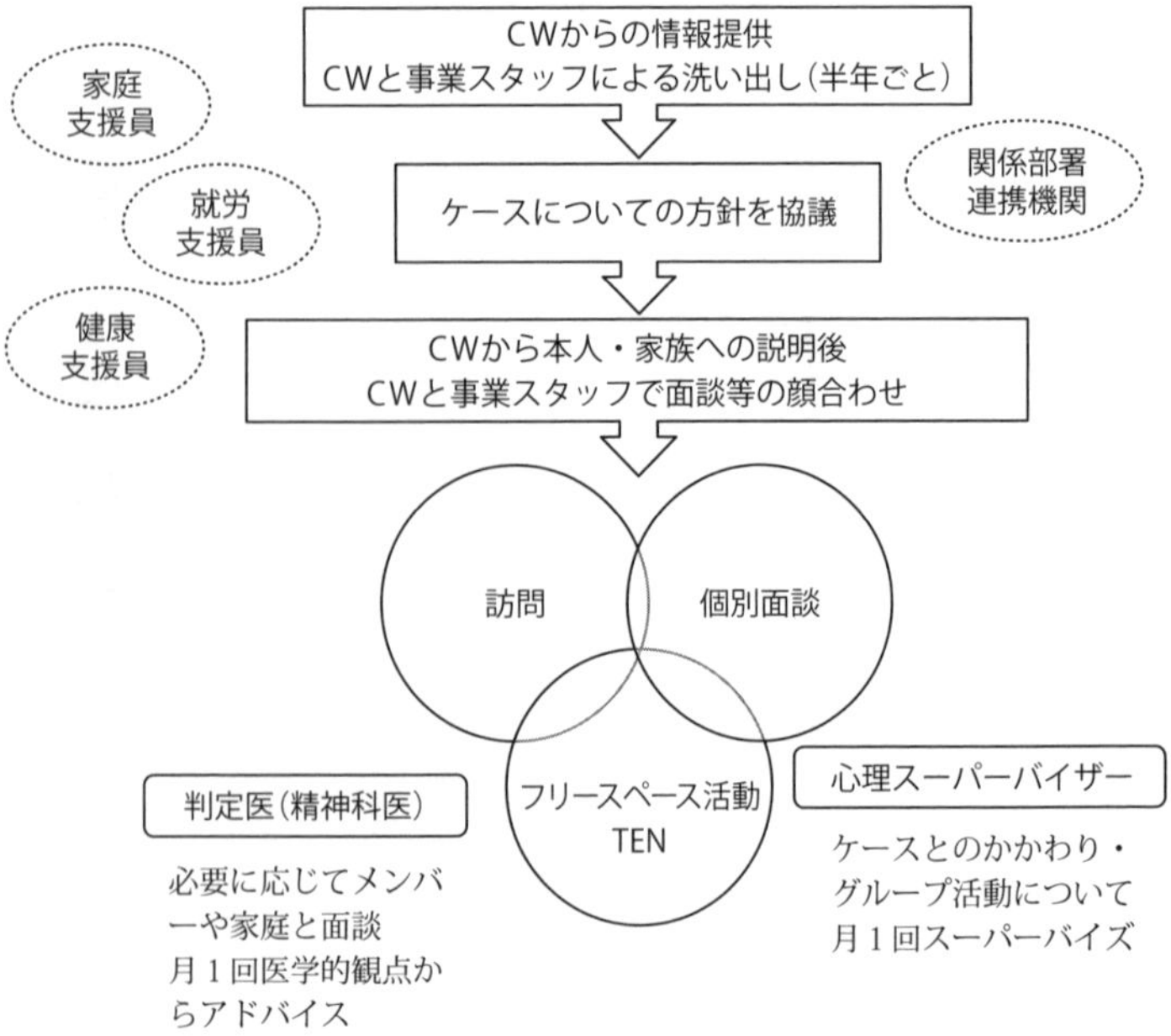

B市事業の全体像

この事業は、いわゆるニート・ひきこもりなど「特に何もしていない」状態にある10代後半から20代の生活保護世帯の若者を対象としている。中学不登校後に受け入れ先がなく家にひきこもりがちとなった若者や、離転職の繰り返しを経て家にいる時間が長くなってしまうケースに対するケースワーカー（ＣＷ）らの問題意識から策定された。

事業の目的は、「他者や社会との接点を見出せる機会を創出し、若者が社会的に自立していくことを支えること」とされている。就労支援など従来からある支援体制に「乗れない／乗らない」若年層へのフォローが意識されていることから、生活保護世帯の支援（あるいは日本の若者政策）において強調されてきた就労が事業目的の前面に掲げられることはない。策定の中心を担った担当部署の査察は、研究機関がおこなうひきこもりのフリースペースにかかわった経験があった。そのため、事業の策定時からフリースペースが重視されており、事業の目的や方向性に大きな影響を与えた。

事業の流れを簡単に示したのが図5－1だ。まず、ケースワーカーからの情報提供や洗い出し会議を経て対象者が選定される。支援のおおまかな方針や事業スタッフの主担当を決め、ケースワーカーから本人や家族への同意を得てもらったのちに、事業スタッフがかかわりをもつことになる。

支援の具体的な内容は、訪問・個別面談・フリースペース活動の三つに大別される。訪問は、主担当スタッフによる家庭への訪問だ。個別面談は、主担当スタッフと一対一で、役所やフリースペース、人によってはファストフード店、公園などでおこなわれる。面談とはいうものの内容はさまざまで、1時間程度の話をするものから、キャッチボールやウォーキングなどをおこなうケースまである。また、フリースペース活動では一軒家が週2日解放され、ゲームやおしゃべり、勉強会、スポーツなどの活動がおこなわれている。フリースペースはＴＥＮという愛称で呼ばれていた。

B市事業の実施体制

事業は、若者支援をおこなってきたＮＰＯ法人と福祉事務所の連携によって実施されている。民間のもつ柔軟性や支援ノウハウを活かしつつ、任せきりになるのではなく「行政とＮＰＯ双方の良さを活かし

表5-1　事業スタッフの勤務体制

<table>
<tr><th rowspan="2"></th><th colspan="2">火曜</th><th colspan="2">水曜</th><th colspan="2">金曜</th></tr>
<tr><th>午前</th><th>午後</th><th>午前</th><th>午後</th><th>午前</th><th>午後</th></tr>
<tr><td>嘱託職員</td><td rowspan="2">訪問・個別面談・会議等</td><td rowspan="2">フリースペース活動</td><td colspan="2">事務作業・訪問・個別面談等</td><td rowspan="2">訪問・個別面談・会議等</td><td rowspan="2">フリースペース活動</td></tr>
<tr><td>NPO職員</td><td colspan="2"></td></tr>
</table>

て」事業を展開していくことがめざされた結果だという。

連携先のNPO法人（以下、団体Z）は、古くから学習塾として子どもの発達・教育支援を担ってきた団体だ。1990年代からは不登校支援をおこなうようになり、さらに若者期の支援へと事業を拡充してきた。支援においては、子ども・若者が自らの人生や進路を切り開く主体となっていくことが重視される。そのプロセスを支えるものの一つとして安心できる「居場所」づくりや、そこでの学びに重きが置かれてきた。こうした理念が、フリースペースを一つの軸とするB市事業の方向性と合致し、協同で事業が実施されている。

事業スタッフは、B市福祉事務所の嘱託職員1名（臨床心理士）とNPO職員2～3名である。嘱託職員は福祉事務所のケースワーカーやその他の関係部署・機関からの情報収集、連携の役割を中心的に担っており、NPO職員と各所を仲介する役目を果たしている。他方NPO職員には、これまでの経験を活かし、実践を引っ張っていくことが期待される。

嘱託職員は週3日、NPO職員は週2日の勤務となっている（表5-1）。全スタッフがそろう火曜と金曜は、午前中には事業スタッフ会議やケースワーカー・関係部署とのケース会議などがおこなわれる。また、それぞれが担当している若者の訪問や面談、記録の作成、フリースペース通信の編集作業なども午前中の時間におこなわれる。そして、火曜・金曜の午後はフリースペースが開所するため、全スタッフがそこに参加し若者たちとかかわる。フリースペース終了後には毎回全スタッフでふりかえりミーティングをおこなう。嘱託職員は水曜にも勤務日があるため、そこで記録の整備や情報収集など、事業にかかわる事務作業をおこなっている。

なお、事業の体制という点では、心理スーパーバイザーと判定医（精神科医）それぞれとの会議が設定されていることも重要だ（前掲図5－1）。事業スタッフだけでは判断が難しかったり、偏った実践になってしまったりすることに対し、外部の専門家からの意見をもらい実践を深めたり見直したりする機会となっている。どちらも月に1回ずつ、全スタッフがそろう曜日の午前中に開催されている。[*1]

2　低階層孤立者の〈存在認知〉

では、このような事業体制下で、低階層孤立者の〈存在認知〉はどのようになされているのだろうか。具体的に見ていこう。

存在を把握する

福祉事務所で生活保護世帯への保護費の支給や自立支援を担うのが、ケースワーカーと呼ばれる人たちだ。ケースワーカーが担当する世帯で事業の対象となりうる若者はいないか、情報を提供してもらうとこ

表5-2　洗い出し会議における対象者指標

対象者検討指標	現在学校に在籍していない	
	仕事をしていない・続かない	
	不登校である，不登校歴がある	
	通信制・定時制高校に在籍している	
	成績不良（不進学，中退等の可能性）	
	親（家族）に重い精神疾患や障害がある	
	就労支援員につなげたが支援に乗らない	
	その他に気になることがある	
対象外	母子世帯の母（父子世帯の父）である	家庭支援事業
	重度の知的障害・精神疾患がある	健康支援事業
	就労支援をおこなっている	就労支援事業

ろから事業は始まる。しかし、一人のケースワーカーが担当する世帯数は標準でも80世帯、実際には都市部の多くの福祉事務所では90～120世帯にも及んでいる。[*2] ケースワーカーが全世帯全員の状況を随時把握するのは難しい状況があり、特に世帯主ではない子ども・若者には目が届きづらくなっている。そのため、本事業の対象となりうる状態にあっても、なかなか若者の情報を提供してもらうことが難しい状況があった。

そこで、事業開始から数年後には「洗い出し会議」が開始されるようになった。半年に1回ひらかれ、15歳から29歳の世帯員全員の状況を担当ケースワーカーに確認し、事業対象とするか検討するものだ。表5－2の指標に即して事前にケースワーカーに該当箇所をチェックしてもらい、それを見ながら現状を確認する方法が徐々にとられるようになっていった。この洗い出し会議をきっかけに、ケースワーカーの若年層に対する意識が高まっていった。

なお、この指標のポイントは、ニートやひきこもりといった無業状態にある若者のみを対象候補としているわけではないということだ。それには、次のような経緯がある。

もともと事業開始当初は、何もしていない、あるいは何をしているかわからない状態の若者が少なくなく、そうした人たちが事業の主な対象となっていた。かれらは不登校経験を含め長期にわたって孤立した状態にあり、事業スタッフがかかわり信頼関係を築いていくには数年単位の長い時間が必要とされた。こうした状況から、ニート・ひきこもり状態になった後ではなく、それ以前、あるいは10代の頃からかかわりをもてないかと事業スタッフは考えるようになっていった。そして、無業者に限定しないこと、中学3年から全世帯の若者の状況を定期的に確認することを通じて、早い段階からかかわることのできる体制を整えていったのである。そのような経緯で表5－2の指標はつくられている。

それを踏まえ、表の説明に戻ろう。まず、「何もしていない状態」にある無業の者が第一に対象候補となる。また、在籍はしているものの不登校状態にある者も候補となることが多い。特に通信制高校在籍者のなかには、在籍年数が4年以上にわたり単位をほとんど取れないまま実質的に無業状態となっている者もいる。さらに、過去の不登校経験や成績不良などの理由から高校不進学や中退の可能性がある場合は、早期に事業スタッフとつながっておく必要があるかどうかが検討される。また、親や家族に重い精神疾患などがある際は、特に10代の場合、気軽に相談できる相手として事業スタッフのかかわりが検討されることもある。

他方、B市福祉事務所には、この事業以外にもさまざまな支援事業が置かれている（表5－2下段参照）。たとえば主に母子世帯支援を中心におこなう家庭支援員がいる。また、精神疾患や障害には健康支援員、就職関係には就労支援員がそれぞれ支援にあたる。就労に向けた支援では対応が難しい層で、かつ精神障害・疾患のない（もしくは軽微な）若者がこの事業の対象候補となる。

ただし、無業の若者であってもケースワーカーとの協議のなかで「まずは就労支援事業に」と方針が立てられたり、本人が働く意欲を見せていることから「半年は様子を見てみる」といった方針がとられたりすることももちろんある。また、ひきこもり状態ではあるものの、幼少期から家庭支援員がつながっているため、そこを主軸に本事業スタッフはさほどかかわらないケースもある。あくまでも対象者を選定する際の一つの検討指標であり、最終的には事業スタッフと協議をしながらケースワーカーが支援方針を決定していく。

ケースワーカーと事業をつなぐ

このように、ケースワーカーからの情報提供が〈存在認知〉の起点となり、また最終決定もケースワーカーがおこなうことを踏まえれば、ケースワーカーが事業の支援内容や意義、効果を実感していることがきわめて重要となる。ケースワーカーに事業イメージがなければ、誰の情報を提供してよいかわからなかったり、事業につなぐ意味が感じられなかったりしてしまうからだ。つまり、対象者（若者）と事業がつながるためには、そもそもケースワーカーと事業の関係が重要になる。この観点から、B市事業でおこなわれていた取り組みを三つあげておきたい。

（1）活動の共有

一つ目はシンプルに、事業の活動を共有することで、ケースワーカーに具体的な事業イメージを形成してもらうことだ。これには、活動の報告・情報発信と、ケースワーカー自身の活動への参画という二つの側面が含まれる。

活動報告・情報発信では、月に一度事業の通信を発行している。若者に配布することを目的としたものではあるが、写真を交えたフリースペース活動の報告があったり、若者の言葉が掲載されていたり、来月のイベント予定が示されていたりする点で事業の様子がわかりやすい。そのため、ケースワーカーにも配布や回覧をおこなっている。また、フリースペースの大規模イベント（キャンプ・合宿など）の節目には若者やスタッフが作文を書く機会があり、それをまとめた作文集が年に2回ほど発行されていた。以下は事業開始初期の夏のキャンプ作文集に掲載された、あるスタッフの作文の一部である。

7月のイベントとして〔8月のキャンプの〕「下見」に行くことが決まりました。「下見」は〔キャンプに〕当日参加するかどうかは問いません。ちょっと行ってみて様子を探るためにはちょうどいい機会です。つまり、〔キャンプに〕泊まりで行くかどうするかと決めかねている○○さんにとっては重要なイベントになります。「下見」とはいえ、しっかりと楽しみます。名物××を食べたり、途中でアイスを食べたりと、○○さんの楽しみも盛り込まれました。

他にも、小刀を使ったmy箸づくりや当日つくる手づくりカレーの試作など、キャンプに向けての動きをつくっていきます。そのなかで、少しずつキャンプに参加する気持ちができていきます。こうして、○○さんがある日、当然のように「泊まるよ」と言えるようになるのです。スタッフは、メンバーとの対話のなかから、言葉の裏にどのような思いや願いがあり、どこまで追及《ママ》できそうか、また、そのためにはどのような「仕掛け」が必要かを考えていきます。

（２０１０年夏、キャンプ作文集、〔　〕内の補足は引用者による。以下同様）

ここからは、一見「遊んでいるだけ」にも思える事業のフリースペース活動が、長期間孤立してきた若者たちにとってどのような意味があるのか、意図的に伝えようとしている様子を読みとれる。このように節目ごとの作文集では、スタッフが取り組みの「解説」をつけて発行することも多い。目的の明確な就労支援がケースワーカーにもイメージされやすいなかで、事業のフリースペース活動の意義や効果に目を向けられるような発信が意識されていた。

とはいえ、事業を具体的にイメージしてもらうには、やはりケースワーカーが事業に参加することがもっとも効果的だ。バドミントン、フットサルといったスポーツ系のものから、調理会、お花見などのプログラムやイベントにケースワーカーが参加し、若者や事業の様子を体感する機会をつくっている。担当世帯の若者が、初期の訪問や面談のときとはまったく異なる表情や行動を見せている様子に驚くケースワーカーも少なくない。事業の活動に参加したことのあるケースワーカーからは、対象候補者の情報が事業スタッフに随時提供されることも多かった。

（２）体制の整備・活用

二つ目に、事業にかかわる体制を整備・活用していくことがあげられる。たとえば、事業担当ケースワーカーの設置だ。初期は、日常的に事業スタッフの困りごとに応じたり、キャンプなどの大型イベントの際に同行したりといった面倒見役としての役割を担っていた。その後事業の経過と共に事業担当ケースワーカーが複数人体制となり、さらに年に数回、事業の課題や今後の取り組みについて協議をおこなう会議が設けられるようになった。

そのなかで、ケースワーカーからの要望も踏まえながら若者向けの「生活保護のしおり」を作成することが事業の一環でおこなわれた。生活保護制度について中高生などの目線から説明し、進学や奨学金、アルバイトによる収入認定、困ったときの相談先（本事業）などをわかりやすく解説したものだ。しおりに使うイラストは絵を書くのが得意な事業対象者の若者に依頼し、文章や構成は事業スタッフとケースワーカーで協議をしながら作成された。しおりが全ケースワーカーの業務内で活用されることで、事業への認知・理解度を高めることにもつながった。

ほかにも、同じ立場であるケースワーカー同士のほうが話が通じやすかったり、誘いやすかったりするという点で、事業の活動に参加するきっかけを事業担当ケースワーカーがつくっていくことも初期からおこなわれてきた。

また、体制面ではケース会議も大きな役割を果たす。特に判定医（精神科医）が参加する会議は、ケースワーカーや各事業スタッフの間でどのように役割分担をおこなうのか、専門的・客観的視点から助言をもらう機会となり、それによってケースワーカーが本事業を活用するきっかけがつくられることも少なくなかった。判定医は生活保護世帯の人たちに医療や障害面でのサポートをおこなう健康支援事業にもかかわっていたためケースワーカーらと接する機会が多く、事情がわかっているという点からも助言がスムーズに活用されることが多かった。

（3）日常的なコミュニケーション

三つ目に、事業スタッフとケースワーカーが日頃からコミュニケーションをとっていることの重要性をあげておきたい。これには事業スタッフの意識ももちろん必要だが、事業の体制や勤務場所といったハード面が大きく影響する。

たとえば、福祉事務所に籍を置く嘱託職員は「身内」として意識されやすい。また、嘱託職員は火曜・金曜の午前中および水曜の丸一日は福祉事務所を拠点に勤務する体制となっており、ケースワーカーに若者の様子を適宜伝えたり、事業の活動に誘ったりといったコミュニケーションをとりやすい状況にあった。またNPO職員も、勤務日の午前中は面談や事務作業のために福祉事務所内にいることが多い。テーブルや事務所内のパソコンの使用も可能で、福祉事務所に自由に出入りできる立場にあった。ケース会議などの改まった場よりも、手が空いたときやすれ違ったときに声をかけ、ケースワーカーに若者の様子や変化を伝えていくことで、気軽に話したり事業に誘ったりする関係が形成されていく。

以上からわかるように、ケースワーカーからの情報提供を経て低階層孤立者の存在を把握していくという回路は、その体制を整備するだけでは十分に機能しない。ケースワーカーの事業への理解が深まることが不可欠であり、ケースワーカーと事業をつなげていく取り組みが重要なのだ。

3　事業で可視化された人たち

ここで、上記のプロセスを経て〈存在認知〉された人たちの特徴を簡単に概観しておこう。

第I部で見たように、研究期間中に事業の対象となった108名中83名が、長期欠席あるいは半年以上の無業を経験していた。かれらは、在学・就労・医療福祉などの観点からいくつかの類型に分けられたが、無業状態の若者のなかには本書が低階層孤立者と呼ぶ孤立した人々のほかに、ヤンチャな若者たちも含まれていた（詳しくは第2章2を参照）。

さらに詳しく事業対象者の全体的な傾向を見てみよう。学校関連では、長期欠席を経験した者が多く、108名の4割に及ぶ。また、確かな情報から確認できるだけでも高校不進学者は13名、高校中退者は29名おり、記録に記載はないものの疑いのある者を入れると5割近くになる。これらの背景として、いじめや勉強への苦手意識、成績不振などが本人から語られることも少なくない。発達障害・知的障害が疑われるケースや、外国にルーツをもつ者で日本語が不得手な場合もある。

一方、就労経験のある者も54名とちょうど半数となった。雇用形態や期間はさまざまで、非正規雇用で数年にわたり働いている者もいれば、仕事を転々としている者、一度ごく短期間（数日）だけ就労したことがあるという者、障害者雇用枠で就労している者などがいる。なかには職場でのいじめや暴力、仕事内容がうまくこなせなかったなどの体験を経て無業・ひきこもり状態へと至っている者もいた。

さらに家庭環境に目を向けると、不安定さが目立つ。親やきょうだいなどの同居家族が障害や疾患を抱え、未治療のままであることも珍しくない。家族・親戚内でのトラブル、暴力、親の離婚と再婚、異父異母きょうだいや年の離れたきょうだい、長期の不安定な経済状況（過去に保護歴）などが見られる。さらに、若者の親たちも厳しい成育歴をもち、貧困、不和、孤立のなかで、低学歴のまま不安定で劣悪な労働を強いられてきた人が多い。先に見た「洗い出し会議」を経て、本人の状況だけでなく家庭環境に困難がある場合も事業の候補者にあげられるようになり、近年ヤングケアラーとして注目されている人々の実態も可視化されつつある。

4　給付ベースの「支援機関アプローチ型」支援の限界と危うさ

以上のように、B市事業はこれまで不可視化されてきた低階層で無業・孤立状態にある人々の存在を捉えることに成功している。しかし、B市事業のような給付をベースにした「支援機関アプローチ型」支援のもつ限界と危うさについても考察しておくことが必要だ。

福祉給付制度の脆弱さと〈存在認知〉の限界

通常、教育機関や職場を離れ所属先を失うと、当人の状況を外部から把握することは難しくなる。そのなかで、B市事業では生活保護制度を活用することで、無業・孤立状態にある低階層孤立者の存在を把握することが可能となっていた。つまり、福祉給付制度が〈存在認知〉をおこなう実践の基盤として機能しているわけだ。

しかし、日本においてこうした給付制度はきわめて脆弱だ。たとえば失業給付制度が整備されていれば、給付を受けるために窓口を訪れる無業者をキャッチすることが可能になる。ところが、日本では雇用保険を受給できる人はごく一部だ。離職前の勤務先で雇用保険に入り、一定の期間保険料を納めていないと対象にならず、また給付の適用期間も短い。近年では、失業の長期化や非正規雇用・短時間就業者の増大などを背景に、完全失業者数に占める雇用保険受給者の割合は2割にとどまっているという（岩井2013）。また、他国で設けられているような無拠出制の失業手当制度も存在しない。

生活保護にしても、全人口に占める利用率は1・57%で、最低生活費に達していない世帯のうち生活保護を利用している世帯（補捉率）は15・3~18・0%程度といわれる。これは、国際的に見ても群を抜いて低いレベルだ（尾藤ほか編2011）[*3]。

以上は、生存権あるいは勤労権の保障がきわめて不十分であることの現れであり、給付制度の未整備状況それ自体がまずもって重大な問題だ。と同時に、こうした給付制度を足場に社会的排除層の〈存在認知〉を図ってきた各国と比して、日本における（特に低階層の）無業の人々の〈存在認知〉がいかに難しい状況にあるかということが浮き彫りとなるのである。生活保護の捕捉率を踏まえれば、本事業すら十分に低階層孤立者の存在を把握できているとはいえず、給付制度の不十分さのなかで不可視のままとなっている人々がいまなお存在する可能性が高い。

なお、生活保護世帯だから無業状態が可能なのであって、貧困・生活不安定世帯に広く低階層孤立者が存在するとはいえないと考える人もいるかもしれない。しかし、保護受給以前あるいは廃止以後も無業・孤立状態にあった若者の例は事業内だけでも複数あり、そのような指摘はあたらない。議論すべきは、給付制度の未整備状況の改善と、そのなかで排除され不可視化されている者たちの〈存在認知〉をいかにしていくのか、ということではないか。

なお、〈存在認知〉の限界という点でいえば、本事業が29歳までの若者を対象とし、それ以上の年代をカバーすることができていない点も、近年の無業・失業者の状況や８０５０問題を踏まえれば不十分だといわざるをえないだろう。[*4]

アクティベーションとしての事業の危うさ

次に、事業そのものの特徴を近年の政策動向との関連で確認し、その動向のもつ危うさについても検討しておきたい。

第1章でも触れたが、近年世界各国ではアクティベーション（活性化）政策が展開されている。アクテ

図5-2　アクティベーションの諸類型

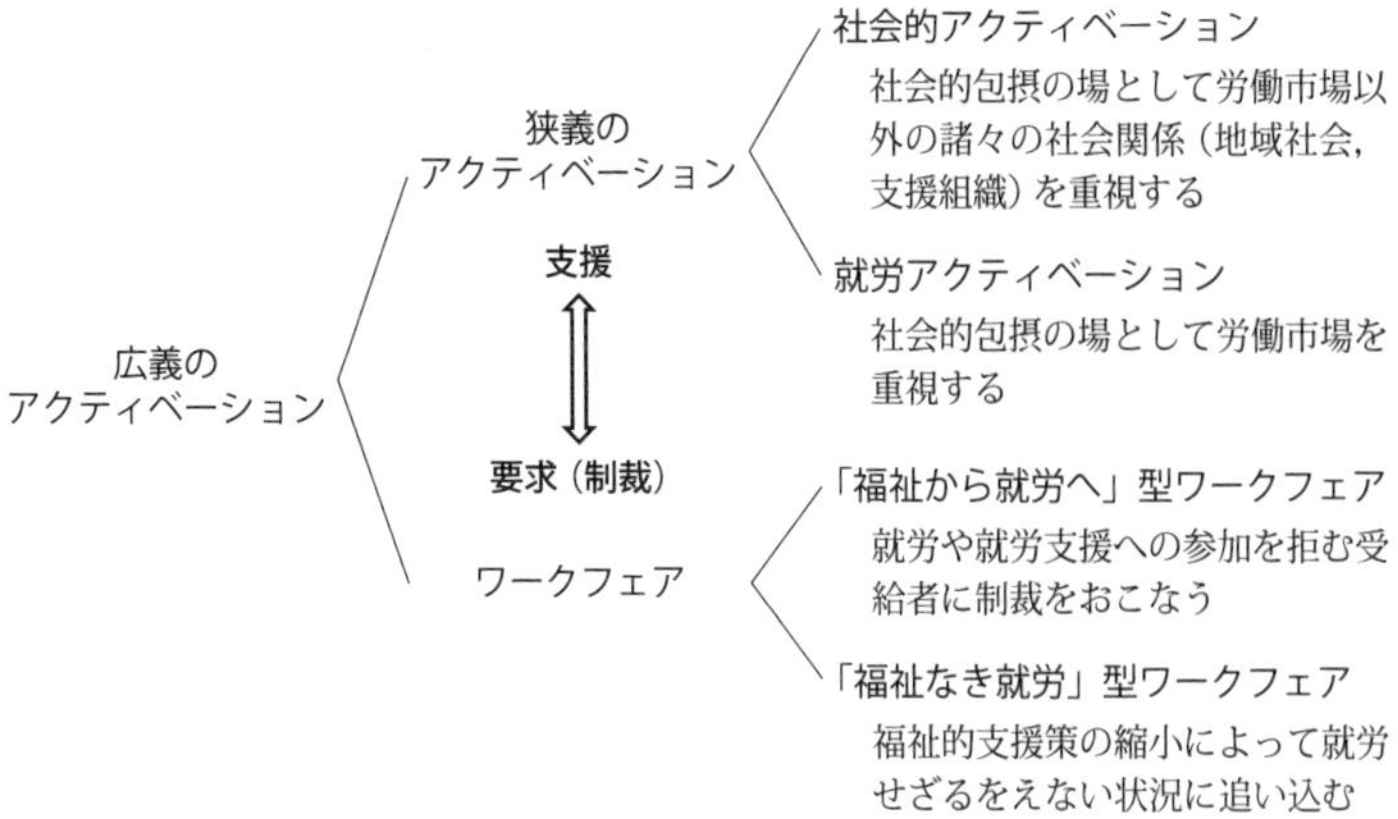
広義の
アクティベーション
狭義の
アクティベーション
支援
要求（制裁）
ワークフェア
社会的アクティベーション
社会的包摂の場として労働市場以外の諸々の社会関係（地域社会，支援組織）を重視する
就労アクティベーション
社会的包摂の場として労働市場を重視する
「福祉から就労へ」型ワークフェア
就労や就労支援への参加を拒む受給者に制裁をおこなう
「福祉なき就労」型ワークフェア
福祉的支援策の縮小によって就労せざるをえない状況に追い込む

出所）福原（2012），福原ほか（2015）p.16を参考に筆者が加筆作成

ィベーションとは、給付を受けている人や稼働能力をもつ無業の人たちに対して支援をおこない、就労や社会活動への参加を促そうとする政策全般を指す。そこには「要求（または制裁）」と「支援」という二つの要素が含まれ（福原・中村２０１２）、図５－２のように整理できるという。たとえば、「要求（または制裁）」の要素が強調されると、アメリカの「福祉から就労へ」型ワークフェアに典型的なように、就労や就労支援への参加を拒む受給者に何らかの制裁措置（給付の減額・期間短縮・停止など）がとられることになる。また、そもそも給付制度が脆弱な日本では、就労せざるをえない状況に追い込む「福祉なき就労」型ワークフェアが展開されてきた。これも労働市場への参入の強制という点で「要求」の要素が強い。

　他方で、そうした制裁を伴わず、就労やさまざまなプログラムへの参加に向けた意欲喚起をおこない「支援」を重視するものは「狭義のアクティベーション（人的資源開発アプローチ）」と呼ばれる。さらに、福原宏幸は

「狭義のアクティベーション」のうち、社会的包摂の場として労働市場を重視する立場を「就労アクティベーション work activation」、労働市場以外の社会関係（とりわけ地域社会や支援組織など）を重視するアプローチを「社会的アクティベーション social activation」と呼んだ（福原２０１２）。[*5]

（1）要求・強制の危うさ

以上の整理に従えば、本事業は「社会的アクティベーション」に近いものとして捉えられる。事業の目的が「他者や社会との接点を見出せる機会の創出」であることや、フリースペースの設置から、事業において労働市場以外の場が積極的に位置づけられ、他者とのかかわりが重視されていることがうかがえるからだ。ただし、「要求」の側面をまったくもたないかといえばそうとも限らない。

たとえば事業では、〈存在認知〉がなされ対象者として名前があがると、ケースワーカーから事前に本人や家族に承諾を得たうえで、事業スタッフと本人（ときに家族）との顔合わせがおこなわれる。たとえ若者自身が気乗りしない状態で会っていたとしても、ケースワーカーからは事業スタッフと今後もかかわりをもっていくように提案されることもある。石橋和彦は自身のケースワーカー経験から「お金をはさむと対等の関係を結ぶのはなかなかに困難」といい、ケースワーカーと被保護者の非対等性に触れている（石橋２０１３：１７３）。本事業でも同様に、ケースワーカーという立場からの提案であることや、場合によっては「生活保護制度上、かかわりをもってもらいたい」という声かけがあることで、事業とかかわることの提案は、指導的・強制的ニュアンスを伴ったものとして若者に受け取られる場合が少なくない。[*6]

つまり、「要求」を強調し制裁措置がとられる「ワークフェア」でなく「支援」を強調するものであったとしても、給付制度を基盤におこなわれる支援では一定の強制性が発生する構図がある。福原は「狭義のアクティベーション」を「ワークフェア」と対比的に捉え、「制裁をともなわず、就労やさまざまなプログラムへの参加に向けた意欲喚起などの支援を実施し、これらへの参加を受給者の自由意志にゆだねる」ものとして示している（福原2012：250）。しかし、実際の支援では、当人のまったくの「自由意志にゆだねる」あり方は困難な面があり、本事業も要求・強制の危うさを内包しているといえる。[*7]

(2)〈生〉への介入

以上は、若者や家族からすれば支援という名の望まぬ介入となるリスクを示唆する。とりわけ家庭訪問は私的領域への侵襲と感じられ、支援がパターナリズムに陥る危険もあるだろう。パターナリズムとは、国家や個人が他者に対して、その人の状態をよりよくする、あるいは危害から守るという主張のもとに、その人の意思に反して干渉・介入することだ。[*8]

とりわけ、近年の生活保護制度の「改革」のなかでは「〈生〉に介入する自立支援」が進行してきたことが指摘されている（桜井啓太2016）。2003年に設置された「生活保護制度の在り方に関する専門委員会」では、就労自立、日常生活自立、社会生活自立という三つの自立が提起され、「自立＝保護廃止」という従来の保護行政の捉え方から画期的な転換がなされた（生活保護制度の在り方に関する専門委員会2004）。しかし、それは「全ての被保護者は、自立に向けて克服すべき何らかの課題を抱えている」（厚生労働省2005）という考えのもと、「就労・日常生活・社会生活という生活保護受給者の「生」全般を（自立のための）支援の対象として規定」するものとなった（桜井啓太2013：78）。さまざまな支援プログラムが用意され、生活習慣から社会貢献に至るまで、対象者の生き方そのものに干渉する自立支援が展開されるに至ったのだ。

このように「保護する制度から自立を支援する制度へ」と生活保護が変容する流れのなかで、本事業も策定され実施されている。こうした大局的な問題性は押さえておかなければならない。そのうえで低階層孤立者への支援を論じようとする本書では、当人の望まぬ〈生〉への介入・干渉になる危うさとどのように向き合いながら実践をおこないうるのか考えていくことが求められる。

（3）アクティベーションへの批判

最後に、アクティベーション政策そのものへの批判についても簡単に触れておこう。

都留民子は、貧困者への惨憺たる日本の社会保障の現実を述べたうえで、なおも貧困者の側を強化していこうとする方向性に疑問を呈している。「貧者を劣位で矯正すべき対象とする一九世紀的な見方」である「個人的貧困」論から抜け出せていないのではないか、と喝破するのである（都留2010b：27）。

従来の福祉国家は問題の所在を不十分な所得保障に置き、給付をおこなうことで当人の生活の質の向上、ひいては社会の安全と平等をめざしてきた（三浦・濵田2012）。しかしアクティベーション政策は、問題は当人にあるとの認識に立つ姿勢が強い。そして、就労を義務化することを通じて早急な就労をめざしたり（ワークフェア）、就労に必要な資格の付与などを通じて雇用可能性の向上を志向したりするのだ（就労アクティベーション）。要求と支援いずれを強調するかでアクティベーションのあり方は異なるが、そもそも「問題のある当人」への介入を前提とする設定に、都留は疑義を呈したといえる。

本事業もこうした批判を免れない。この事業体制自体は社会保障制度の未整備状況も、劣悪な労働市場も、何ら解決する視点をもたず、当人に働きかけをおこなうものにとどまっているからだ。こうしたアクティベーション策を拡張していくことが、福祉給付制度の後退、あるいは日本でいえば不十分な体制を維持することに寄与する危険性には十分な自戒が求められる。

ところで、三浦まりらは、アクティベーションが社会的に排除された状態にある人々に対する社会への参加手段や機会を提供するものとなり、したがって社会権の縮減に直結するものではなく、むしろそれを充実させるものとして位置づけられる可能性に触れている。問題は、「そのような参加と承認の契機としての就労支援策がどの程度実際には存在するのか」明らかでないことだという（同前：20）。本書では、社会保障制度の整備がまずもって重要な課題であることを確認しつつ、それとともに、所得保障だけには含みこめない若者への支援（かかわり）がなぜ重要だといえるのか、この後も考えていく。

〔注〕

＊1　なお、現在事業は週4日に拡大し、フリースペースの開所日が増えたり、実施体制が変わったりと研究対象期間と異なる部分も多い。本書の記述は、基本的に研究期間中の実態に即している。

＊2　たとえば、東京都の多摩地区26市と西多摩郡のすべての福祉事務所で標準数（市部80世帯、郡部65世帯）を上回っていたことが報道されている（「生活保護支援負担重くケースワーカー受け持ち世帯数多摩の全26市、国標準上回る」『東京新聞』２０２０年10月19日）。

＊3　公的扶助の利用率は、スウェーデン４・５％、ドイツ９・７％、フランス５・７％、イギリス９・27％などとされる。また、捕捉率は、それぞれ計算の仕方が異なるが、ドイツ64・６％、スウェーデン約82％、フランス91・６％となっている（尾藤ほか編２０１１）。以上からは日本がいかに低い水準にとどまっているかがわかる。さらに、若年層（稼働年齢層）の場合は「働ける」と追い返され、受給が妨げられることも少なくない（本田良一２０１０）。

＊4　ただし、一つの事業で幅広い年齢層をカバーし支援していくことは現実的には困難な場合も多い。たとえば、B市事業のフリースペースの活動内容は必ずしも中高年層になじむものとは限らないだろう。単に事業の対象年齢を拡大すればよいという問題ではなく、〈存在認知〉を経てどのような支援を構想し、実践していけるのか考えなければならない。

＊5　アクティベーション／ワークフェアの用語の使用は非常に込み入っており、論者によっては雇用中心のアプローチの総称としてワークフェアを用いる場合もある（つまり、ここでいう広義のアクティベーションと重なるかたちでワークフェアを用いていることになる）。三浦・濵田（２０１２）は総称としてアクティベーション／ワークフェアのいずれを用いようとも、その下位分類は就労義務強化型（ここでいうワークフェア）と、雇用可能性向上型（ここでいう狭義のアクティベーション、特に就労アクティベーションに近い）に分けて論じられることは変わらないと指摘している。二つの政策志向は一つの国のなかでも混在し、せめぎ合う政策対立軸としてあり、たとえば今井（２０１２）は六つの構成要素をあげて分岐を読み解く手がかりとしている。こうした議論に立ち入ることは本書の目的を超えるためおこなわない。本書で福原（２０１２）の整理を参考にしたのは、多くの類

型が就労義務や雇用可能性といった雇用に焦点化するなかで、福原は本事業に重なる「社会的アクティベーション」を意識的に位置づけていたためである。

＊6　フランスにおいては、ケースワーカーは収入認定も保護認定もおこなわず他局の職員がおこなっているとし、日本でもケースワーカーと生活保護受給者の「平等な関係を築くために、認定業務と相談業務を明確に分けるべき」とする意見もある（都留２０１０ａ：71）。

＊7　嶋内健は「ワークフェア」と「アクティベーション」は両者とも「給付の見返りとして何らかの義務を要求する点で共通している」とし、「就労アクティベーション」にせよ「社会アクティベーション」にせよ、労働市場プログラムや何らかの社会参加を義務化するものだと整理している（嶋内２０１１：１８３）。

＊8　Stanford Encyclopedia of Philosophy より（https://plato.stanford.edu/entries/paternalism/）。

第6章　かかわりから可視化される経験と、そこから始まる実践

前章で見たような〈存在認知の局面〉を経て、いよいよ本章では、事業の対象者となった若者にどのようにかかわっていくのか、検討していきたい。自ら支援を求めないがゆえに不可視化されてきた低階層孤立者への実践において、支援を求めていない（ように見える）状況からいかにかかわりを開始していくのかは中心的な課題となる。本章では、この支援者側からの〈一方向的かかわりの局面〉に焦点をあてながら、そのなかで低階層孤立者のどのような経験が見えてくるのか、検討していく。

取り上げるのは、cさんという20代前半の男性だ。第4章で私が戸惑った若者の例としてあげた彼は、〈存在認知〉はしたものの、その後数年にわたって断片的なかかわりしかもてず、〈双方向的かかわりの局面〉に至るまでに長い時間を要した若者だった。

なお、本書で取り上げる若者の一覧は、巻末に資料として示してあるため適宜参考にしてもらいたい。

1　cさんとのかかわり

少し長くなるが、cさんと事業スタッフの5年以上にわたるかかわりを描写することから始めよう。事業スタッフからcさんがどのように見えていたのか、三つの時期に区分して示していく。[*1]なお、スタッフが3名登場するが、B市の嘱託職員（スタッフA）、連携先NPO法人のベテランスタッフ（スタッフB）、NPO法人のスタッフとして参画していた私（スタッフC）の記載とした。[*2]詳しくは、こちらも巻末の資料を参照してほしい。

断片的なかかわり

cさんは母と妹二人の4人世帯で育った。幼少期から父はあまり家におらず、やがて両親は離婚した。長男であるcさんだけは、両親の結婚・離婚の経緯などを母から「聞かされて」きたという。母の仕事で生計を立てていたが、cさんが中学に上がる頃に母が精神障害を発症し、生活保護を受給するようになった。

昔から「学校は嫌い」だったという。小学校の頃は授業中に落ち着いて座っていることができず「問題児」だったと話す。周りから「バカにされたりいじめられたり」することもあった。

中学2年の秋頃から学校を休みがちとなり、3年の2学期からはほとんど行っていない。学校からの情報では「学力や学習意欲の面の問題があった」「家庭内の事情で本人も大変だったようだ」とある。その後、高校を受験するも不合格となり、進路未定のまま中学を卒業した。

ほどなく年の近い妹たちも相次いで中学不登校となり、きょうだい3人全員が家にいる状態となった。この頃には母と学校の関係は断絶状態にあり、B市福祉事務所は唯一cさん一家と連絡をとることのできる機関となっていた。

B市福祉事務所のケースワーカーと家庭支援員[*3]は本事業を母に紹介し、中学を卒業して最初の夏、事業スタッフはケースワーカーとともにcさんの自宅を訪問することになった。母は本人が逃げてしまうと思い直前まで訪問のことを伝えていなかったそうで、口論していたという。最初は機嫌の悪かったcさんだったが、次第に落ち着き、事業の紹介後は趣味の話にもなった。事業スタッフが、フリースペースのイベントのチラシができたらもってきてもいいかと、「それとなく次の約束」をとりつけようとすると、cさんは「今日もやっているんですよね」といい、そのままフリースペースに行くことになった。その日はスタッフらとキャッチボールをして、終了時には疲れた様子だったという。

その後は2〜3回続けてフリースペースに来所すると、その後半年から1年ほど連絡がとれなくなるという状況が数年にわたって続いた。来所が途絶える時期にはスタッフが自宅へ訪問するも、寝ていたり、いなかったりすることが多かった。スタッフAは「関係が切れたと思いきや、突然〔フリースペースに〕来るなど、人との距離感が独特」という印象をもったという。「社会から離れた生活」がそうさせているのかもしれないという意見もあった。なお後から聞いた話では、この頃のcさんは祖父母の家に行ったり、昔からの「親友」と遊んだりすることもあったという。[*4] スタッフは、cさんの興味のありそうなイベントの際に電話をして「来ない？」と声をかけたり、たまに「どうしてる？」と自宅まで様子を見に行ったりするかかわりを続けた。

あるとき、「今日、TEN〔フリースペースの愛称〕で映画鑑賞をするけど来ない？」と電話で伝えると、電話口では来るとの返事はなかったものの、その後半年ぶりに来所した。その際、次回の鑑賞会の日程告知をしたところ、その会にも続けて参加した。それまでは突然来所したり、直前の訪問や電話を受けて来所したりすることが多かったため、計画的な参加は初めてだった。さらに翌月の鑑賞会はcさん選定の映画鑑賞をしないかとスタッフBが提案し、実現した。当日cさんは家族でお気に入りの映画のDVDを持参し、鑑賞後には自分の感動したシーンを語るなど満足そうな様子だった。このまま定期的な参加につながらないかと鑑賞会を続けたが、その後ふたたび参加は途絶え、鑑賞会のたびに電話をするも留守電となるばかりだった。

なお、この頃には中学を卒業して数年が経っており、友だちと遊ぶことはなくなり家にこもりがちの生活となっていたようだ。来所した際にはよく家族の話題となった。家では上の妹が荒れて暴れており「止めるのは男の自分しかいない」こと、母子でアレルギーが重く季節によっては外出がつらいこと、家族全員でDVD鑑賞をすることなどが語られた。家族以外の他者に関する話題が減っていく様子を、スタッフらは「家族との世界しかなくなってきている」と気にかけながら、継続したかかわりをもてないか試行錯誤していた。

定期的な参加へ

cさんの中学卒業から数年が経過した頃、末の妹が高校進学を希望し、母と福祉事務所に相談にやって来た。妹たちも中学不登校後、未受験のまま卒業し無業状態にあったため、ケースワーカーや家庭支援員がサポートをおこない通信制高校への進学が決まった。「妹の動きが世帯全体に動きを生むのではないか」という予想もあり、ケースワーカーからはフリースペースの勉強会[*5]に参加することが強く提案された。そして、一人で勉強会に行くのは不安だという妹の付き添いで、cさん自身も以前より定期的にフリースペースに来所するようになった。参加しはじめは、妹の希望に合わせて帰る時間を調整したり、薄着の妹を気遣って声をかけたりする様子が見られ、スタッフの間では「お兄ちゃんなんだなぁ」という印象が語られていた。

妹の付き添いで来るcさんは、勉強するメンバーが集中できるよう隣の部屋で過ごすことが多かった。cさんと共通の趣味をもつメンバーのbさんは、これまで勉強会の時間帯には参加していなかったが、cさんとのおしゃべりを楽しみに来所するようになっていた。cさんは、bさんとアニメ動画を見たり、キャラクターについて語ったり、ときにアニメソングを口ずさんだりして過ごすようになった。勉強会に参加している顔見知りのメンバーにも、時折「勉強どう？」などと声をかけることもあった。

妹の高校進学から数か月ほど経ったある日、フリースペースに来た視察者から高校進学の希望はあるかと尋ねられる場面があった。cさんは、「妹も行きだしたし、自分も行こうかなと思ってます」と返答し、スタッフらを驚かせた。そして、通信制高校に通っているａさんに学校の様子を尋ねはじめ、制服なし・携帯電話可などの校風に「〔中学とは〕全然違うんすね」とつぶやいていた。

その後、ｃさんは通信制高校への進学を決める。ケースワーカーには「ずっとこの生活を続けるわけにはいかない」といい、「自立への一歩として」学校に行きたいと話したという。入試の面接ではうまく話せず、不合格だと思い落ちこんでいるという情報もあったが、合格した。

高校入学後は、自分のレポート課題のためにフリースペースの勉強会に参加するようになった。初回は大きなカバンにレポート課題と教科書をぎっしり詰めてやって来た。「今日は７枚〔のレポート課題を〕やろうと思う」という。強い意気込みが感じられたが、力が入りすぎているようにも見えた。鉛筆をもつ手は力み、何度も芯を折った。また、わからない漢字も「平仮名で書きたくない」とすべて携帯で調べて書いた。初日は１枚の課題をこなすのに３時間かかった。途中イライラした様子を見せ、他のメンバーや妹の冗談などに「うるさい」と声を大きくすることもあった。

このように最初は苦戦し思うように進められなかったが、徐々に周りの手助けや協力を受け入れながらレポート課題をこなすようになっていった。特に、趣味を通じて仲良くなったｂさんには、課題を頻繁に手伝ってもらい、終わった後には趣味の話で一緒に盛り上がるなど、親密になっていった。同時期、就労研修に参加するか迷っていたｂさんに対して、「難しいと思っても、がんばってやらないといけないときもある」「オレも、無理かなと思いながら高校を受験した」と話す場面もあった。

さらに、当初は勉強のためにフリースペースに来所していたが、次第に勉強後のゲームやおしゃべりを楽しみに来所するようになっていった。ときには「今日は勉強しません！」と宣言して、息抜きや遊びを満喫する姿も見られた。勉強会の日の午後にはミーティングや「ワンテーマ」と呼ばれるプログラム[*6]が設定されていることも多かったが、そのまま参加することが増えていった。一人だけでも来所するようになり、妹を「早くしろよって急かして」来るようなこともあった。「TENがないと今のオレは困ります！」「TENには人生の先輩がいっぱい」などと話していた。

参加の拡大

その後徐々に、勉強会以外の日にも来所するようになり、フリースペース活動への参加の幅が拡大していった。最初は「運動は苦手」と断っていたバドミントンや卓球などにも、誘われるうちに参加するようになった。一方で、遠出を伴う活動に参加することはなかった。スタッフやメンバーに誘われると、「遠出すると具合悪くなりそう」「家が楽」などと話し断っていた。スタッフの間では、新たな活動に参加していくことへの不安や、生活圏より遠くに行き「家から離れることへの不安」があるのではないかと捉えられていた。

その頃、月1回のミーティングで、夏のキャンプについての話し合いがおこなわれた。フリースペースでは毎月の活動内容を、メンバーとスタッフによるミーティングで決定している。キャンプは夏の恒例イベントとして定着しているもので、その年もおこなう方向となっていた。

そのミーティングでcさんがキャンプの場所について意見を求められるシーンがあった。「オレは行かないと思うから〔意見を〕いえない」というcさんに、行かない理由を尋ねると、さまざまな理由を話した後、やや感情的に参加費の問題を話しはじめた。[*7]「c家にとって〔参加費の〕2000円というのはかなりでかくて、2000円あったらミニ四駆でかなりの改造ができる。キャンプに行くより、家でミニ四駆やってたほうが全然いい」という。それを受け、スタッフBとのやりとりがあった。

スタッフB：じゃぁcくんは、一人の世界にこもってやっていくことが好きで、それを望んでるってこと？

cさん：そうですね。

スタッフB：でもじゃぁなんでここに来てるのってことになる。高校行き始めたのだって、このまま一人でやっててもなぁとかいろんなことを考えてだったわけで、そういうのとミニ四駆の方がいいっていうのは重ならないと思うけど。

cさん：〔強い口調で〕そうですけどー。オレもいろいろ考えて、将来のこととかもあるし、自分が何をしたいかとかまだあんまりわかんないけど、でもいろいろ考えて高校に踏み出したっていうのはあって。で、いろいろ外に出ていけたらいいなぁっていうのはあるけど、でもやっぱり、一人の時間っていうか、一人で大事にしたいこともあって、そういうのがまったくなくなるのはつらいんですよ。

スタッフB：それは大事だよね。そうすると、cくんとしては迷いながらそこを課題にしてやっていて、でもキャンプはまだちょっとどうかなという思いがあるんだよね。そう言ってもらえると、そう思ってるんだなってよくわかるけど、ミニ四駆がいいって言われちゃうと、おれら何やってるんだって話になる。

（2012年6月22日、ミーティング）

このやりとりの後、cさんは親しくしているbさんに例年のキャンプの様子を聞き、「挑戦も必要なんですかね」などと話していた。[*8]

その後、cさんはキャンプ場の下見を兼ねたお出かけイベントに参加し、それが遠出の活動への初めての参加となった。下見前夜は緊張から一睡もできなかったらしく、当日のテンションは高かった。車内や現地ではよくしゃべり、キャンプ場が予想以上に小規模だったことを受けて「せっかく来たんだからもっと何かしたい」と物足りなさを訴えた。近くに団体Zがよく利用している川があったためそこに立ち寄ると、一人だけ岩山からの飛び込みにチャレンジした。帰りの車内では、「キャンプでも飛び込みをやりたい」と意気揚々と話し、行くか迷っていたキャンプ本番を誰よりも楽しみにしている様子だった。

以降イベント等への参加が急増し、「やりたい」という思いを表現したり提案したりすることが多くなっていった。フリースペースの月1回のミーティングではたびたび司会に立候補するようになり、うまく議論をまとめようと奮闘し、終わると自身の進行の出来について「ここがよくなかったな」とふりかえる様子が見られた。また、メンバーのaさんやeさんらとバスケットをやりはじめ、一緒にシューズを買いに行くなどフリースペース外でもメンバーとかかわる機会が増えていった。団体Zの取り組みやスタッフの働き方に興味をもったり、他のメンバーの介護施設見学に一緒に行ってみようかなといったりと、急速に興味関心と生活世界を広げていった。

2 無業・孤立経験の捉えなおし

以上のように、cさんと事業のかかわりは拡大し、彼の客観的状況も無業から就学へと変化していった。ここではまず、そのようなcさんの経験をどのようなものとして捉えられるのか、実践的な考察をすることから始めたい。[*9]

どのように生きようとしているのか

cさんに出会った当初、私は彼が何を思い、何に悩んでいるのかわからず戸惑った、ということはすでに話した。それは、無業・孤立状態は彼にとっていったいどのように意味づけられたものなのか、という問いに重なる。本人からそれが明確に語られるわけではないとき、どうしたらcさんにとっての経験や思いを捉えられるだろうか。

ここでは、その人がどのように生きようとしているのかを探究する、という方法をとりたい。具体的には、彼の体験してきた出来事を並べ、彼がそれらをどう関係づけ意味づけているのか確認する作業を通じて、どのような自分でありたいと本人が感じていると思われるのか、考察をおこなう。要は、本人の志向する生き方・あり方を、彼が経てきた出来事やそれへの意味づけから見出し、直接語られない彼の経験を探ってみようということだ。[*10]

（1）長男・兄として生きる

cさんとの初期のかかわりを改めて見直してみると、家族に関係する言及が多いことに気づく。たとえば、cさんは幼い頃から母に頼りにされ、妹たちが知らない両親の関係や親戚の家庭内トラブルについて母の話し相手となり、話を聞いてきたという。また、自身の不登校は親戚内トラブルが深刻化したことがきっかけであったことを語り、身内を守るためには「仕方なかった」と話したこともあった。母に頼られ、ときに自分の状況を変えることで家族や親戚を守る出来事を重ねてきたcさんは、そうした自分のあり方が一家を支えていると感じており、その役割を積極的に引き受けてきたといえる。暴れる妹を止められるのは「自分しかいない」という発言や、「兄なんで」という言葉には、cさんが家族内役割を強く意識し、長男・兄として家族を支え生きていこうとする様子を読みとることができる。

生活保護世帯に育った子ども・若者の移行過程を調査した林明子は、かれらの「家庭への凝集性」の高さに触れている。林によると、被保護世帯の中学生には「一番大切なのは家族である」と考える者が一般世帯の中学生よりも多いという。さらに、被保護世帯の若者のインタビューからは、家庭内での役割（家事・育児・ケア等）にひきつけられ、自らそれを積極的に担うなかで自己肯定感や自己アイデンティティを獲得していくとともに、他方の学校生活ではいじめ・不登校といった周辺化を経験するなかで、より「家庭への準拠」を強めていくことが指摘されている（林2016）。

長男・兄として家族を支えようとするcさんの様子もこの指摘に重ねられるが、こうしたあり方には、家族からの（ときに暗黙裡の）期待や要請も関係している。暴れる妹を止めたり、妹の付き添いをしたりといった長男としてのふるまいが期待される一方で、仮に就学や就労への期待はさほどなされないのであれば、無業は問題化されず、彼の兄として生きようとするあり方はそれを共有する家族の存在によってより確かに、強固になっていく。家族の凝集性が高く、社会的つながりをほとんどもたずにいるような場合、ますます「家族への準拠」は高まっていくだろう。

ただし、それが固定的なものであるとも言い難い点には留意しておきたい。cさんは、家庭内の状況を友だちに話すと「大変だね」といわれるが「本当にはわかっていない」と話しており、メンバーのaさんもこれに同意する場面があった。ほかの人には「わかりっこない」という感情の表れとも捉えられ、cさんが一定の負荷を感じつつ家庭内での役割を担っていることが推察できる。「家族への準拠」を高め、家族内役割を核に生きようとしている場合であっても、それは負担感やそれゆえの揺れを伴っているとも考えられる。[*11]

（2）はみ出て拡大していく自分事

その証左に、cさんは次第に異なる生き方を見出していったように見える。

cさんの高校進学は、「妹も行きだしたし、自分も行こうかなと思ってます」というように妹の進学に刺激を受けている。ここには兄として妹に後れをとるわけにはいかないという感覚もうかがえ、兄として生きようとするあり方に重なるかたちで高校進学の希望が出てきたことがわかる。つまり、外的状況でいえば無業から就学へと変化が生じているものの、彼の重視する生き方に注目してみると大きな変化はないと捉えることもできる。

他方で、外的状況の変化から生活環境の変化は生じる。まず、妹の付き添いでフリースペースに定期的に参加するようになってからは「人としゃべる機会が増えた」という。来所すると必ず趣味の話題で盛り上がるbさんとの関係だけでなく、隣の部屋で勉強会に参加するメンバーや、フリースペース視察者などともかかわる機会が生じていった。

さらに、通信制高校に進学すると学校に行く日ができるなど、外出の機会が増えた。また、レポート課題に取り組まなければならないため、自分のためにフリースペースの勉強会に参加するようになった。来所・退所時間を妹に合わせていた状況から、妹を急かして来所するような行動が見られるようになり、兄としての役割を超え出た、自分事の行動の幅が広がっていった。

高校進学から半年ほどが経った頃、フリースペース恒例のリレーマラソン[*12]への参加をめぐって、cさんは次のようなことを語った。

自分が走るには責任が重い。でも、このまま何もしないっていうのもどうかなとは思ってる。（略）

高校は自分が行きたいって言って行ったから覚悟がある。今は高校でキャパがいっぱい。でも、そのキャパにリレーマラソンを入れ込んでみるのももしかしたらありで、それは自分が進化できるときかもしれない。

（2012年1月24日、ミーティング）

こうした発言は、無理だと思ったけれど高校を受験してみたら受かった、最初は課題がなかなかできなかったけれどだんだんこなせるようになってきた、という出来事の積み重ねを経て、不安でもやってみたらできた、それによって成長できたという経験と感覚がcさんに蓄積されていった結果生まれたものだろう。ここでは兄として生きるなかではときにおざなりにされうる自分事の行動が、中心に位置づけられている。

この姿勢はキャンプをめぐる一連の出来事で、より決定的になっていった。スタッフとのやり取りを経てキャンプの下見に参加したcさんは、みなに見守られるなかで岩山からの飛び込みをおこなった。最初は飛び込みをやりたいながらも躊躇していたcさんだったが、「やるならコンビニで着替えを買ってくるよ」とスタッフBが応じた。また、cさんが岩山の上で飛び込みを決心するまで相当の時間がかかったが、その場にいたスタッフ・メンバー全員がcさんの飛び込む瞬間を見守った。こうして自分の不安を出しつつも、応援され見守られながら挑戦することができたという出来事が、彼の「不安でもやってみたら自分の成長につながるからやってみよう」という、その頃すでに芽生えつつあった感覚をより明確なものにしたように見える。

この後、cさんは妹の参加とは無関係に、さまざまなことに積極的に参加するようになっていく。新しいメンバーが来所した際には、フリースペースに来ている理由について「自分が成長できる場」だからと話していた。「成長」や「進化」はcさんが重視するあり方・生き方を示す一つのキーワードとなっていった。

このように、cさんが長男・兄としての生き方だけではなく、自分事を中心に、不安ながらも挑戦するなかで成長していこうとするあり方を重視していった背景には、cさん一家の状況も関係している。この時期、フリースペースの勉強会に定期的に参加していた末の妹は、高校と並行してアルバイトを始めていた。また、もう一人の妹も友人とともにアルバイト先を探すなど精力的に動いていた様子だった。一時はきょうだいみなが無業状態で多くの時間を家で過ごしていたが、この時期にはそれぞれが家庭外へと活動の範囲を広げていたのだ。そのような状況が、一方では兄としての家族内役割を薄めさせるとともに、他方では兄として妹たちと同様に活動の範囲を広げていこうとするあり方にも重なり、挑戦し成長する自分自身を大事にしようとするcさんを支えたようにも考えられる。つまり、それまでcさんが重視し、彼の家族にも共有され求められてきた長男・兄としての生き方に、自分事を重視する生き方が正面衝突することなく並存できたことが、彼のなかで自分事を大事にする感覚を育み増幅させていく過程を可能にしたのである。[*13]

葛藤を前提としない無業・孤立経験

先の第4章では、これまで中高階層を対象としたひきこもり議論において、当人の葛藤が前提とされてきたことを確認した。いわく、「ひきこもり状態から抜け出したいと、誰よりも強く願いながら、それがどうしてもできない」（斎藤1998：35）、「当事者の訴えは多くの場合、〝〈社会参加〉したいのに、どうしてもできない〟という形をとる」などである（石川良子2007：27）。

しかし、cさんとの初期のかかわりを思い出すと、一見そうした葛藤はうかがえない。こうしたふるまいは、ときに「困り感がない」として問題視される。あるいは、「みかけ上はあたかも無気力で怠けているだけのような状態」であっても、「深い葛藤や強い焦燥感がひそんでいることがしばしばある」と捉えられることもあるかもしれない（斎藤1998：24）。それに基づくならば、「今は見えずとも何らかの困り感や悩みがあるはずであり、それは何だろうか」という視点からcさんの経験を探っていくことになるだろう。しかし、このような見方でcさんの経験を捉えることは果たして可能だろうか。

cさんと出会った初期の頃、私も「彼の悩みや苦しみはどこにあるのだろう」とよく考えていた。従来のひきこもり研究と同様に、無業・孤立状態にあることに若者自身が負い目や葛藤を抱えており、その状況を変えたいと思っているだろうという感覚がどこかにあったためだ。こうした認識では、cさんの悩み探しをするばかりとなり、彼が兄として生きようとする主体性や能動性は見えてこない。それどころか、家族の凝集性の高まりを問題視するような見方すらもちかねない（一家で孤立していることが根本の問題にあるのではないか、といったように)。まったくcさんの経験や思いとはかけ離れた捉え方に至ってしまう危険性をもつのだ。

cさんの経験を捉えるためには、私(支援者)がもつ、無業・孤立状態であれば悩んでいるはずだという前提を解体することがまずもって必要だ。そして、それを促すきっかけになるのが、先に見てきた本人の志向する生き方・あり方を探究することだといえる。どのような過去を経て、どのような今と未来をその人が生きようとしているのか、一人ひとりにあるストーリー(物語)としてその人の経験を捉えていくことが、外側から枠組みを定めて捉えようとする姿勢を崩すことにつながっていく。本書では、このような「若者の生きるストーリー」に注目したい。[*14]

cさんの場合、以上の視点から見えてきたものは、従来語られてきたような葛藤の経験とは異なっていた。無業や孤立状態は必ずしも葛藤を引き起こすとは限らない。むしろ、cさんのように兄としての役割を積極的に担い、暴れる妹を止めるのは「自分しかいない」という状況においては、家に居続ける(無業である)ことが意味をもち、社会活動をおこなう(家を離れる)ことのほうが葛藤を生み出す可能性すらある。

これは、近年急速に関心を高めた「ヤングケアラー」にも重なる話だろう。ヤングケアラーとは「家族にケアを要する人がいる場合に、大人が担うようなケア責任を引き受け、家事や家族の世話、介護、感情面のサポートなどを行っている、一八歳未満の子ども」のことで(澁谷2018:24)、18歳から30代ぐらいまでは「若者ケアラー」と呼ばれることもある。海外の諸研究では、貧困世帯やひとり親家庭でケアを引き受ける者が多いことが明らかにされており、本書の事業対象者のなかにもヤング（若者）ケアラーに該当すると思われる者たちが少なくない。[*15] 持病や障害をもつ親のケアや家事を引き受けるなかで、他者との交流をまったくもたず長期の無業状態にある若者もいる。[*16]

無業やひきこもり状態を相反する感情の葛藤・ジレンマとして捉える視点に立ち、かれらの悩みや葛藤のありかを探っていこうとするスタンスでは、若者たちが自ら役割を負って生きようとする姿を捉えることはできない。そして、それは当人への支援が困難になることにも通じていくだろう。

3　一方向的かかわりから始める実践論

そこで、次に実践に焦点をあてて論じていきたい。以上のように若者の経験を捉えていくことは、本人とのかかわり（支援実践）においてどのような意味をもつのだろうか。いや、そもそも、先に見たような本人の経験が可視化されたのは彼にかかわろうとする実践があったからであり、とすれば、どのような実践過程によって彼の経験は捉えることが可能になったのか、ということが問われることになる。

低階層孤立者の存在を把握した後、支援を求めていない（こともある）かれらとどのようにかかわり支援を展開していくことができるか、特に支援者側からの一方向的なかかわりになりやすい初期の実践に焦点化し考察していこう。

〈存在認知〉から出会いへ

第5章で述べたように、本事業では生活保護制度をベースに支援対象者の〈存在認知〉がおこなわれていた。これにより、支援を自ら求めないがゆえにこれまで支援の対象となってこなかった人々の存在が認知され、可視化されることになった。しかし、それは同時に、支援的かかわりにさほど気乗りしない状態の若者や家族へかかわっていく過程を生じさせる。

こうした状況において、最初に事業スタッフが戦略的におこなうのがケースワーカーとの差異化だ。事業スタッフが初めて若者に会うのは、ケースワーカーも同席した顔合わせの場であることが多い。その際、たとえ若者が事業スタッフとかかわることに積極的でない場合も、ケースワーカーは「ぜひ事業とのかかわりを」と提案することが少なくない。ケースワーカーと若者の非対等性ゆえに、そこには一種の指導的・強制的ニュアンスが生じる。

しかし、事業への参加が給付に影響するわけではなく、仮に事業スタッフが強制的にかかわりをもとうとしても継続的な関係が形成される見込みは少ない。むしろ指導的存在として捉えられてしまえば、ますます介入・指示をおこなってくる「かかわりたくない」存在となり、関係形成が困難となる。そのため、事業スタッフは指導的ニュアンスを伴うケースワーカーと積極的に差異化を図ることを試みる。ケースワーカー退席後に「そんなこと急にいわれても困るよね」などと若者に共感を示したり、まったく事業とは関係のない趣味の話をしたりと、継続的なかかわりのとっかかりを得ようとする。

cさんの場合、初回の顔合わせの際にはゲームやアニメの話になり、フリースペースのイベントチラシをもってくるという話をすることで「次の約束」がとりつけられようとしていた。また、cさんは連絡がとれなくなることも多かった。その時期には、ひと月に1回程度、電話や訪問をするなかで「どうしてる？」「気が向いたら来てよ」と声かけをおこなっていた。「要求応答型」でおこなわれてきた「家庭訪問型支援」では、週1回程度のペースで訪問をおこなうものが多くあることを踏まえれば（中村・堀口2008、相馬2016）、きわめて低い頻度に抑えられていることがわかる。もちろん月に1回程度であっても、それを求めていない若者にとっては煩わしいものとなりうるが、頻繁・積極的に働きかけることを自重し、軽いかかわりから始めていくことが意識されている。気乗りしない若者たちに対しては、いかにしてかかわってもよいと思ってもらえる存在となれるかが重要であり、事業スタッフには、〈存在認知〉のあり方およびケースワーカーのとりつけた合意の危うさを十分に踏まえつつかかわっていくことが求められる。

試行錯誤のかかわりと探究

では、気乗りしていない若者に対するどのような実践が、〈一方向的なかかわり〉から〈双方向的なかかわり〉への転換を可能にするのだろうか。

初期のcさんは、フリースペースに来たと思ったらふたたび来なくなり、連絡もほとんどとれなくなることが続いた。そのため、スタッフはこのイベント・タイミングだったら来るだろうか／来ないだろうかと、試し試し働きかけをおこなっていた。cさんの場合、電話や訪問をおこなうとその後突然フリースペースに来所することも多かったため、次第にイベント当日に電話をかけることも増えていった。電話に出なかったり、訪問しても会えなかったり、話ができても誘いに言葉を濁したりといったことも多かったが、スタッフは声かけを続けた。そして、その過程で生じた断片的なかかわりのなかで、cさんのことを少しずつ知っていった。ある特定の友だちとは遊んでいた時期があったこと、アニメやゲームが好きなこと、DVDを借りて家族で映画を観ていることなど、cさんの日常の様子が少しずつ蓄積されていった。あるときの映画鑑賞会への誘いは、こうした蓄積を経てcさんが興味を示すのではないかという予想のもとにおこなわれている。しかし、cさんは鑑賞会には参加したものの、その後の定期的な参加には至らなかった。

このように、多少の関係が形成できたかに思えても、ふたたび会えなくなることはcさんに限らずよくある。スタッフが長い間ずっと一方的に働きかけているだけということはあまりなく、たまに会えたり一緒に活動したりといったことがあっても、それが継続的なものにならないというケースが多い。[*17]

では、断片的だった関係が、継続的なものへと至る際のポイントはいったい何なのだろうか。cさんの場合、妹の付き添いでフリースペースに来所するようになったことが転機だった。妹の付き添いは、彼の日常生活における兄としてのふるまいや役割に重なる行為だ。つまり、ここで初めてフリースペースへの来所が、彼の兄として生きるあり方に重なるかたちで位置づいたのであり、それこそが定期的・継続的なかかわりへと至った理由だろう。

妹の進学の話が持ち上がった当初、事業スタッフらは「妹の動きが世帯全体に動きを生むかもしれない」という直観をもっていた。それは、これまで試行錯誤するなかで蓄積されてきた情報に基づくものだ。cさんからは家族の話題がたびたび語られており、家族が重要な存在であることを認識していたからこそ、スタッフは妹の付き添いで来所するという発想と提起が可能となったのだ。つまり、長きにわたって断片的でありながらもかかわりつづけてきたことが、彼の兄として生きようとするあり方の一端を直観的に想起させ、妹の進学を大きな機会と捉え、彼とより継続的にかかわるきっかけを考えるという一連の実践につながったといえる。そして、かかわりの機会が増え、cさんの妹に対するふるまいを見聞きするなかで、スタッフは「お兄ちゃんなんだなぁ」というかたちで改めて彼の兄として生きるストーリーをより明確に発見していったのである。

断片的にであれ若者とかかわる機会が増えれば、それだけ当人の生き方を探究するための情報は増えていく。「空振り」となるかかわりも含めて、「これならどうか」「あれならどうか」とかかわっていくその試行錯誤こそが、若者の生きようとするストーリーを直観的に感じ取り、ときにそれに接触するようなかかわりを生み出し、より継続的なかかわりへと発展させる可能性をひらいていくのだ。

場の拡大とスタッフのかかわり

次に、cさんの生きようとするストーリーの変化に、実践がどのように影響してきたのかについても考えてみたい。

cさんは、長い間長男・兄として家族のために生きようとしてきた。フリースペースへの定期的な参加も、妹の付き添いという兄役割に基づいて始まったものだ。つまり、彼は継続的に事業に参加するようになった後も、一貫して兄としてのストーリーを生きていた。

しかし、そうして始まった定期的な参加は、それまで拠点としていた家庭以外の新たな場、つまりフリースペースを、彼の生活に組み入れることになった。その場では、bさんとのおしゃべりを楽しんだり、aさんや妹が勉強する様子を見たり、ときに視察者から「進学希望はあるか?」と自らのことを問いかけられたりと、それまでの生活世界にはなかった関係や出来事が生じる。こうした出来事が、これまで負ってきた兄としての役割からはみ出す自分事を徐々に意識させ、やがてcさんは自分事を大事にする生き方を見出していったように見える。

以上からわかるのは、cさんの生きるストーリーが変化したからフリースペースに来所するようになったわけではないということだ。兄として生きようとする姿は変わらないまま、生きる場が変わった(増えた)ことで、その場の影響を受けながら、徐々に新しい自分事のストーリーが形成されていったといえる。ここからは、若者が自らの生き方に重なるかたちでかかわり始めることができ、またそこで多様な出来事を体験していけるような場をつくることが、重要な実践的課題だと確認できる。*18

また、cさんの事例からは、新たな場でのスタッフとのやりとりによって、新しい生き方がより明確に本人に位置づいていったことも読みとれる。cさんのキャンプ参加をめぐるスタッフBとのやりとりを思い出したい。キャンプに参加するよりも家でミニ四駆をやっているほうが有意義だと話したcさんは、スタッフBに問われるなかで、やや感情的になりながらも「いろいろ外に出ていけたらいいなぁ」という思いをもちつつ「一人の時間」がまったくなくなるのはつらいと語った。cさんは、ここで初めて自身の内にあるジレンマを語り、外に出ていくことに不安を感じる自身の状態を表明したのだ。そしてそれは、スタッフBによって「そこを課題にして」取り組んでいる渦中にcさんはいるのだね、というかたちで確認しなおされている。こうした表明・確認のやりとりは、キャンプへの参加を一つの「挑戦」として位置づけていくことにつながり、その後cさんは「成長」や「進化」を重視した生き方を模索するようになっていった。このようにスタッフとのかかわりが、若者の生きようとするストーリーを強固にしたり、本人に明確に位置づいていく過程を支えたりする可能性が考えられる。これについては、第7章で改めて論じたい。

思い込みの排除と、主体性への注目

以上からは、その人がどのように生きようとしているのかを探究することが、初期の実践上のポイントとなることがわかる。この意味について、もう少し考えてみたい。

bさん（20代後半／男性）の例をあげよう。彼は事業スタッフと顔合わせをおこないフリースペースの紹介を受けた後、すぐに来所するようになった若者だった。毎回欠かさず、開所から閉所まで参加していたが、フリースペースの隅で一人携帯電話を見て過ごすことが常だった。言葉数も少なく、スタッフからの質問に反応しないまま会話が途切れることも多かった。学校ではいじめなど嫌な思いもしてきたようだが、不登校経験はないことから、「学校と同じように定期的に来ることはできるが、自らかかわっていくよう

なあり方は難しい」というbさんについてのスタッフの印象が形成されていった。

その後bさんは、フリースペース活動を通じて次第に笑顔を見せたり、会話に自ら加わったりするようになる。さらに、1年ほどが経過した頃「TENに来ると、人がいるからいい」と語った。これはフリースペース活動に参加する1年間のなかで彼が体得していった感覚でもあるだろうが、一方で、もしかするとbさんは参加当初から一貫して人を求めてフリースペースにやって来ていたのかもしれないことに思い至る。それは、「社会には出たくないが、しかし人とは関わっていたい、そんな複雑な気持ちを受け入れてくれた場所〔がTEN〕だった」という彼がのちに書いた作文にも現れている。[*19] 一人暮らしで職場以外に人とのかかわりはなく、職場での人間関係もうまくいかずに離職を繰り返してきたという彼は、のちに、TENは人とかかわりをもてる「とても大切な場所」だとも語っている。

離職後の無業状態を経て、誰とも接することのない日々を送るなかで、bさんは人とのかかわりを心底欲していたのかもしれない。とすれば、あたかも「ただ来ているだけ」で「あまり他者には興味がない」ようにさえ見えていたスタッフの初期の印象は、孤立した体験を経て、だからこそ人とかかわりながら生きていきたいというbさんの思いをまったく捉えそこなっていたことになるだろう。bさんの場合は、彼がフリースペースに参加し続けたがゆえにそのことに気づく機会をのちのち得たが、若者の思いとはずれたスタッフのもつ印象が、関係構築を困難にすることも十分ありうる。

こうした事態を避けるためにも、その人がどのように生きようとしているのかを探究しようとする視点は有効だ。それは「彼はこんな奴だと思う」といった印象や思い込みで語るあり方に対して、彼の体験に基づき、彼の主体性・能動性に着目しながらその思いを捉えようとする姿勢を提供する。bさんの場合も、フリースペースでのふるまいから印象論的に捉えるのではなく、彼自身がどのような体験（離職・一人暮らし）を経て、今どのように生きようとしているのか（なぜフリースペースに欠かさずやってくるのか）という主体性に着目する観点から考えられていたら、より早期に、人とかかわりながら生きたいという彼の思いを捉えることができたかもしれない。

なお、こうした探究は一人では難しく、複数人でおこなうことが重要だ。cさんが兄としてのストーリーを生きながら自分事を大事にするストーリーを徐々に形成していったように、若者はただ一つのストーリーを生きているわけではない。スタッフそれぞれが見聞きした出来事やそれへの本人の意味づけを出し合い、スタッフミーティングやスーパーバイズ、ケース検討などで複数の目から複合的かつ重層的に語り合っていくことがストーリー探究において効果的だ。[*20] この過程を確保するには、スタッフの複数配置、ケース会議・ミーティング・スーパーバイズなどの体制整備が必要なことはいうまでもない。

長い時間を要する覚悟

ところで、cさんの事例から、低階層孤立者との関係形成がこれほど長い時間をかけてなされていることに驚いた人もいるかもしれない。海外では、自ら支援の場に来ることのない、もっとも社会的に困難な状態にある若者たちにかかわる「アウトリーチ／デタッチトワーク」がおこなわれているが、それは多くの資源の集中を要し（resource-intensive）、若者との関係を形成するにも長い時間がかかるとされている

(Furlong 2013 : 250)。

ｃさんに見た、たびたびの訪問やスタッフの声かけもまさに「資源集中的」なかかわりだろう。自ら支援機関に来所する人々と比較すれば、継続的なかかわりに至る前段の〈一方向的かかわりの局面〉にいかに多くの時間と実践的エネルギーが割かれているかがわかる。自ら支援機関に赴くことのない若者たちへの支援では、かれらがかかわってもよいと思える関係を形成する時間が必要であり、とりわけ長い時間を要することを前提とした制度設計、そして実践的覚悟が必要だ。

仮に「○か月、○年以内に」といった時限設定がおこなわれれば、時間のかかる若者たちへの実践は縮小され、支援から排除される若者が生み出される。また、自ら支援を求めたわけではないからこそ、望まぬ介入になる危うさを踏まえ軽いかかわりから始めていこうとする実践も成り立ちがたくなる。

フリースペースの意義

さらに、時限設定だけでなく、行動設定も影響を与える。先に述べたように、低階層孤立者との継続的な関係を形成する際には、かれらのストーリーに重なるかたちでスタッフのかかわりや事業への参加が位置づけられることが重要になる。本人にとって重要なこと・やりたいこと・やってもよいこと・多少興味がもてることなどに沿った事柄がそれぞれに応じて実現できる可変的なあり方を意識しなければ、支援を求めていない（かもしれない）若者たちとかかわりをもつことはできない。たとえば、就労支援事業がそうであるように、就労に関連する行動のみが想定され、明確な目的をもつ場やプログラムのみしか選択肢になければ、そうした柔軟性を担保することは難しい。ここに、「就労アクティベーション」(だけ)でなく、就労以外のさまざまな社会参加を重視する「社会的アクティベーション」の意義が生じる。つまり、労働に限定せず、個々の若者に応じてさまざまな社会活動・社会参加のあり方を提示しながら、本人のストーリーに接触するものを模索し続けることのできる実践が、低階層孤立者とのかかわりを生み出すのだ。

以上を踏まえたとき、フリースペースという可変性に満ちた場は、低階層孤立者への支援においてきわめて重要な意味をもつ。単一・明確な目的や活動内容をもたないフリースペースは、遊びやおしゃべり、勉強や特定のイベントなど、それぞれの若者の目的や意味性に応じた参加のあり方を可能にする。cさんのように、勉強を目的に来所する妹を横目に、その隣でおしゃべりを楽しむといった、複数の異なる居方・利用の仕方が同時進行で可能だ。[*21] フリースペースは、その自由度の高さゆえに、それぞれの若者たちの生きるストーリーにそくしたかたちでの参加を可能にさせやすいのだ。

〔注〕

＊1　事業スタッフの理解や認識は必ずしも統一されていたわけではない。しかし、スタッフミーティングなどで話し合い、共通理解を形成してきた部分も少なくない。以下では、ケース記録(スタッフが記入)やスタッフミーティングでの会話、筆者によるフィールドノーツを参照し、発言や記録は「　」で示した。なかには、どのスタッフの発言か判然としないものも一部含まれている。なお、cさんと事業とのかかわりは研究期間より前に開始している。また私がスタッフとなった後もしばらくcさんには会う機会がなかった。そのため、特に初期につい

ては他のスタッフからの情報・記録に基づいている部分が多い。

＊2　スタッフA、スタッフBは共に事業開始当初からの担当者であり、スタッフCと記載した私は事業開始数年後に異動してきた。5年の研究期間中にNPO法人職員として配置された者がほかにも数名いたが、いずれも1年未満で異動していることから本書では取り上げていない。

＊3　母子世帯を中心に支援をおこなう。cさん宅への定期訪問を（ときにケースワーカーと同行して）おこない、母との関係をつくっていた。

＊4　彼の話しぶりからは、ある特定の個人と遊んでいた様子であり、複数の友だちとつながりをもっていたわけではなさそうだった。その意味で、彼の友だち関係は非行系の若者たちに見られるような集団的コミュニティとは異なっている。

＊5　フリースペースは通常午後からの開所だが、月に2回ほどの勉強会やイベントの際には午前中から開所していた。勉強会は通信制・定時制高校に通う者や資格取得をめざす者などが集中して勉強できる時間帯として確保されていた。

＊6　「ワンテーマ」はフリースペース内の企画の一つであり、趣味や自身の経験など、さまざまなテーマについて話す会である。メイン話者がいる場合もあれば、テーマに即して全体で話し合うような場合もある。この頃は、メンバーやケースワーカーが趣味などについて語るのを聞き、感想交流するという内容が多かった。第7章で詳述する。

＊7　キャンプの参加費はミーティングで決定されており、この年は前年を踏襲して2000円と決まっていた。それ以上かかる経費についてはフリースペースの活動費から支出されていた。

＊8　その頃アルバイトを始め自由に使えるお金が増えた妹に比べ、cさんは金銭面での窮屈さを感じながら生活していた。そのため、活動への不安に直面したり、話し合いのなかで感情的になったりすると、金銭問題として引

き取り諦めてしまいがちであるようにスタッフには考えられていた。

＊9　「実践的な」考察とあえていうのは、スタッフ（としての私）がどのように彼の経験を捉えたかということであって、本人によって体感されている経験そのものとは限らないことを意味している。第4章注9も参照。

＊10　ここでは詳細に展開しないが、これはNarrative Inquiry（ナラティブ的探究、以下ＮＩ）という教育実践研究方法に依拠している。ＮＩでは、Ｊ・デューイの経験概念を下敷きに、人はストーリーを語り生きる存在だと捉える。たとえ言語化されなくても、小さな子どもにもかれらなりに生きようとしている自己のストーリーがあり、言動や作品などからかれらのストーリーを探究することがおこなわれている。ＮＩは人々の経験を「重層的かつ積極的に捉える方法」ともいわれ（申２０１１：３３６）、当人の能動的側面に注目を促す点が最大の魅力だ。ＮＩの詳細は、Connelly and Clandinin（1990）、Clandinin and Connelly（2000）、クランディニンほか（２０１１）などを参照。

＊11　こうした揺れは若者だけでなく、親にも見られることがある。たとえば、無業状態の子どもの社会活動を後押しする働きかけと、他方でそれを快く思っていないようなふるまいが、同じ親から表出されることもある。若者が家族内役割を引き受け生きていることで、家庭内のさまざまなバランスが保たれている場合に生じやすい。

＊12　チームでたすきをつないで42・１９５㎞を走り切るマラソン大会のこと。この時期フリースペースでチームをつくり出場していた。

＊13　これはＮＩにおいて複数のストーリー同士がせめぎあい影響しあっていることに注目する視点に示唆を得ている。ＮＩでは、異質性を保ちながら両者のストーリーが共存できる「競合するストーリー competing stories」に対して、ストーリー同士が明確に衝突する場合を「対立するストーリー conflicting stories」と表現している。「対立するストーリー」となると長くはもたず、どちらかが変更を余儀なくされる（クランディニンほか２０１１）。なお、妹たちが家庭外へと活動を広げていくことによって、かえって家族（母）を守る長男の役割が強化さ

れ、自分事を重視するストーリーが「対立するストーリー」となり衝突することもありうる。そうならなかったのは、母と家庭支援員の関係構築がなされ、そこでのサポートがおこなわれていたことも影響しているだろう。なお、全体的な実践現場の感覚としては、生活拠点である家（家族）で共有されるストーリーの比重は小さくない。家族への（精神的な面も含めた）ケア役割を担い続けてきた若者たちが、それと衝突しないよう新しいストーリーをつくっていくには、その役割を（部分的にであれ）代替する他者や、離家などの方途が必要になる。

＊14　この視点は注10でも示したようにＮＩに依拠しているが、変更を加えている点もある。ＮＩを提唱したカナダの教育学者Ｄ・Ｊ・クランディニンらの関心は、複数のストーリーがどのように衝突・影響しあいながらストーリーがつくり直されていくのかというダイナミズムにあった。そのため、ストーリーという語が曖昧に使用されていたり、ストーリーの中身自体がブラックボックス化していることも多い。そこで、本書では野口裕二の定義を参考に、ストーリーとは複数の出来事を時間軸上に並べ、それに関係や意味を示す筋立てが付加されたものとした（野口２００９）。当人にかかわる出来事を並べ、それを当人がどう関連づけたり意味づけたりしていると思われるのかを考察することにより、彼のストーリー、すなわち彼がどのように生きようとしているのかを考察するという形態をとっている。

＊15　海外の研究では、父・母・きょうだいや祖父母などの家族がケア対象にあげられ、その状況も、身体の障害や病気、メンタルヘルス、知的障害、長期にわたる病気、アルコールやドラッグ問題など多岐にわたっている（Hamilton and Adamson 2013）。また、ケア役割を引き受けることに関連する要因として、高いレベルの貧困、長期にわたる健康状態の悪い大人、ひとり親家庭があげられている（Robison et al. 2017）。しかし、日本で澁谷智子がヤングケアラーとして可視化した人々は、祖父母の介護を担っていた者たちであり、高学歴（志向）と思われる人々も少なくない（澁谷２０１８）。そこでは、貧困・生活不安定世帯で親のケアを担うような、本書の対象と近い人々への視点は残念ながらほとんど見られない。ヤングケアラーの議論においてもまた、第Ⅰ部で指摘

したような、低階層の人々への注目の欠如が生じている。

＊16　傾向としては女性が多いが、たとえば妹の子ども（姪）の保育園の送り迎えなどを担っている男性（ｅさん）のケースもある。

＊17　ただし、非行傾向のある若者たちにおいては、ほとんど一方向的なかかわりだけで終わったり、あるいは会うことすらできずに保護廃止などで終了したりすることが事業では多かった。これについては終章で検討したい。

＊18　場、あるいは場所をめぐる議論は、物理学、哲学、経営学などでおこなわれてきたが、これらの蓄積を整理するのは私の力量をはるかに超える。状況の一部を概観できるものとして露木（２０１９）がある。伊丹敬之は「場とは、人々がそこに参加し、意識・無意識のうちに相互に観察し、コミュニケーションを行い、相互に理解し、相互に働きかけ合い、相互に心理的刺激をする、その状況の枠組みのこと」といい（伊丹２００５：42）、「相互作用の容れもの」だとしている。本書では、これをもとに、場という言葉を「相互作用の容れもの」、あるいは「相互作用が及ぶ範囲」程度の意味合いで使用している。これに従えば、たとえばフリースペースという場所において複数の異なる場が立ち上がることもありうる。

＊19　ｂさんがフリースペース活動に参加するようになって3年半ほどが経過した、２０１３年12月冬の合宿後の作文である。フリースペース活動では、キャンプや合宿など大きなイベントの後には作文集が作成されていた。これは、不登校支援をおこなってきた団体Zが、語りや作文に重きを置いて実践してきたことを踏襲している。本事業の場合は、作文のほか、絵やインタビューなどのかたちで表現されることもあった。

＊20　ＮＩでは「ナラティブは現象であり、方法である」と考えられている。それは、人々によって語られた「物語」（＝現象）を研究対象としつつ、その「物語」を深めるために「語る」という行為（＝方法）を位置づけるあり方だ（Connelly and Clandinin 1990）。二宮祐子はＮＩを、人々の固有の文脈や意味を伴う経験を順序だてて構成したナラティブ（＝ストーリー）をそのまま捉え、その「語られ方」に注目し、研究関心に基づいて解釈したう

えで「語りなおし」をすることを通じて、その場の人々の経験と文脈を対話的に捉えようとする姿勢だとした（二宮祐子2010：39）。このように、NIでは協同的に語り合い、語りなおすことが重視されており、ここでの指摘もその考えに影響を受けている。

＊21　そのためには、フリースペースが多少なりとも空間的余裕をもつことが必要だ。本事業の場合、平屋風のスペースで主に和室とフローリングの二つの部屋で活動をおこなっていたことが、このようなあり方を可能にしていた。

第7章　若者の生きるストーリー形成を支え励ます支援

　前の章では、本人から語られずとも低階層孤立者が生きようとするストーリーがあることを示した。それを探究し、それに接触するようなかかわりによって、自ら支援を求めたわけではない若者たちとの関係を構築し、またその過程でこれまでとは異なる生き方を本人が発見・模索していく可能性が見出された。本章では、このような若者たちの生きるストーリーの変化に、支援がどのようにかかわっているのか、特に実践の中後期にあたる〈双方向的かかわりの局面〉に焦点化しながらより詳細に検討していきたい。

　本章でメインに取り上げるのは、ａさんという20代半ばの男性だ。彼は7年以上にわたって事業にかかわり、フリースペースに参加し続けていた若者で、無業、就学、就労とさまざまな状況に至っていた。そのそれぞれに実践がどのようにかかわり、彼の生き方がどのように変遷していったのか考察していきたい。

1　aさんとのかかわり

aさんと事業のかかわりは10代後半から20代半ばにかけて長期にわたる。長くなるが、状態像に即して三つの時期に区分し、描写していきたい。[*1]

無業から就学へ

aさんは、小学校の頃に内臓疾患で長期間入院したことがある。好きだったスポーツは「病気のせいで」できなくなり、学校復帰後はまったく勉強についていけなくなった。薬の副作用で外見が変わったことからいじめに遭い、中学校では不登校となった。その後、定時制高校に進学したものの「怖い先輩に目をつけられた」ため数日で退学。大工見習いもやってみたが、怒られたり殴られたりすることが「超怖かった」ため、数日で離職した。それから3年ほどはひきこもりがちの日々を過ごした。[*2] 母が難病を発症し生活保護を受給しはじめたのは、B市が本事業を開始した直後のことだった。

事業を紹介されたaさんは、フリースペース利用者の「第一号」となる。当時は他のメンバーの参加はほとんどなく、スタッフに囲まれるなかで、スタッフの提案を受けてゲームやスポーツ、ときに登山などの外出をおこないながら過ごした。スタッフらには慣れていったものの、新しいメンバーや視察者がフリースペースに来所すると、部屋の隅で体を小さくして固まっていたり、まったく話さなくなったりする様子がたびたび見られていた。

その後、aさんはスタッフの勧めから通信制高校に再入学する。[*3]「行く意味あるのかな」と思ったというが、スタッフの提案を「断れなかったのもあるし、割り切るしかないという感じ」で行きはじめたという。しかし、実際に行きはじめると年齢層の広いクラスになじみ、「中学以来の友だち」ができた。部活動にも入り、3年生では部長を任されることになった。クラスの宿泊親睦会などの行事にも積極的に参加し、「中学では味わえなかったことを味わっている感じ」と話した。最初はスタッフがつきっきりで教えていた学校のレポート課題も、徐々に「これは友だちに教えてもらったから大丈夫」「今日は英語だけ一緒にやって」などと、自身でスケジュールを立ててこなすようになっていった。

高校と並行して、フリースペースの活動にも参加し続けた。最初は「単にいる」だけで「何をしていいのかわからなかった」が、徐々に「これがやりたいって言っていいんだ」と思うようになったという。スタッフらに「UNOやりましょう」と誘ったり、リレーマラソンで「今年は12キロ走りたい」と主張したりする姿が見られた。また、キャンプやBBQなどは「初めての経験」だったが、回を重ね慣れてくると「オレに任せて」と率先して準備する様子も見られるようになった。

他方で、見知らぬ人に対する緊張は続いていた。部屋の隅でうずくまることは次第に見られなくなったが、初対面の人が来所すると表情がこわばり、ほとんど話さなくなり、挨拶などもしないことが多くあった。あるとき、団体Zが他市でおこなうフリースペースと、合同の野球大会が開催された。見知らぬ人が多くいる場にaさんの表情は硬く、同じチームになったスタッフCと常に行動を共にしていた。その後、打席で大活躍したaさんにスタッフCが打ち方を教わるなかで、徐々に初対面の人たちにもアドバイスするかたちとなり、交流が生まれた。終盤には、スタッフCを介さずに初対面の人と会話をする姿も見られた。

また、病気の母がケアされる様子から、aさんは介護職に関心をもってきた。「他人が下の処置をしているのは衝撃」で「かっこいいって思った」、「家族の人にも感謝されるし、自分もそういうふうに言われてみたいと思った」という。高校3年生になると、高校の友だちの紹介でグループホームへ見学に行ったり、資格があったほうがいいといわれたと話し、専門学校か大学に行こうかなと話したりした。学校の先生からの紹介でホームヘルパー2級を取得したのは、3年生の夏頃だ。実習で利用者に舌打ちをする介護職員の様子を目の当たりにし、「最悪なところでした！」とその怒りをフリースペースであらわにしたこともあった。秋頃には就職することに決め、12月には学校から紹介された企業説明会にも参加した。しかし、その後就職に向けた動きはぱったりと見られなくなった。

同じ頃、フリースペースでは古民家での合宿が計画されていた。[*4] 前年は、お菓子づくりやうどん打ちなどをおこなっていたが、この年は、スタッフから「aさんやbさんの話を聞きたい」という提案がなされた。それは、aさんが高校での経験をどのように感じ、また今後のことをどのように考えているのか、これまで「あんまり語ってこなかった」ことを「節目」として聞き取ることが必要ではないかというスタッフBの思いが発端となっていた。[*5] さらに、メンバーのbさんも当時就労研修を開始しており、その愚痴などをフリースペースで話すことも多かったため、二人が話す時間を合宿で設けることがミーティングで提案され、決まった[*6]。

合宿でaさんは高校生活をふりかえり、「成長したと思う」と自らの実感を語った。「この先、成長していく中でも、学校という存在は大きい」という。高校の友だちにも「3年前とは変わったよと言われた」と話し、「自分を認めてくれている」との思いをもっていた。

さらに、今後については「いきなり介護の職場というのは大変かなと思っている」と話した。少し前から「社会の厳しさを意識するようになった」という。実習のときに目の当たりにした介護職員の様子をひきながら、「前までは〔利用者に舌打ちするようなことは〕やらねーよって思って」いたが、「最初は優しい感情をもってやろうと思っても、なんだよーまた〔手のかかること〕しやがってーってなっちゃう自分もあるんじゃないか」と話した。空いた時間に介護のボランティアをやりながら「まずは普通のバイトをやりたい」、そうすれば「自信がつくと思う」と話し、卒業を迎えた。

ふたたび無業へ

しかし、卒業後もアルバイトへの動きはなかった。「とにかく人が怖いんだよ……」と、知らない人との関係や場所へ入っていくことへの恐怖感を幾度も、特にスタッフCに吐露するようになった。フリースペースでもどこか居心地わるそうに見えた。

卒業後1か月ほどが経った頃、スタッフBの紹介でハローワークの職員と面談をおこなう機会があった。フリースペースに来ると、すぐに「久し振りに仕事についての真面目な話ができてうれしかった」と報告した。また、担当のケースワーカーにそのことを話したところ、ハローワーク職員からもらった求人に「すぐに応募しな」といわれ、気持ちが「しぼんだ」ともいう。「自分としてはまだそこまでいってないのに……」とこぼしていた。

こうしたaさんの状況を、スタッフBは「フリースペースに来ても、何をしていいかわからずしんどいのではないか」と見ていた。「遊んでばかりいるという後ろめたさ」があるのではないかという意見もあった。これらを経て、スタッフBは、団体Zがおこなっている就労研修プログラムへの参加を勧めてはどうかとスタッフミーティングの場で提案した。飲食業のプログラムであったことから、「aさんの希望に合うだろうか」という疑問がスタッフA・スタッフCから出たが、就労研修プログラム自体はその職業に就くためではなく「働くことそのもの、働き方を学ぶ」ことを志向するものだというスタッフBの説明を受け、ひとまずaさんに提案してみることになった。

後日、スタッフBから提案を受けたaさんの強張った表情と沈黙からは、明らかに乗り気でない様子がうかがえた。しかし、aさんは「行く」と返答する。そして見学当日、連絡がないままキャンセルとなり、その後フリースペースへの来所も途絶えた。

一月ほどののち、aさんと年齢の近いスタッフCが自宅を訪問すると、母経由で行くことが伝わっていたaさんは待ちかまえていたように出てきた。そして、「今日行かなかったらオレ一生TEN〔フリースペース〕に行かないと思いますもん」といって、自らそちらに向かって歩き出した。道中では、スタッフCにプライベートな事情を話したうえで、「今は何も聞かれたくない、触れられたくない」と話した。フリースペースでもそう伝えるといって来所したが、スタッフBに尋ねられると、うつむいたまま何もいえなくなってしまった。そして、スタッフCがフォローしているうちに、やっとのことで「要は逃げたんですよ」「怖くなっちゃったんです」とつぶやいた。のちに、事業の判定医（精神科医）と月1回「おしゃべり」をする面談で、就労研修について「本当は行きたくなかった」と話し、判定医が「行きたくなかったら断っていいんだよ」というと、「断ってもいいんですか？」と返答したとのことだった。

訪問以降はふたたびフリースペースに来所するようになったが、イベントのときだけなど、距離をもった参加に変わった。一人になると「自分は別にいなくてもいいんじゃないか」とたびたび思うようになり、つらいと話した。この時期、ピアスの穴も急増し、大きさも拡張されていった。[*7]

しばらくして、フリースペースのメンバーで就労研修に参加していたbさんから、ふたたび研修に誘われた。この間、自ら提案することを控えていたスタッフ陣は、その誘いが目の前でおこなわれていてもあえて気にとめない素振りをしていた。曖昧な返答や気まずそうな態度で避けていたaさんだったが、bさんに何度も誘われるうちに「オレは〔研修には〕行かない、介護をやるから」と「bにはっきり言った」という。そして、そのことをスタッフCに報告すると、「だから一緒に介護施設の見学に行ってほしい」と話した。

それ以後、スタッフと共に施設見学やボランティアに参加しはじめた。見学後には、「介護向いてるよって〔施設長に〕言ってもらえた」とフリースペースでうれしそうに報告する様子もあったが、次のときには「やめときます」とボランティアに行かないことも多かった。ボランティアのために襟のついたシャツを着ることを嫌がり、ボランティア中に外したピアスは終了後ただちにつけなおしていた。[*8] スタッフの目を気にしてボランティアに参加しているようにも見え、さまざまな議論が交わされた。スタッフ側がボランティアなどをセッティングしすぎる体制がプレッシャーとなっているのではないかという意見（スタッフA）や、aさんのもつ不安感に共感するだけでなく彼に覚悟を問い背中を押す必要があるのではないか（スタッフB）という意見などがあった。

そうした議論を背景に、ある日、スタッフBが「本当にボランティアやりたいの？」とaさんに問いかけたこともあった。aさんは黙ってうつむいてしまう。そして、後日、スタッフCに「怒られていると感じちゃう」、スタッフが「こわい」と語った。ボランティアに行くのは渋々であり、「オレにとってはまだそれくらいの気持ち」なのだという。今後のことをスタッフから話題にされると、「自分が信用されてない、ダメな奴だと言われている感じがする」といい、「オレの好きなようにやらせてくれよ」ともらしていた。こうしたやりとりはスタッフミーティングで共有され、共感的にaさんの話を聴くスタッフCと、核心に迫るスタッフBという立ち位置がスタッフ間では確認された。

なお、aさんがスタッフに対する不満を吐露した前述の場面には、メンバーのeさん（20代半ば／男性）も同席していた。スタッフの発言を怒られていると思ってしまうのは「aの課題だよね」とeさんがいうと、aさんもそれに同意し「オレも変わらなきゃいけない部分」などと話していた。eさんはaさんと同世代で、この時期、定期的にフリースペースに参加するようになっていた。aさんは、eさんとフリースペース以外でも遊びに行ったり話をしたりするようになり、交流を深めていった。仕事への不安感や、スタッフへの恐怖感・不満などもeさんには話していたようだ。次第に、eさんとあらかじめフリースペース外で話をしたうえで、eさんのフォローを得ながらフリースペースで自分の意見を話す形態をとるようになっていった。

この頃、合宿の作文では、次のように書いている。

いざ自立して働くとなると勇気が必要ですし、働くことへの恐怖があるのでなかなか一歩が踏み出せないのです。前からその一歩を踏み出そうとしたのですがなかなかできず、逃げていました。原因は、やる前から考えすぎちゃうからだと思います。やる前からすごく自分の中で考えすぎちゃってあー無理ってなっちゃうんですよね。でも自分の中で何かを変えたいので、一歩ずつ進みたいなと思ってます。

（2012年冬、合宿作文集）

就労へ

年度末に差しかかった頃、団体Zを利用する若者が毎年1年契約で働いている就労先をaさんに紹介してはどうかという話が、スタッフBから他のスタッフに提案された。児童福祉園の用務員のアルバイトだ。aさんの介護職への希望を踏まえると本人の意向とは異なったが、対人援助の職場であることや、同世代を相手にするものではないことなど、共通点もあった。また、働くことそのものへの不安を感じているa

さんにとっては、団体Zが関係している職場であることによる安心感から、一歩を踏み出しやすいのではないかとも思われた。そこでスタッフの間では、とにかくａさんに打診してみようということになった。スタッフＢから話をしたところ、ａさんは「考えさせてほしい」といったという。しかし、スタッフＢが「何を考えたいの？考えても出てこないよ」と応答し、「今決めてほしい」というと、ａさんは行くことを決める。その翌日、非常に緊張しながら園との顔合わせに行き、そのまま働くことになった。

働きはじめてすぐは、午前中の仕事が終わってからフリースペースに来るものの、寝ていることも多く疲れた様子だった。しかし、次第に園に慣れていくなかで、「いろんな先生と話して。自分を受け入れてくれるところだとわかった」という。時間を延長して仕事を頼まれた際には快諾するなど、頼られることへのうれしさも感じており、「今まで〔働いていた若者のなか〕で一番〔先生や園児と〕しゃべっているって言われた。それはうれしかった」などと自信をうかがわせる言葉も増えていった。また、家族のことなどプライベートの話も園の先生に話すようになり、「嫌な顔一つせず、聞いてくれた。そういうのがＴＥＮ以外で初めてだった」と語っている。

こうしたなかで、将来についての話もふたたびフリースペース内で自然とするようになっていった。年が明けると「今年の目標は努力すること」と話し、アルバイト終了後は、フルタイムで働くことをめざしたいと語った。その話しぶりには、自分がフルタイムで働けるのかどうかを見極めたいというような思いも感じられた。

また、園でのアルバイトから保育に関心をもちはじめたａさんは、そのことをスタッフＢの同席のもと園の先生に相談し、保育の手伝いに入ることになった。資格取得などの関係で今からめざすのは難しそうな状況を知ると、「本当に何をしたいのかまだわからない」としつつ、介護に向けて「本格始動ですかね」と自らに言い聞かせるように話した。

アルバイトも終了に差しかかったころ、最初は「頼まれたから。やるしかないなーと思って」やりはじめたのだと語った。「めちゃくちゃ怖かった」というが、今では「あのとき断らなくてよかった」と思っているという。eさんからは「オレと飯くうとき、ほとんど園の話ばっかだからね」といわれる場面もあり、職場が生活のなかで大きな部分を占めていることを本人も自覚している様子だった。また、アルバイト終了後については、次のように語った。

aさん：前にeくんと話をしていて、3月に〔園との〕契約が切れてから4月時点ですぐに働きだすのか、少し就職活動じゃないけど、施設を回ったりして決めるのか話していた。それをケースワーカーさんに話したら、すぐに働きなと言われた。でもオレ的には期間を空けたいじゃないけど。3月に終わって4月5月くらいまでちょっと1年間頑張ったしじゃないけど、休みながら仕事を探したいなというのがある。

eさん：それ〔ケースワーカーに言われたこと〕に対して、どうしたいの？

aさん：休みながら介護施設でボランティアするなり、自分の中で考えて、5月から働きたいなという思いがある。でも、たぶんケースワーカーさんに言ったら拒否られると思うんだよな。期間があくと働く意欲もなくなっちゃうから、今それがあるうちにと言われたけど、なんもわかってないじゃんと思う。

eさん：いや、オレ経験あるからわかるけど、それも一理あるんだよ。一度期間を空けちゃうと相当意欲が下がる。金があると遊んじゃうし。

スタッフC：何を考えたいなと思ってるの？

aさん：前も言ったけど、本当に介護やりたいのかわかんない。介護のままでいいのか、というのがある。保育もそうだし、介護やる前に普通のアルバイトをフルで経験してから介護やった方がいいのかなとか。フルで働くのが怖いんですよね。今〔のアルバイト〕は一日3時間半〔の週5日〕。

eさん：aにしたら、やらなきゃいけないという方が強いんだろうね。

aさん：〔ヘルパーの〕資格を持っているし、やらなきゃいけないと思っちゃう。資格もったいないとか言われる。そういうの言われると、やらなきゃいけないって思っちゃう。ヘルパーの資格があるのは、介護の就職面では楽だと思う。バイトとか落ちて、最終就職先は介護というのは考えていたけど。

bさん：羨ましいよ、そういうのがあって。これもダメ、あれもダメ、ってオレは最終目的地が見えてない。

aさん：資格取ったときの気持ちを思い出したい。介護施設でやるぞという気持ちだったけど、今はそこまでの意欲はないから。〔資格を取ったときの〕実習先〔の様子〕も影響していると思う。利用者に対して舌打ちをしているとか。

（2014年2月18日、ワンテーマ）

aさんは、スタッフにも「〔すぐに〕仕事しなよ、と言われるかもしれないと思ってた」とのちに話しており、この「休みながら考えたい」という表明はスタッフに向けたものでもあった。園のアルバイトは契約どおり1年で終了したが、その後も草むしりの手伝いに行ったり、相談に乗ってくれた先生たちに自身の状況を報告しに行ったりと関係をもち続けた。

ふたたび無業状態となったaさんは、スタッフCに介護施設の見学に一緒に行ってほしいと話した。この頃には、仕事の話をするのはスタッフB、施設見学やボランティアなどの実動を共にするのはスタッフCと、aさんのなかでもスタッフのなかでも役割分担がなされていた。介護職に興味をもっているメンバーがほかにもいたため、スタッフらは一緒に励ましながら刺激しあえたらよいと考え、複数人でいくつかの介護施設の見学をおこなった。施設見学では、aさんは施設長の話を熱心に聞き、顔を真っ赤にしながらもしっかり受け答えをしていた。また、同行したメンバーをフォローするようなふるまいも見せ、フリースペースに帰ると、施設見学の感想を他のメンバーやスタッフに報告することも多かった。

その後、施設見学を共にしたメンバーが働きはじめたことを知ると、aさんは「オレも働かないとな」と焦りはじめた。そして、以前見学に行った一つの介護施設にふたたび見学に行きたい、と緊張した面持ちでスタッフAに話した。[*9] スタッフAはその表情を決意の表れだと感じたという。その後、aさんは介護施設にボランティアとして入りはじめ、一月半ほどを経て、同施設でパート職員となり、徐々に勤務時間や日数を増やしていった。責任者から勤務を頼まれたり、「のちのち常勤〔職員〕になっていければいいね」といわれたりしたことを、うれしそうにフリースペースで報告していた。「〔仕事に〕行くときは緊張するし、声をかけられると何を頼まれるんだろうってビクビクしちゃう」と話しながらも、「仕事を楽しいって思えるようになりたい」「仕事ができるようになってこの人のことお願いねっていわれたり、頼られるようになりたい」と語っている。こうした状況をaさんは「順調」と表現し、家を出るという以前からの展望が近づいてきた感覚をもっているようだった。

2　生きようとするあり方の探究

以上、長くなったが事業とaさんの7年以上にわたるかかわりを見てきた。その間に、aさんは就学、就労、そして三度の無業を経験しているが、それらはaさんがどのように生きようとするなかで生じていたのだろうか。ここでも彼の生きようとする姿を探ってみたい。

人とかかわりたくない／かかわってもいい

aさんにとって小学校時代の病気による長期入院は、その後の人生を一変させた出来事として感じられているようだった。スポーツ少年で「モテた」自己像は解体された[*10]。小中学校ではいじめられ、高校では先輩に目をつけられ、仕事先では怒鳴られ殴られるといった出来事を重ねるなかで、ａさんは、自身の安全を保つためには人とかかわらずにじっとしておいたほうがいいと感じてきたのではないか。事業がかかわる前のａさんの無業状態は、他者の迫害から自分を守り生きぬくなかで生じていたと考えられる。[*11]

しかし、ケースワーカーから事業を紹介されると、彼はフリースペース活動に参加しはじめ、また、高校への再入学も果たす。こうした行動は、あまり人とかかわらないでおこうとする彼の生き方とは矛盾するものだ。にもかかわらず、事業に参加したり高校に行ったりしたのは、ケースワーカーやスタッフの提案を「断れなかった」からだ。[*12]人とかかわらないでいたいという生き方はそのまま保持されているため、見慣れぬメンバーや来訪者がいると部屋の隅で縮こまりかかわりを拒否したり、「高校に入るときは友だちなんていらないって思ってた」のだろう。

他方で、ケースワーカーやスタッフの提案を断れないまま、状況としては人とかかわる場が増えていった。フリースペースでは次第にスタッフと親しい関係を築き、自身のやりたいことを主張したり、楽しんだりするようになった。また、合同野球大会のときには、かかわりを全面的に拒否する初期とは異なる様子も見られた。高校では「中学以来の友だち」と遊んだり、部長を任されたり、「学校が楽しい」と思える出来事が積み重なっていった。このような出来事を経て、ａさんは徐々に、人とかかわることも悪くない、じっとしているだけでなく活動を広げてみても大丈夫かもしれない、やってみたら楽しいかもしれないというような感覚を得ていったのではないか。

それは、高校３年生になると、高校の友だちや先生に相談し、介護職にかかわる資格を取得したり施設見学に行ったりする積極的な行動にも表れている。以前の、人とかかわらずじっとしておこうという生き方では、こうした新しい場への参加はおこなわれにくい。当初は気乗りしなかったフリースペースへの参加や高校再入学のなかで、aさんは徐々に、人とかかわりながら生きるあり方を体感し、「介護一本でやっていきたい」という仕事への展望を形成していった。

立ち止まり、つくろい、揺れながら生きる

しかし、冬の企業説明会を機に仕事に関連する行動が止まる。スタッフには語られなかったが、のちの判定医とのおしゃべりのなかで、周囲のスーツ姿などの雰囲気に気後れして企業説明会をすぐに退出してきたことが語られていた。さらに、その後の合宿では「実際、現実を見ると、バイトもしたことないし、無理じゃないか」と話した。

スタッフC：いきなり介護の仕事に就くのは大変？
aさん：いざ働こうとなると厳しいかな。ろくに社会経験積んでないし。
スタッフC：バイトすると違う感じがする？
aさん：うん。自信がつくと思う。
スタッフB：働いた経験のあるbはどう？
bさん：社会に出たら出たで、すぐに〔自信は〕喪失するから。今、オレがその状態にある。

（略）

スタッフB：〔bの話を受けて〕そういう〔仕事での〕失敗がよくあって、自信をなくしていくのかな。
aはそういう経験はない？

aさん：15歳で大工をやったけど、2日で辞めてるから。

スタッフB：〔以前やっていた介護の〕ボランティアでそういう経験は？

aさん：お茶くみと、話すくらいだから、失敗はなかった。

スタッフB：すぐに介護で働くという感じではないなって思うのは、失敗するかもということを意識している？

aさん：うーん…〔間〕何を意識しているのかは考えてなかった。

スタッフC：漠然とは思っている感じ？

aさん：まだ考え中。明確になっていない。

スタッフA：そこがはっきりするといいよね。

スタッフC：不安なのかな？

aさん：いざバイトと思っても、不安でしょうがない。介護も自分にできるのかなという不安は大きい。働くとなると、折れそうというか……

（2012年3月5日、合宿）

以上からは、「介護一本でやっていきたい」としていたaさんの仕事への展望が一時停止していることがわかる。彼自身、「何を意識しているのか」はわからないが「不安でしょうがない」という。ある種の混乱状態に置かれていることがうかがえる。

そうしたなか、彼は「ろくにバイトの経験をしてないのに介護の仕事をするのは大変かなと思い、まずは普通のバイトをしようと考えています」と合宿後の作文に書くに至っている。これは、「介護一本でやっていきたい」というストーリーを生きてきたaさんが、自身でも理解できないままそのストーリーを生きられなくなった際に提示した、急場しのぎの展望だったようにも見える。それは、ふたたび無業状態になるにあたって、スタッフらに示すことを意識した「表向き」のものだったのではないだろうか。[*13]

そして、aさんはふたたび無業状態となった。以前はスタッフの提案を断れず高校に行くことを決めたaさんだったが、この時期には、就労研修の見学日に「バックレ」たり、就労研修に何度も誘うbさんに面と向かって「オレは行かない」と断ったりしている。「オレの好きなようにやらせてくれよって思う」とこぼした言葉には、スタッフに干渉される煩わしさとともに、aさん自身も何かに向かって取り組んでいる最中でありそれをわかってくれといった感情がうかがえる。このaさんが取り組んでいた事柄こそが、自分はどのように働き生きるのかを考え模索することではなかっただろうか。

aさんは介護の現場にボランティアに行ったり、行かなくなったり、といった動きを数か月繰り返した。それは、就労研修を勧めてくるbさんやスタッフの眼差しに対して、介護の仕事に就く動きを見せようとするためであり、建前的な行動でもあっただろう。彼自身も「とりあえず行けばいいやって感じで行っていた」とのちに語っている。

しかし、実際に現場に行ってみると、高齢者とのかかわりを楽しんだり、施設長から励まされたりといった出来事も生じた。建前としての自分を生きながらも、介護の現場での体験を重ねることで、結果的に「介護、自分にできるのかな」という不安を咀嚼していく過程が生み出されていった。介護の現場に少し足を踏み入れては戻る彼の言動は、介護の仕事に本当に向かっていくのか反芻する彼なりの歩みだったのかもしれない。このように捉えれば、ボランティアの継続や就労が周囲から期待されていると感じるや否や参加を中断する彼のあり方は、「まだそれくらいの気持ち」であり模索中であることをスタッフに表明するふるまいであったとも考えられる。

こうした彼の第二の無業期間は、自身の将来や仕事をめぐってどのように生きるのか、その生き方を探し、つくりだそうとする過程だったといえる。それは同じ無業状態であっても、自身を守るための撤退から生じた以前の無業とは、意味を大きく異にしている。

その後、aさんはスタッフの提案を受けて児童福祉園でのアルバイトを始めた。しかし、介護を仕事としてやっていくかどうかと考えていた彼からすれば、スタッフの提案はずれるものだっただろう。にもかかわらず引き受けたのは「頼まれたから。やるしかないなーと思った」からだという。この時期、「自分は別にいなくてもいいんじゃないか」と感じることが多くなっていたaさんは「役割がある、必要とされている感じ」を求めており、それに重なる部分があったのかもしれない。また、のちに「このままじゃいけないというのが〔不安を〕上回ったから」とも話している。「自分の中で何かを変えたい」という合宿作文での表明は、単なる表向きの建前とはいいきれず、彼のなかでそうした思いが醸成されてきたことを表してもいる。

新しい生き方を確かなものにしていく

実際にアルバイトを開始すると、ａさんにはふたたび新たな場での関係が生じた。家庭の事情を園の先生に親身に聞いてもらったり、仕事の相談に向き合ってもらったりする出来事を経て、徐々に人に相談しながらやっていける感覚を蓄えていった。

その後、満期でアルバイトを終えると三度目の無業状態になったが、この頃には、担当ケースワーカーに「すぐに働きな」といわれたことに対して、自分のペースでやりたいと自らの思いを明確に語る姿が見られている。また同時期、スタッフＢから障害者のガイドヘルパーの資格取得を勧められた際にも、ａさんは「オレは高齢者介護だったはずじゃ……」と応答し、自らのやっていこうとする思いとの違いを表明している。こうした言動は、ケースワーカーやスタッフの提案を断れないままに仕方なく高校に再入学した初期の無業時期や、就労研修の提案を断れず来所しないことで拒否を示した二度目の無業時期とは、まったく異なっている。この頃には、介護をやるのかどうか迷いを残しながらも、周囲に相談しながら自分のペースでやっていこうという感覚と自信を強くしていた。年度末の祝いの会[*14]で、「これからも応援してください」「助けてください」と自然に発言していたことにもその様子はうかがえた。

以上からは、ａさんが人とのかかわりをめぐる二つのストーリーの間を揺れ動いてきたことがわかるだろう。あまり人とかかわらないほうが安全に生きていけるというあり方と、人とかかわり、ときに助けられながら生きていこうとするあり方は、一方から他方へ変わるといった単純なプロセスではなく、双方が強まったり弱まったりすることを繰り返してきた。[*15]

その際、人とかかわりながら生きていこうとするあり方が強まり、安定したものとなっていったのは、そのように生きようとするaさんを認め、支える場や他者が増加したことが関係している。児童福祉園の先生が自分の話を「嫌な顔一つせず、聞いてくれた」出来事は、支援の場外の人に自身の思いが共有された体験として彼に大きなインパクトを与えた。それは、職場の同僚（あるいは上司や先輩）という関係性のなかでの承認・共有であり、支援という関係性のなかでおこなわれてきた承認・共有とは異なる意味あいを帯びる。こうして、彼の生き方を認め励ます他者が異なる関係のさまざまな場にまたがって存在するようになるなかで、aさんは人とかかわり頼りながら生きていこうとする自分を強めていった。

余談だが、研究期間終了後ほどなくして、aさんは同施設で正職員となり、その後一人暮らしを始めた。さらに、結婚を機に4年ほど働いた同施設から他の介護施設に転職している。その際、すでに事業との正式なかかわりはなくなっていたが、スタッフBに「不安だったからちょっと電話した」こともあったという。ここには、ときに助けられながら歩んでいくaさんの姿が見てとれる。

3　場を変える・増やすという実践

このようにaさんが生きようとするストーリーは変遷してきたが、支援実践がその変遷にさまざまなかたちで影響していることはすでに察しがつくだろう。そこで、ここからは実践面に焦点化し、検討をおこなっていく。これまで中高階層のひきこもりを対象におこなわれてきた支援論とも重ねながら考察をおこないたい。

まずは、第6章でも触れた、場の拡大にかかわる実践についてだ。

場の拡大の重要性

無業状態だったaさんは当初家で過ごすことが多かったが、その後はフリースペース、高校、児童福祉園、介護施設と、生活の場が徐々に移り、拡大していった。新しい場に参加しはじめるときは及び腰であったり不安でたまらなかったりするが、やがて友だちができたり信頼できる人に出会ったりと、その場のかかわりに大きく影響されていった。aさんは、園のアルバイト終了後、介護施設での就労が始まろうとしていた頃に次のようなことを語っている。

自信がついて次に行くんじゃない。自信がつくのは次の場所に行って、つけるんですよ。今も〔ボラ

ンティアをしている介護施設でのパートの〕仕事が決まったけど、自信もないしすごく不安だけど、そ
この自信はそこでつけるしかないなって。

（2014年8月1日）

この語りからは、自信をつけ、自らが変わってから新たな場に参画していくのではなく、その新しい場に参画するなかで自信をつけ変わっていくのだ、というaさんの実感がうかがえる。それは、気乗りせずに行った高校や児童福祉園が、やがて自身の重要な拠り所となった体験を経るなかで、彼がつくりあげてきた一つの真理だろう。いまやaさんは新たな場に飛び込んでみることの重要性を実感し、入ったその先でやってみようというストーリーを生きるようになっているのだ。

場の転換にかかわる本人の意思

しかし、aさんの上記の過程は、若者の生活に新たな場が位置づいていく際に本人の意思をどれほど重視すべきなのか、という問題を引き起こす。aさんに見てきたような事柄は、最初は気乗りしない部分をもとうとも、新たな場を獲得することが結果的に自信や新たな生き方に結びつくのだから、とにかく環境を変え、若者の生きる場を拡大・転換させることが大事だ、という主張に結びつきやすいからだ。

家庭訪問をおこない、その後宿泊型施設に入寮してもらう形態で中高階層のひきこもり支援をおこなってきた工藤定次は、こうした場の転換の重要性を意識している実践者の一人であり、先の主張に近い立場

に立つと思われる。工藤は、通所型では時間が限られるうえ、「そこに参加している間は社会と接しているが、家に帰ればまた同じ状況に引き戻されてしまう。その環境は、自分がひきこもっていたときと同じ家、同じ家族なのだ」と述べ、宿泊型支援の必要性に言及している（工藤ほか２００４：54）。ここからは、ひきこもり時代の家という場から異なる場へと、本人の生活環境を一変させることを重視している様子がうかがえる。

さらに工藤は、場を一変させるために強硬な姿勢を見せることもある。「絶対そんなところへは行かないぞ」と反発する若者に対して、期間内に自分で動けなかったら宿泊施設に行くという「約束は守ってもらうから」といい、本人の横まで行き「手をとる」などして入寮させることもあるという（同前：１３９）。あるいは、本を積み上げてバリケードをつくり、暴れたり、柱にしがみついて離れなかったりする若者を「抱えるようにして」車に乗せることもあるそうだ（同前：２２３）。

こうした背景には、「誰かが手を貸さなければ、脱却は無理」な人々がいるという確信と（同前：46）、その一つの方法として「引き出し」あるいは「誘い出し」があってよいだろうという考え、そして実際に場が変わりさえすれば「生き地獄」（工藤・スタジオポット１９９７：46）から若者たちが抜け出していくという、工藤の実践経験に基づく「支援論」がある。工藤は「ひきこもっているときの本人たちの言葉はその時点では嘘はないが本心とも言い難いといえる。本人たちの言っていることをすべて受け入れて、尊重していくことだけが解決方法とは言えない。その言葉の裏に隠された、本人が言葉では表現しきれない気持ちに気づき、ときには厳しさも愛情の一つとして、本人に踏ん切りをつけさせていく事が必要である」と述べ、そのやり方の正当性を主張している（工藤ほか２００４：１４２）。

こうした工藤のスタンスに対しては、「もっと早くに出られればよかった」という言葉を「本人たちの真実の言葉」と受け取り、「絶対そんなところへは行かないぞ」というような言葉はそう受け取らないという矛盾や恣意性が見られ、結局のところ工藤の主観によって若者の言葉の真偽が切り分けられていることに対する批判もある（石川良子２０１７）。また、「ひきこもり支援論」を展開する竹中哲夫は、自己決定を無視した家族や支援者の動きは「一時的によい影響を与え得ても長続きしない」ことが多いとし、「あまり気が進まない、自信がないけど拒否はしない」という「消極的自己決定（同意）を得る努力」が支援者には求められると述べている（竹中２０１０：１２０）。

以上からは、無業や孤立状態にある若者への支援において、当人にとって新しい場が増えることが重要だとしても、気乗りしない若者にどこまでその参加や変化を迫るのかということが実践上の一つの課題となることがわかる。本人の意思に基づいた選択が人権の観点からも原則であることは当然として（山本２００９、竹中２０１０）、実践に即してもう少し考えてみよう。

たとえば、工藤の支援においては無視される「絶対そんなところへは行かないぞ」という本人の拒否だが、これは重要な意味をもつこともある。事実、ａさんにとっての就労研修の拒否と、その後の無業状態は、どのように働き生きていくのか、介護職に本当に向かっていくのかを熟考する時間を彼に与えていた。*16また、これまでケースワーカーやスタッフの提案を断れず「仕方なく」提案に乗っていたａさんにとって、「行きたくない」という拒否は、初めての明確な自己主張であり、自己決定だともいえる。自分の思いを常に脇に置いてきた彼が、自らの意思をもとに行動しはじめた転機として捉えれば、この拒否こそが実は重要であったとすらいえる。拒否という行為には、その若者の意思や、当人の生きようとするあり方の一端が垣間見えることが少なくない。[*17] 工藤の実践は、こうした意味ある拒否を等閑視することにつながる。

また、そもそも若者が気乗りしなくても参加していく場合と、(ときに強く)拒否する場合は、いったい何が違うのだろうか。介護職への展望をもっていたaさんにとって、児童福祉園での用務員アルバイトはそれとずれるものだったが、一方で彼のなかには1年間の無業を経てどうにかしたい、何か役割がほしいという思いも醸成されており、それに重なるものとしてアルバイトの提案はあった。つまり、自らのもつ何らかの思いに多少なりとも重なっていたからこそ、不安であったり気乗りしなかったりしても、アルバイトに行くことを決めたのではないか。[*18] あるいは、フリースペースへの参加や介護ボランティアのように、ケースワーカーやスタッフを意識した建前としての行動が、新たな場への参加につながる場合もある。[*19] これらは竹中のいうところの「消極的自己決定」にあたる。

以上からは、若者が気乗りしなかったり迷ったりしながらも参加していくか、「絶対行かないぞ」という拒否になるかは、かれらの思いや生き方、あるいは表向きの行動などに多少なりとも重なるかたちでその場への参加が位置づくかどうかによる。工藤の家からの「引き出し」がこうした若者の思いや生き方を尊重し、それに重なるものを模索する視点をもった実践であったかは疑問が残るところだろう。

実践的直観の適不適を決めるのは誰か

ところで、若者が新しい場に参加していく際の転換には、機を逃さないスタッフの実践があることも多い。

「やる前からすごく自分の中で考えすぎちゃって、あー無理ってなっちゃう」というaさんに対し、スタッフBは児童福祉園のアルバイトをやるかどうか「今決めてほしい」と迫った。考える間がなかったことが、aさんがアルバイトに飛び込めた一因にあっただろう。それは、即決を求めるあり方がaさんには適しているだろうというスタッフBの実践的判断によっている。この即決の土台には、長きにわたって反芻を続けてきた日々があり、スタッフBの即決要求はそれを踏まえておこなわれた働きかけでもあった。

なお、工藤らのおこなっている訪問支援においても、いつもは閉まっている雨戸がわずかに空いて人の気配がしたことから「どうしても、今日会おう」と結論を下すなど、機を逃さないかかわりのあり方が示されている(工藤ほか2004：112)。ここが勝負どころだという実践者の直観だ。こうした直観が、実践を進めるうえで重要な役割を果たすことも実際には多い。

では、その直観の適不適は誰が決めるのだろうか。それは若者だ。スタッフが仕掛けた「勝負どころ」のかかわりに対し、拒否を示すのであれば、それは誤ったタイミングでの勝負だったということだ。その点では、スタッフBがaさんに「本当にボランティアやりたいの？これ〔他のメンバーのボランティア参加〕を機に自分も〔定期的に〕やろうと思わないの？」と問いかけたことも、勝負をしかけたかかわりの一つだったが、ａさんから無言という拒否を受け、その後は「怒られていると感じちゃう」と回収されていた。つまり、ここでのスタッフＢの実践はある種の「空振り」に終わっている。

しかし、誤ったタイミングであったことや「空振り」そのものは必ずしも悪いことともいえない。ａさんの拒否を通じた自己主張のように、拒否されることに意味のあるかかわりもあるからだ。重要なのは、拒否にあわないよう徹底することではなく、あるかかわりに対する若者の拒否をスタッフがどう受け止められるかということだろう。工藤の「支援論」において問題なのは、そうした若者側の応答――たとえば「絶対そんなところへは行かないぞ」という発言や、柱にしがみつくなどの行為――が受け止められ支援者側の省察につながっていないように思われる点だろう。若者の応答を等閑視して支援者の直観のみでかかわりの適不適の結論が下され行動されてはいないかが問われなければならない。この点は、ａさんの拒否はスタッフ側に十分に受け止められていたのだろうかという観点から後述したい。

4 「どのように生きるのか」を共につくる若者支援

次に、若者の生活に新たな場が位置づくことが、なぜ若者の生きるストーリーに影響を与えていくのか考えてみよう。

出来事が積み重なることの意味

まず、新たな場への参加は具体的な体験や出来事を生じさせる。aさんは高校への再入学を経て、友だちと遊んだり部活をしたりといった学校生活を獲得していった。また、フリースペースへの参加も、彼が病気によって諦めてきたスポーツや、不登校ゆえに未経験であったキャンプ・遠出などを体験する機会となった。

このように体験を重ねることの意味は、これまでにもさまざまに指摘されてきた。たとえば工藤定次は「ひきこもりでなかったら当然体験しているはずのことを経験していない」若者に対して、「社会的経験の穴」を埋め、「社会的成長を促してやる」ことが必要だとしている（工藤ほか２００４：54）。また他方では、何かに「夢中になる」時間そのものが、自責を繰り返してきたひきこもりの若者の自己モニタリングを消失させるとして、価値あるものとする見方もある（荻野２０１３）。無業や孤立状態のなかで、自らの欲求が減退していたような場合においては、「楽しい！」と感じられるような体験をおこなうことは、根源的な欲求や活力を取り戻すことにもなる（原２０１４ａ）。佐藤洋作は、若者たちの「充実した時間を取り戻したいという願い」や潜在的欲求に応えるという点での重要性を見出している（佐藤２０１２：２０９）。

一方、若者の生きようとするあり方に着目する本書の観点から考えてみると、体験は新たなストーリーをつくる可能性をひらくものとして位置づけられる。新たな体験や出来事が生じ、それに何らかの意味づけが加われば、そこに新しいストーリーが形成される可能性が生じる。[*20] 無業や孤立状態にあり、家を拠点とする生活のなかで新しい出来事がなかなか増えづらいとすれば、新たな場が位置づくことで生じる出来事や体験そのものがもつ意味は小さくない。

しかし、体験した事柄が必ずしも重要な体験として残り、意味づけられるとは限らない。私たちは日々無数の出来事を体験しているが、そのすべてを意味づけているわけではないからだ。では、新たな場での体験が意味づけられ、本人の生き方にかかわるかたちで糧となっていくプロセスとは何なのだろうか。

aさんの高校生活に注目すると、体験の積み重ねだけでなく、その表出も同時並行でおこなわれていた。aさんは高校在学中のフリースペースについて、学校で「こういう体験をしているんだ」ということを聞いてもらえる場であったとのちに話している。学校であったことをフリースペースで語ることで、自らの体験を再確認し、そこでの「よかったね」「いい人たちと巡り合えたね」といったスタッフからの応答が体験への意味づけを後押ししていた。また、長期的なかかわりのなかでスタッフが「前はこういうふうに言っていたよ」「変わったね」といった言葉やまなざしを向けることは、aさん自身が自らの変化を実感する機会となった。こうしたプロセスのなかで、彼は人とかかわって生きていくのも悪くないという感覚を強めていったのではないか。ここには、新たな場での体験を土台にしながら、その人が新たに生きようとするストーリーの形成を支え促すスタッフの実践がある。

思いや生き方を語る場をつくる

そこで、若者が自らの生きようとするストーリーを模索しつくっていく過程に、若者支援の実践がどのようにかかわっているのか、より具体的に見ていこう。ここでは、「ワンテーマ」と呼ばれる企画を中心に、メンバーのbさん（20代後半／男性）の事例を交えながら考察したい。

「ワンテーマ」は各自で自由にテーマを決め、話をする会だ。当時、部屋の隅で一人携帯電話を見て過ごすbさんなどの様子から、「若者一人ひとりの出番となる機会をつくれないだろうか」と考えたスタッフらがミーティングで提案し始まった。最初は「なんでも好きなこと、10分くらいでプレゼンしちゃおう、な会」ということでスタートし、スタッフやメンバー、ときにケースワーカーが自身の趣味について語ることが多かった。

数回を経たのち、ワンテーマの担当を打診されたbさんは、自ら「〔アニメの〕ガンダムで」とテーマを指定すると、当日その魅力について熱心に語った。ふだんは口数の少ないbさんが、何倍もの声量で生き生きと話す。他のメンバーやスタッフが勝手に盛り上がると「聞いてる？」とつっこむなど、それまで見られなかったメンバーらとのかかわりも見られた。

またあるとき、bさんはスタッフBとの面談で、労働現場の厳しさと、働かなくても生活できる現状に、就労することへの踏ん切りがつかないという思いを語った。かねてから、フリースペースで若者たちのもつ悩みを共有できないかと考えていたスタッフBは、他のメンバーとも課題を共有し深めていくことはできないだろうかとbさんに提案した。[*21] bさんがその場で合意したため、すぐに隣室にいたメンバー・スタッフらに共有され、一月後に迫ったキャンプでbさん発信のワンテーマ企画として取り上げられることが決まった。[*22]

キャンプのワンテーマでは、bさんは「二度の就職は、つらいこともあったがそれなりに充実した日々だった」といい、「半ニート生活は楽は楽だが何だか味気ない」と語った。aさんは途中眠そうにしていることもあったが、bさんの就労体験と重ねて、職場で暴力を受けた自身の体験などを話した。また、キャンプに参加したケースワーカーからは「生活保護を受けながら金銭管理しながらやっていくのも一つの自立なのではないか」という話も出た。

その後、ワンテーマ企画は趣味についての語りだけでなく、学校経験や就労経験など、自身の経験や思いを話す会としても位置づくようになっていった。それは、スタッフが就労研修の開始や学校卒業などの折に触れて、メンバーらに語ることを提案していったためでもある。次第に、メンバー側からも「今の状況について話したい」と要望があがるようになり、徐々に自己に関する事柄を語る機会としてワンテーマは根づいていった。

aさんは、当初話の途中で寝てしまったり、感想を求められると硬くなったりしていたが、高校生活をふりかえるワンテーマの終了後には「今までで一番自然体で話せた」といい、「オレもこういう話ができるとは思わなかった」と手ごたえを感じていた。さらに児童福祉園のアルバイト終了時には、自ら提案してワンテーマで今後について語った。

このように趣味から学校・就労体験まで、多様な位相の事柄を語り合い聞き取り合うワンテーマの取り組みは、若者が自らの生きるストーリーを確かめつくっていく際の一つの根拠地であったといえる。

「居場所」(フリースペース)についての理論的考察をおこなった住田正樹によれば、居場所には同じような境遇にあり「共感をもって傾聴し受容してくれる」仲間の存在というセルフ・ヘルプグループの機能と、「自己物語」の書き換えを促す臨床的介入の機能の二つがあるという。その機能によって、「否定的な自己イメージを積極的な、肯定的な自己イメージに転換して、自己可能性感覚を持つ」ことができるとした（住田２００４：１０２）。

図7-1　聞き取り合う場を中核にした　ストーリー化の実践

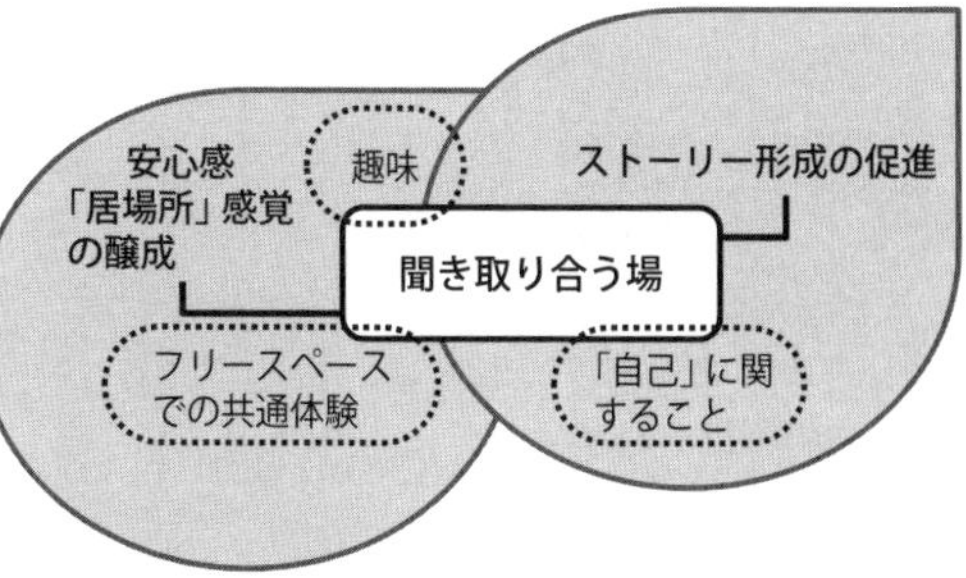

出所）原（2015）を修正

それに対して、荻野達史は「たとえ類似的経験を共有していようとも、彼らが「自己」に関わる事柄を語るようになるためには、さまざまな過程が必要とされている」とし、自助的機能から「自動的に」自由な語りが可能になるわけではないと住田に応答した（荻野２００７：10）。そして、ひきこもり経験者のフリースペースでは、「苦痛、当惑、屈辱になるような問題を会話にもちこまないよう」注意を払う「回避儀礼」（ゴッフマン２００２：66）が見られるとした。

この荻野の提起した課題を、本事業ではワンテーマ企画を通じて乗り越えようとしていたといえる。その構図は、図７－１のようになる。まず、フリースペースでおこなわれるさまざまな活動と体験は、語れることを増やしていく。共に体験した事柄やそれに付随する思いは話題にしやすく、共有されやすい。そのため、自身の内面や過去を語らずとも、他者と語り合うことが可能となる。また、若者たちには共通の趣味があることも多く、初期のワンテーマは趣味の話から始まっていた。このように些細な事柄を語り、それが聞き取られる過程を通じて、若者は安心感や「居場所」感覚を得ていく。そして、その安心感を土台に、次第に自己に関する事柄が語られるようになっていった。メンバーがスタッフに語った悩みを本人の同意を得てフリースペース全体で共有したり、節目で体験のふりかえりを要求したりといった働きかけをおこないながら、スタッフは徐々に若者が自らの思いを語り、語るなかでどのように生きようとするのか、そのストーリーをつくっていくプロセスを後押ししていたのだ。

若者支援の現場では、面談やカウンセリングなど、スタッフとの一対一の関係のなかで語りの作業がおこなわれる場合も少なくない。しかし、ここでは聞き取り合い語り合う場がフリースペースのなかに意識的につくりだされている。その利点は、自らの語りに対する共感や異なる視点を含めた反応を参加者全員から得られることだ。[*23]

bさんの例でいえば、その後、団体Zの飲食店での就労研修に行くかどうか迷っていた際に、親しくしていたcさんから「難しいと思っても、がんばってやらないといけないときもある」と励まされる場面があった。後日bさんは、フリースペースでみなが雑談している最中に「ちょっと話を聞いて」と自ら切り出した。そして、就労研修に参加することを決めたと報告した。これは、cさんはじめその場に参加するメンバー・スタッフみなに、自分の決心や選択を知ってもらいたいという思いの表れだろう。

また、bさんが研修を始めて数か月が経った頃には、冬の合宿のワンテーマで就労研修について話すことをスタッフが提案した。bさんは「正直戸惑った。語ることなんか何もないぞ……あったとしてもネガティブなネタしか……」と思ったと、のちの作文に書いている。しかし、当日はよく話し、次のようなやりとりがあった。

aさん：bはすごいなって思う。なんか働いているなって。実際働いている人に話聞く機会がないから、俺からしたらすごいなって。先輩だもん。

スタッフB：〔昨日話したことの記録を〕読んでみてどう？

bさん：〔自分が昨日語ったことに対して〕何言ってんだかって。こんなこと言える立場ではない。言えるのは、働く意識がある人だと思う。オレは働く意識とはなんか違うよなと。

スタッフA：十分あるように思うけど。

bさん：なんかこれに人生かけたり、情熱注いだりというのとは違う。仕事だからっていう。そこは割り切っている。そこが違うからどこかでタガが外れていって、結局〔仕事を〕辞めちゃう。

スタッフB：働き甲斐とかそういうこと？そういう意識をもって働きたいなと思うの？

bさん：思い、ます。働く意識はあった方がいいとは思います。

（略）

スタッフB：働く意識ってどうやったらもてるんだろう。〔介護職をめざしている〕aなんかは、働く意識がある感じ？

bさん：そう。目標がある。××〔研修先のメンバー〕もそう。働く上では、もう二度〔離職を〕経験しているんで、ただ仕事ができるだけじゃダメなんだって。どこかでやっぱりやる気がないのが相手にわかるんだと思う。
スタッフB：そういうのどうしていきたいと思う？課題だと思う？
bさん：すごく大きな課題だと思います。これじゃ仕事見つけられないじゃんっていう。
スタッフB：そこに今気づいてきた感じ。気づく過程っていうのは、自分の周りの人がいて、〔研修先やこういう場での〕ふりかえりがあってってていうなかでなんだよね。
bさん：それ〔働く意識・働き甲斐〕がなくても、何とかやっていける人間ではないんですよ。どっかで見透かされてしまうというか。本当にどこかでお前やる気あんのかって言われたら、はっきり言ってないですって答えてしまう……。まぁやる気はありますと言い繕うけど……。
スタッフB：真に自分が心から動いているかというところに疑問があるわけだ。
スタッフA：私はスタッフBをみて、働く意識ある人だなって。こんなに働いてよく頑張るなと思う。もちろん、私も仕事だって割り切ってやっているというわけじゃないけど、そんなにがーっともやっていない。なかには給料もらうためなんだろうなと思う人もいる。意識はどういうモチベーションでもいいんだけど、やることとやってくれって思うことはある。
bさん：〔前の職場は〕そういう職場じゃなかったんです。やることはやっているはずなんだけど、やっぱり返事が〔ない〕とかそういうこと〔が問題〕になってくる。

（2012年3月6日、合宿）

こうした合宿でのワンテーマを受け、後日bさんは作文に次のように書いた。

私は今就職に向けて研修しているが、仕事は仕事として割り切れているつもりなのだが逆に言うとそこまで情熱を傾けているわけではないので、他の人が指摘してくれる成長した点などをあまり実感できていない所がある。これは以前〔合宿前〕は作業に没頭しすぎて自分自身を含む周りが見えていなかったからだと思っていたが、合宿で語っているうちに仕事に対して恐怖というより高い理想をもっているということがわかった。私がいまいち就活に踏み切れない理由の一つはその理想に自分が追い付いていないから恐怖を感じているのだと思う。

（2012年冬、合宿作文集）

「語ることなんか何もない」と思っていたbさんは、スタッフからの促しのなかで就労研修という新たな場での体験を語り、またaさんの語りを聞きとるなかで、働く意識をもって働きたいという「理想」を自分がもっていることを発見している。このように、新たな気づきを得たり、言語化することで意識化したりする機会の積み重ねが、やがてそれぞれの体験への意味づけとそれを土台とした見通しの形成につながり、自分なりの生き方をつくりだしていくのだろう。ワンテーマ企画で、次第にメンバー自ら「今の状況について話したい」と声があがるようになったのは、対スタッフではなく、フリースペース参加者からの応答によって気づきを得たり、自らのストーリーが全体に共有・承認されたりすることが自身の支えになることを若者たちが実感していったからだろう。

共有する他者と場を外に広げる

さらに、若者たちの語りや生きようとするストーリーは、フリースペースの内部で共有されるだけではない。ａさんの場合も、支援以外の場の他者に共有されることが、新しい生き方を強く安定的なものにしていた。この点にかかわる実践について、ふたたびｂさんの事例で検討したい。

ｂさんは、先の表明を経て団体Ｚのおこなう就労研修に参加するようになった。初期は繰り返し研修先になじめないとスタッフにこぼしていたが、次第に他の研修メンバーとのかかわりが増え、週１日だった研修日も徐々に増えていった。

あるとき、メンバーのｃさんが、買ってきたハンバーガーをフリースペースで食べながら、近所の店はハンバーガーの具が「いっつもはみ出てるんすよ！」と怒っていた。すると、ｂさんが「そうは言うけど、やる方も大変なんだよ」とたしなめる場面があった。研修先の飲食店で自分も苦労しているからで、「自分で作ってみたらいい」とｂさんが応じた話の流れから、ｂさんの研修先でハンバーガーづくりのイベントができないだろうかと近くにいたスタッフＡ・Ｃが応答した。ｂさんは「俺の一存じゃわからない」と気後れした様子だったが、その後スタッフＢに話し、研修先と調整してもらうことになった。イベント当日は、研修先の一角を借り、ｂさんは用具を準備したり手本を見せたりと、ハンバーガーづくりを主導した。

さらに、数か月後には、ｂさんから「ＴＥＮと研修先の人たちで交流会をしたい」とミーティングで提案があった。[*24] 実現した交流会は、ｂさんがそれぞれのメンバーやスタッフを一人ずつ「ムードメーカー」などの言葉を添えながら紹介し、会を進行した。また、自らが生活保護を受給していることを研修メンバーに明かし、「そこから抜け出したい」という思いで研修に参加しはじめたと話した。自身にとっては、フリースペースと研修先の「どちらも根本は人とのつながり、そして未来への第一歩」になる場所だと話し、会は終わった。後日、フリースペースのメンバーからは「これほど頑張っているとは思わなかった」（ａさん）、「今まで見ていた彼とはまったく違うカッコイイ部分を見ることができました」（ｃさん）、「自分としても、人と人との橋渡し的な存在になりたい」（ｅさん）などの感想が寄せられた。

以上のエピソードからは、どのような出来事や経過のなかで、どのような思いで研修に参加しやっていこうとしているのかというｂさんのストーリーが、フリースペースだけでなく研修先のメンバーにも発信され共有されていく様子がうかがえる。また、フリースペースのメンバーやスタッフにとっても、フリースペース外の場で頑張るｂさんの様子は新鮮であり、彼のやっていこうとする思いを改めて感じる機会となった。これらは、ｂさんがかかわる二つの場を接触させるようなスタッフの実践が生み出したものだ。[*25]

ほかにも、若者の生きようとするストーリーを外の場や他者にも発信し広げていこうとする試みが多くおこなわれている。団体Ｚでの研修を終了したｂさんは、その後、中小企業での就労研修に参加することになった。その過程をｂさんは合宿の作文に次のように綴っている。

今回の合宿は、心が大きく揺れ動いている時期に行った。昨年〔の合宿〕は〔団体Zでの〕研修をはじめてすぐだったのが、今では一年経ち、それなりに動けるようになってきた。一年経てば当然次のステップという大きな壁が立ちはだかる。一か月くらい前、スタッフBさんから工場〔での研修〕を紹介された。団体Zでの研修を経て働くことへの抵抗感といったものはだんだん薄れつつあったが、やはり心の奥底には恐怖心があったが、最初から拒否するのではなく、折角つかんだチャンスなので行ってみようかと思った次第である。しかし働くという事に対する諸々を全て清算できるとは思えないし、やはり職場内で抱えた問題を解決する糸口も欲しいので、スタッフBさんと相談して会社に理解を求められるように話し合いを進めている最中の合宿だった。

前述の〝問題を解決する糸口〟というのはTENを指している。最初はなし崩しのように入ったTENだが、一人暮らしの私にとって人との関係を作れる場所であり、下手をすれば自宅より居心地がいい場所だったりする。

そのことを再確認できたのは、私が企画した〔と言っていいのか？〕TENと〔団体Zの〕研修先との交流会であった。それに際して、研修一年目を振り返る作文を書いたのだが、TENでの作文と違って自分の過去をかなり深く掘り下げる作文が必要だった。その中で私にとってTENはとても大切な場所だということを悟った。（後略）

（2012年冬、合宿作文集）

この後bさんはスタッフBとともに研修先の企業へ挨拶に行き、研修と並行してフリースペースにも参加し続けたい旨を社長に伝えた。すると、「拍子抜け」するくらい「あっけなく」「自分の思う通り」になったといい、フリースペース開所日以外の週4日研修に行くことが決まった。

以上は、bさんが自らの離職と孤立の体験を経て（第6章3も参照）、「家と会社の往復になる日々ではなく、仕事とは違う人とのつながりを持って」生きていきたいという思いを、スタッフBを仲介にしながら研修先にも発信・拡張していこうとするものだ。[*26]

aさんの場合も、支援外の場で自身の思いや悩みを共有されたことが大きなインパクトをもっていた。aさんが次第に保育に関心をもつようになった際には、それをスタッフBの同席のもとに園の職員に話し、保育にかかわらせてもらうようになった。また、「TEN以外で初めて」自身の家庭の事情なども聞いてもらえた。これらは、自らの生きようとするあり方を表現し、それを認められながら生きる場が、フリースペースの外にもあり、その場を広げていくことができるのだという感覚を若者に与える。実践は、支援の外の人々にも若者のストーリーを発信・共有するきっかけを積極的につくりだすことでそれを支えている。

なお、支援の場外を意識するという意味では、これまでにも多くの実践がなされてきた。たとえば、荻野達史は民間支援団体「わたげの会」での参与観察をおこなうなかで、学習サポートの場をフリースペースの「半外地」として差異化する実践に触れている。自由で流れに身を任せることを是とするフリースペースとはあえて異なって、学習サポートの場では遅刻などに対するルールの厳格化や「自分で決断」することが強調されているという。学習サポートの場は「社会的」といわれるものに近いスタンスをとることで、「全体としては「相補的」な仕組みを築く」ことが試行されているのだと荻野は指摘している（荻野2013：182）。

あるいは、滝口克典は、支援空間の「半外地」を多様につくりだす実践をおこなっている。山形市の「ぷらっとほーむ」では、誰でも参加可能なフリースペースが開設されており、そこで何らかの「困りごと」らしきものをスタッフが看取すると、「その問題に対処可能な資源を地域内から探し出し、その担い手たちとつながり、彼（女）らと協働で当該の「困りごと」について考えたり学んだりできる小規模な集まり」をフリースペースの周辺に新たに開いていくという（滝口2017：34）。これは、学習サポートという支援内部の一つの場を「半外地」として設定していく先の「わたげの会」に対し、支援の場を中核にさまざまなコミュニティを地域社会と協同して形成することで、「半外地」を新たにつくりだしていこうとする実践だといえる。フリースペース、すなわち支援の場内から、支援の場外へとつながっていくことに困難を感じる者にとっても、「自分のなじんだテーマで、しかも半分はフリースペースと地続きであるような場」である「半外地」は、参加の敷居を低くするとされる（同前：38）。

それらと比較すれば、本書で示してきた実践は、支援の一部の場を「半外地」とするのではなく（わたげの会）、また自分たちで地域社会をまきこんで新たな「半外地」を生み出すのでもなく（ぷらっとほーむ）、スタッフが橋渡しやつなぎをすることで、「外地」を「半外地」化していく取り組みといえるかもしれない。支援の場外にある新たな場を若者とつなぎながら、その場がかれらの生活世界に位置づき、自らのストーリーを共有する場や他者として位置づくように、その機会をつくったり支えたりすることが試みられている。それは若者にとって、「外地」だと思っていた場が「半外地」化していくことであり、自らの生きようとするあり方が支援の外でも共有されうることを発見していく過程だ。こうした実践が、若者たちの生きようとするストーリーの強度や安定感を増すことに寄与しているのだ。

5　スタッフの思いから生じる危うさ

ところで、以上のような若者の生きるストーリーに注目しその形成を支える実践は、危うさも内包している。最後に、この点について考察しておきたい。[*27]

スタッフの抱く成長物語の功罪

これまで見てきたように、スタッフは目の前の若者がどのように生きようとしているのかを探究し、その形成にかかわりながら実践をおこなっていた。こうしたスタッフ側がもつ若者についての見解は、実際にその若者が生きようとするストーリーと共鳴することもあれば、対立することもある。

たとえば、高校再入学を経てａさんが次第に学校生活になじみ、活動の範囲を広げたり自身でやれることを増やしていったりする姿を、スタッフは「成長したね」「変わったね」というかたちで意味づけ、ａさんに応答していた。それはａさんにも同様の意味づけをしていくことを促し、変わりつつある感覚を支え強めることに寄与してきた。

しかし、スタッフの見立てがいつもそのように相乗効果として働くとは限らない。高校卒業後、就労に強い抵抗感や不安感を表出しはじめたaさんに対し、スタッフ側は就労研修やボランティア体験などの選択肢を提示していった。そこには、気乗りせずとも新しい場に参加することでこれまでやってこられたのだから、今回も同様に新しい場とそこでの具体的な体験を経てうまくやっていくだろうという、スタッフ側のaさんについてのストーリーがある。そこでは、aさんの「不安でしょうがない」という思いはさほど焦点化されず、やってみれば大丈夫という捉え方で片づけられてしまう。

つまり、まず確認しておきたいのは、若者の生きようとするストーリーの形成を支える実践といった際、どのようなストーリーの形成を励ますのかには、支援者側の価値が大きく影響しているということだ。どのような体験に注目し、どのような意味づけを促すかは、支援者が若者にどのようなストーリーを形成していってほしいと願っているかによる。本書の事業では、若者の成長や変化に重きを置く、ある種の「成長物語」がスタッフらに形成されていた。

この成長物語は、それを若者と共有できている時点においては効果を示す。若者自身の感じている手ごたえや変化の感覚を後押しし、自信をつけ、新しいストーリーの形成を支え励ましていくだろう。他方で、見過ごせない弊害もある。

まず、スタッフの成長物語に重ならない若者の思いや体験は、スタッフから軽視され取りこぼされる可能性が高くなる。aさんの就労研修拒否の一件は、スタッフのもつ成長物語に乗らないがゆえに十分に目を向けられてこなかったａさんの思いが露呈した瞬間だった。スタッフの意向とは異なるだろうと感じる思いを若者から表出することはそもそも困難なことが多く、それがまた、スタッフの見解とは異なる若者の思いや体験が見過ごされるという悪循環につながっていく。*28

第6章で見たｃさんのその後は、典型的な例だ。フリースペースに定期参加するようになり、そこで挑戦と成長を核とする自分事のストーリーを形成していったｃさんは、その後も精力的にフリースペース活動に参加していた。さらに、友だちの誘いからアルバイトを始めることになると、「オレ前に進んでね？」と意気揚々と話してもいた。しかし、アルバイトを始めると、客や同僚からの叱責が重なり、次第に人からどう思われているのか気になるようになっていった。フリースペースでの活動を通じて形成されてきた挑戦し成長するストーリーが、アルバイト先で自分のできなさを強く感じる体験のなかで、徐々に後退していったようにも見える。その後、彼はアルバイトに備えるためフリースペースの来所を減らすと宣言し、そのままフリースペース活動からフェードアウトしていった。

以上からわかるのは、フリースペースで紡いできた挑戦と成長のストーリーがアルバイト体験によって一部瓦解していった際に、そのストーリーから外れる自分をフリースペースで出すことが難しかったということだ。スタッフとともにフリースペースで成長物語を共有していたことは、それに基づき挑戦する自己を生きられた一方で、そのあり方が立ち行かなくなると、そうした姿を見せることが難しくなりフリースペースからの撤退を余儀なくされることにもつながっている。

さらに、ｃさんの様子からは、スタッフのもつ成長物語に共鳴するあまり、若者自身がそれを積極的に、ときに無理して生きようとする可能性も指摘できる。もちろん、それによって成長する自己を感じ、何事かを成し遂げていくような過程もあるが、一生懸命スタッフの物語に乗り続けるのは息苦しいといった状況も生じうる。成長や変容に重きを置くあり方は、今このままであることをよしとしない見方にも通じているからだ。cさんが新たに形成していった成長と挑戦のストーリーは、スタッフの期待を内面化し強化するなかで、すでにアルバイト以前から、ありのままの彼を許さないかたちで負荷をかけていたのかもしれない。スタッフのもつ成長物語は、それとは異なる思いや体験の発生に鈍感なまま、若者にそれを押しつけ息苦しくさせることにもつながる危うさをもっている。

成長物語の問いなおしへの道

さらに、本書の実践でいえば、スタッフのもつ成長物語のもっとも大きな問題は、それが事業の場を強く方向づけ、変わらないまま提示され続けていることだろう。

aさんの場合、成長物語に乗らない彼の思いは、就労研修を「バックレる」という行動をもって明確に示されている。しかし、その後もスタッフはボランティアやアルバイトなどさまざまな提案をしていった。ここからは、aさんの再三の拒否にあいながらも、スタッフはなお新しい場での新しい体験を経て成長していくストーリーを手放していないともいえる。ここでは、新しい場への参画が必要だという前提は崩れない。

こうした状況下で問題化されるのは若者側のふるまいであることが多い。端的にいえば、新しい場に参画していけないことが問題視される。そして、スタッフ側のもつ前提や、成長物語の是非は不問にされてしまう。しかし、それが若者の特定の思いを軽視・排除したり、ときに関係の断絶につながったりするのならば、そのままにしておくことは実践の行き詰まりに通じる。とすれば、スタッフのもつ成長物語自体も問いなおされる機会をもたなければならないのではないか。

その契機こそが、スタッフのもつストーリーに重ならない若者の思いや体験が現れ出るときだ。高校卒業後に無業状態となったaさんが、スタッフの就労研修の提案を拒否し、フリースペースに来なくなったときのスタッフのやりとりを参照したい。

スタッフA：スタッフBや私にはどうしても格好つけてしまうから、スタッフCが〔連絡が途絶えているaさんに〕話を聞く方がまだいいんじゃないか。

スタッフB：スタッフCが話を聞くというのはいいし、「今はきつい」というのを受け止めるというのはいいんだけど。その上で「そういうきつさを含めてやっていこう」と言って背中を押してあげるのか、「今はそういうの〔就労に向けた動き〕きついんだね」でそのまま過ごしていくのか、って話になるよね。

スタッフA：私は現時点では「今はきついんだね」っていうところなんだろうなと思った。

スタッフB：それならそれでいいんだけど、その上でどういう時期にしていくのかを明確にしてあげないとaもきついだろうし、〔TENが〕そういう場になっていってしまうんじゃないか。

スタッフC：私の最近のもやもやとして聞いてほしい。家が大変だったり、学校に居場所がなかったりするときに、かれらがほっとできる場所としてTENはあると思う。かれらにとっての「居場所」っていう面があるにもかかわらず、今のaにとっては「何かしなきゃ」っていう気持ちをさらに追い詰めるというか、プレッシャーを与える場になってしまっている。だから来づらくなって、引っ込んじゃっている。彼だけの問題というよりは、この場の問題として、「次の進路や、社会に出る一歩を応援するよ」という時に、プレッシャーを与えるような場になってしまうという面があって、かれらの安心できる居場所という側面との矛盾がおこっているのではないか。弱音を吐けない、安心できないというか。そこをどう考えたらいいのか、最近わからなくなっている。

スタッフB：この場は、基本的には行きつ戻りつできて、いつでも戻ってこられるということだと思うんだけど。aには、それを自分の問題というよりも〔TENの他のメンバーにも〕ひらいていってほしいなと思う。それを今年のキャンプの〔ワンテーマの〕テーマにしたらいいんじゃない。

スタッフA：aがキャンプに来るのかなという気がしている。

スタッフC：〔TENにも来なくなっている〕今のaの感じから、キャンプのテーマにするっていうふうに一気になるかな。それはそれで、aはきついんじゃないかな。

スタッフB：そこは頑張ってもらおうよ。

（2012年7月3日、スタッフミーティング）

以上のやり取りからは、かねてからスタッフが形成してきた、新しい場と体験のなかで不安を超えて成長していくａさんについての成長物語の是非が、スタッフの間で議論されていることがわかる。スタッフＢはそのストーリーを強め励ます方向からかかわっていく選択肢を提示し、他方でスタッフＣはそのストーリーに乗らない自分を出せなくなっている状況を疑問視している。こうした議論のなかで、スタッフ側のもつ成長物語が検討の俎上に載せられ、問いなおされていく過程が生まれる可能性がある。

また、このようなスタッフの見方・捉え方の異質性・競合状態は、若者の生きるストーリーを固定的に捉えるのではなく、それぞれの見方を寄り合わせながらその時々でスタッフ全体として捉えなおしていくことにもつながる。先にも見てきたように、若者は一つのストーリーを生きているわけではない。スタッフが同質化せず、それぞれの思いやバックグラウンドを大事にし多様であること、またその多様性がそれぞれに尊重され対等に議論されるような関係性と体制があることが、若者の生きるストーリーを多層的に捉え、また捉えなおしつづける際に不可欠だろう。ａさんの場合も、スタッフのつくる成長物語に乗らないａさんと、その一方で「自分の中で何かを変えたい」ａさんがおり、後者に注目するスタッフがいたからこそ、それに重なるアルバイト提案がなされていった面もある。

実践とは何らかの意図的かかわりであり、そこに実践者の願いや価値が介在することは不可避でもある。だからこそ、支援者は、自身の願いや価値が、若者の生きようとするストーリーを見過ごし、ときに軽視するものになりうることを自覚し、協同でその弊害を乗り越えていく支援者集団をもたなければならないのではないだろうか。

〔注〕

＊1　本研究期間以前からaさんのフリースペース参加は始まっているため、前半の一部は他のスタッフからの情報等に基づいている。

＊2　小学校時代の友だちとは時折会うこともあったといい、完全に他者関係がなかったわけではないようだ。

＊3　研究期間にはすでに異動となっていたスタッフからの勧めであった。研究期間外のため詳細はわからないが、このことについてスタッフAは「わりと唐突に高校進学の話が出てきた感じ」だったとふりかえっている。

＊4　団体Zが所有する農場を利用し、秋には芋ほり、冬には味噌づくりなどのイベントをおこなっていた。それを経て、農場の古民家に1泊する合宿もこの1年前からおこなわれるようになっていた。

＊5　これは団体Zが中高生の学習支援や不登校の子どもたちとのかかわりのなかで、長年、思いを語り合ったり作文を書いたりする実践をおこなってきたことをベースにしている。スタッフB自身、団体Zを中高生時代に利用していた一人でもあった。

＊6　この時期、毎回フリースペース活動に参加し、合宿への参加を表明していたのは、aさんbさんの二人だけだった。

＊7　急増するピアスの穴は、行き場のない思いを自らに向けたもののようにも思え、一種の自傷行為のようにスタッフには見えていた。

＊8　aさんにとってピアスを外したり襟シャツを着たりすることは、自身を偽っているような感覚があったのかもしれない。〝きちんとした〟身なりは彼にとっては鎧であり、そういう自分でないと受け入れてもらえないという感覚や、他方で素の自分を受け入れてほしいという欲求があったようにも思われる。若者たちの言葉にならない思いは、このような行動を通じて体現されることもある。

＊9　多くの介護施設見学はスタッフCと共におこなっていたが、aさんの自宅近くにあるこの介護施設だけはスタ

ッフAと見学に行っていたことから、スタッフAが施設との窓口になっていた。

＊10　愛情・依存の対象を失うことによって引き起こされる「悲哀」の心理過程について述べた小此木啓吾は、対象喪失の形態の一つに「身体的自己の喪失」をあげている。「自己のもっとも大切な所有物でありながら、もっとも深い愛情の対象であり、それなしでは生きられぬ依存の対象」である身体の傷つきや一部喪失は、ハンディキャップを克服して人生に適応していく努力の一方で、悲しみやうらみなどの喪失反応の心理や「人生のさまざまな欲望や目標追求の断念」を引き起こすという（小此木１９７９：32）。病気でスポーツができなくなり、薬の副作用による身体的特徴からいじめられるようになったことで、ａさんは、それまで築いてきた自己イメージや学校での自身の立ち位置を揺るがされ解体されるような喪失感を経験したのかもしれない。

＊11　研究期間外であり、当時の情報量の少なさから考察することは難しいが、この頃のａさんがｃさん同様、家族内役割を核に生きようとしていた可能性も否定できない。生活保護の申請や母の入院手続きなどは姉と本人がおこなっており、この時期ａさんは母の入院先にも頻繁に足を運んでいた。父が「頼りにならない」「何もしない」と話していたこともある。

＊12　高校に行きたくないという気持ちを当時は言葉に出さなかったが、スタッフには「行きたくないということも見抜かれてると思ってた」とのちに語っている。そういうことを「わかってくれてる」というある種の安心感のようなものもあったという。

＊13　ＮＩでは、自らの生きようとするストーリーが他のものと衝突する恐れのあるときに、真正面からの衝突を避けるために「表向きのストーリー cover stories」が語られたり生きられたりすることがあるとされる（クランディニンほか２０１１）。ここでのａさんの様子もそれと重ねて考えることができるだろう。なお、ストーリーとは複数の出来事を時間軸上に並べ、それに関係や意味を示す筋立てが付加されたものとする本書の定義に従えば、このときのａさんは、「不安でしょうがない」現状に至った出来事を整理して並べ意味づけることができなくな

っているとも捉えられ、その点では、ストーリーが形成できなくなっている状態と見ることもできる。ここでは、合宿で語るなかでなんとか彼自身が、これまでのストーリーを踏まえながら異なるストーリーをつくりだそうとしている側面に注目し、急場しのぎのストーリー／表向きのストーリーとして捉えた。

＊14　年度末にフリースペースでおこなっている会。高校卒業などを祝う会として始まったが、その後も「節目」を感じられる機会になるのではないかと続けられた。

＊15　ＮＩでは、自身の支えとするストーリーは変更可能性にひらかれているとし、語りなおし生きなおすことによってストーリーを変更することを「再ストーリー化」と呼んでいる（クランディニンほか２０１１）。教育学者の田中昌弥は再ストーリー化について「現実や他のストーリーと新しい関係を結ぶストーリーが再構成できれば、人生の可能性を広げ、豊かにすることにもつながるが、出会った現実やストーリーと自分のストーリーとの差異が大きな場合は困難も生じる」と述べる（田中昌弥２０１１ｂ：83）。たとえば、高校卒業前にａさんの生きようとするストーリーがいったん停止したかに見える様子は、再ストーリー化の困難に直面していたともいえるだろう。しかし、その過程でなんとかつくりだした「表向きのストーリー」は、新たな場への参画につながり、そこでの出来事を増やし、次の新たなストーリーへと接続していった。ａさんの過程は、自らの生きるストーリーの再ストーリー化を連続的におこなっている様子として捉えられるだろう。

＊16　ただし、それが熟考の期間となったのは、その後「表向きのストーリー」を生きるなかで、介護の現場に足を踏み入れては戻る参画をあわせておこなっていたからでもある。

＊17　スタッフの提案に乗らない、何かに参加しないといった一見否定的に見える若者の行動は、かれらの主体性や能動性の発露としてもっとも初期に体現されるものだともいえる。「嫌だって言えるようになったことが、自分としては、初めて主体的に動けたこと」だったというひきこもりの若者の言葉もある（原２０１２：１８３）。

＊18　逆に、高卒後すぐの就労研修の提案は、どのように生きていくかが見えなくなり右往左往している最中のａさ

んにとっては、まったく自らの思いと重なるところのない提案だったといえ、「バックレる」という拒否にあっている。

＊19　中村（2005）では、「仕方ないから動いた」という口実を与えることによって外出へとつなげていく実践が言及されている。

＊20　もちろん、これまでの体験や出来事への意味づけを変えることによって異なるストーリーを見出していくことも可能だが、従来の意味づけを変えるきっかけが必要になる。

＊21　この頃スタッフの間では、「フリースペースをどのような場とするのか」という議論が持ち上がっており、イベントや遊びに終始するのではなく、その活動に意味づけをしていく必要があるのではないかという意見がスタッフBから示されていた。そのため、スタッフBは、就職活動に取り組んでいるメンバーにフリースペースでの報告を求めたり、他のメンバーにも話をふったりしながら、全体で話をすることを試みていた。しかし、話がすぐ途切れたり、応答に戸惑う反応が見られたりすることも多かった。

＊22　通常であればミーティングで話し合われ決定される事柄だが、この頃フリースペースの参加人数は少なくほぼ固定メンバーであったため、このようにミーティング外で決められることもあった。

＊23　また、初期は語ることを苦手としていたaさんが、その後自己にかかわる事柄を積極的に語るようになっていったように、他のメンバー（たとえばbさん）の自己語りによって自らの語りが後押しされていくような作用も考えられる。

＊24　この時期、メンバーのaさんは就労研修を拒否して無業状態にあった。bさんとしてはaさんにも就労研修に参加してもらいたいという思いがあったようで、そのことも交流会の提案につながっていた。

＊25　ある特定のメンバーがかかわる場とフリースペースが交流していく機会はそれほど多いわけではないが、フリースペースのイベントとして異なる場に参加・交流していくようなことはよくおこなわれていた。他の団体の活

動に参加したり、他のフリースペースの人たちと野球大会・運動会・フットサル大会・BBQなどをおこなったりしたこともあった。

＊26　ただし、bさんの場合、仕事の合間であったことなどから十分に話を聞き取られないまま、「あっけなく」要望だけが受け入れられた感覚もあったようだった。その点では研修先にbさんの思いや経緯が十分に共有された感覚を本人がもてたとは言い難い。

＊27　これは、NIでいうところのストーリー同士の影響やダイナミズムにかかわるものだ。NIの提唱者であるクランディニンらは、学校に入って子どもたちのストーリーを探究するにあたって、「子どもたち、家族、教師たち、管理職たち、そしてわたしたちのストーリー化された人生が互いに衝突するときや、制度的、社会的、文化的ストーリーと衝突するときに生じる緊張関係」に注目している（クランディニンほか2011：60）。つまり、子どもたちの生きるストーリーは他の人々がもつ／生きるストーリーや、その場を支配するストーリーと無関係に生じているわけではなく、それらとの影響・関連のなかで見ることが重要になる。本節の内容も、こうしたNIの考えに一部依拠して展開されている。

＊28　非対等性の関係に陥りやすい支援－被支援という一般状況だけでなく、本書のこの実践自体がスタッフと若者の間で対等な関係を志向できていたかは、別途問われなければならないだろう。aさんがスタッフの提案に対し「断ってもいい」という発想すらもっていなかったのは、それまで形成されてきた両者の関係を再度問いなおす必要性を示唆している。

終　章

本書は、若者の無業や孤立に社会的な関心が集まり、その支援が政策的にも大きく展開されるなかで、見過ごされ、放置され続けてきた人々がいるのではないかという問題提起から始まったものだった。最後に、これまで示してきたことを総括しながら、ひきこもり・若者支援領域にいくつかの論点を提起したい。

1　不可視化されてきた人々への注目を

本書の第一の主張は、低階層で無業・孤立状態にある人々が存在すること、にもかかわらず、ほとんど誰もかれらに関心を寄せてこなかったということだ。普遍的権利保障としての公的福祉制度が未整備な日本では、企業に包摂されない若者は家族という私的領域に囲い込まれがちで、その状況はただでさえ社会問題として認識されづらい。そのうえ、日本で2000年代以降に展開された若者政策は、支援が必要だと自分から声をあげる人に対応する、いわば「要求応答型」の支援だった。そのため、本人や家族が自ら支援を求める何らかの行動をしない限り支援の対象とはならず、社会から不可視のまま放置される人々が生じた。その典型が、本書で注目してきた低階層孤立者だったというわけだ。

不可視のままとしないために

問題は、生活が企業の賃金と福利厚生に極度に依存し、そこから外れたら生きていくことすら困難になる構造だ。さらに、家族の扶養や、稼働年齢層として働くことが想定されやすい若者は、不十分な社会福祉法制度の対象からさえ除外されてきた。

いうまでもなく、生存権の保障という点から失業給付や公的扶助の整備が不可欠だ。そして、そのまっとうな整備は、これまで社会から「見えない存在」となってきた人々を可視化していくうえでも重要な足場になる。本書の事業は生活保護制度を基盤に低階層孤立者の〈存在認知〉をおこなっていたが、生活保護のきわめて低い捕捉率を考えれば、貧困世帯で無業・孤立状態にある若者の存在は、事業の外にも広がっている可能性が高い。

また福祉制度の拡充は重要で不可欠だが、こうした制度整備と並行して、今後ひきこもり・若者支援領域が低階層の若者への関心を高めていくことが必要だ。[*1] 現在でも、医療機関はもちろん、民間支援団体においても有料でおこなわれている支援は少なくなく、アクセスには事実上の制限がある。これまでの支援体制のなかで見過ごされてきた低階層の人々が存在することへの認識を、政策上も、実践上も、強めていかなければならない。

なお、本書では取り上げることができなかったが、女性への注目も重要だ。金井淑子は、若者問題が社会問題化するなかで「かえって女性の「若者問題」、「若い女性」の自立の困難や格差社会の進展や女性の貧困化の問題が不可視化されているのではないか」とした（金井２０１１：98）。杉田真衣も「ノンエリートの女性が生きてきた文脈は、ノンエリート男性以上に注目を集めてこなかった」としている（杉田２０１５：13）。生きづらさに悩む若いシングル女性への支援をおこなう植野ルナは、彼女らが「生活上の困難な体験を重層的・継続的に経験」しており、「働くことを期待されていない。一方で、家族から家事・介護などのケア役割・「娘」役割の担い手としてあてにされている」状況を指摘している（植野２０１５：12）。

本書の事業では、長期欠席および半年以上の無業を経験した83名の男女比は、おおよそ６：４だった。具体的なケースとしては男性しか描くことができなかったが、低階層孤立者は女性にも広く存在している。にもかかわらず、多くの若者支援機関では男性の利用者が多く、本書の事業においてもフリースペースなどの活動に参加する者は男性が多い傾向にあった。[*2] ここからは、女性は男性に比してさらに支援機関とつながることが少なく、不可視化されやすい人々だともいえる。本書で可視化した人々は一部にすぎず、いまだ社会的に「見えない存在」となっている若者たちへの視野を広げていく必要があるだろう。[*3]

2　自ら支援を求めない人への支援はなぜ必要か

本書のもう一つの主張は、このように不可視化されてきた低階層孤立者に対する支援が必要だ、ということだ。そして「要求応答型」支援が拡大するなかで、自ら支援を求める行動をしない（ことの多い）低階層孤立者が放置されてきたことを踏まえ、そのような体制そのものを問いなおす必要があるという立場に立つ。

しかしそれは同時に、本人の同意や意思を軽視し干渉していく、パターナリスティックな介入の横行にもつながる危険性をもつ。この危うさに対峙しながら、自ら支援を求めない人への支援の必要性をどのように示せるか、次に検討してみたい。

かかわることは知ろうとすること

そもそも、本書がこれまで不可視化されてきた低階層孤立者の存在と経験の一端を曲がりなりにも描き出せているとすれば、それはかれらにかかわる実践に端を発している。本人や家族が支援機関に来所するのを待つのではなく、支援機関側から若者たちを探し出しかかわっていく「支援機関アプローチ型」の実践が、これまで声をあげず「見えない存在」としてあり続けてきた低階層で無業・孤立状態にある人々にアクセスし、その存在と経験を明らかにすることを可能としたのだ。

もちろん、低階層で無業状態にある人々の存在は、これまでも貧困研究などで細々と指摘されてきた。あるいは、生活保護制度上でいえば、担当するケースワーカーはその存在を認識しているはずだ。こうした意味で、低階層で無業状態にある人々はまったく不可視な存在だったわけではないともいえる。

しかし、かれらがどのように生活し、何を考え、思い、経験しているのかという実態部分は、これまでほとんど可視化されてこなかった。とりわけ、自宅にこもりがちな低階層孤立者は、非行傾向のある無業の若者に注目が集まりがちななかで、まったく言及されてこなかった。[*4]

他方で、「支援機関アプローチ型」の実践では、低階層孤立者がどのように生きようとしているのかということを探究し、それが見えてくる過程がある。当初「困り感がない」ように見え、どう支援したらいいのか私が戸惑ったcさんは、兄として家族を支え生きていこうとするなかで結果的に無業へと至っていた。従来のひきこもり論で展開されてきた、誰よりも本人が現状に悩み苦しんでいるのだという、葛藤を前提とした見方では捉えられない、これまで不可視化されてきた低階層孤立者の無業・孤立の経験が可視化されたといえる。[*5]

つまり、かれらとかかわることは、かれらのことを知っていくプロセスであり、それは同時に、不可視化されてきた人々の存在や経験を社会的に位置づけ可視化していくことでもある。逆に、かかわりをもとうとする取り組みがなければ、低階層孤立者の存在と経験は、これまでと同様に誰にも見向きもされないままとなるだろう。

ホームレス支援に携わってきた奥田知志は、ホームレスの人々のことを「無告の民」と表現した。

彼らは無縁であるがゆえに「無告の民」でもある。「無告の民」とは「自らの苦しみや痛みを告げ訴えるところの無い人」である。その人が生きた歴史と叫びとは誰にも顧みられることはない。彼らを忘れることなど誰にもできない。なぜなら誰も彼らのことなど知らないからだ。

（奥田２００６：56）

自らの思いや経験を訴える機会や他者をもたず、それを知ろうとする人々もいなければ、かれらの存在や経験は誰にも顧みられることなく、社会的には存在しないものとして扱われる。かれらが声を発せるような相手、すなわちかれらに関心をもちかかわりをもとうとする他者が不在であることこそが問われなければならないのではないか。自ら支援を求めない人々へのかかわりは、かれらを「無告の民」のまま放置しない社会の責任として、かれらを知り、かれらにとって声を発せられる他者となっていく過程として、必要なのだ。かかわっていくことの神髄は「関心をもつこと」だともいえる。[*6]

選択可能性を保障する

また、かかわることは、若者の選択可能性を保障することにも通じている。

人は変わりうる。たとえ当初は必要としていなかったものでも、関係が形成されたり、状況が変わったりするなかで必要になることもある。当初事業とかかわる必要性をさほど感じていなかったように見えたcさんが、のちに「ＴＥＮ〔フリースペースの愛称〕がないと今のオレは困ります！」と話していたのはその典型だ。本人のニーズ表明に基づかないかかわりは、スタッフからの一方向的なものになることも多いが、そのかかわりは選択の余地を残し、いつかのタイミングで新たなニーズの形成とそれを満たす可能性にもひらかれている。

また、そのかかわりによって、本人が新しい生き方を見出し、生きていくこともある。cさんは、幼い頃から母を精神的に支え、長男・兄としての役割を負うなかで家族を支えてきた。家を拠点にした生活のなかで、それ以外の生き方が本人に認識されづらくなっていたとすれば、他の生き方もありうることを感じられる機会が保障されることに意味があるだろう。[*7] 自身の身を守るために人との関係を絶っていたaさんにしても、安心して人とかかわりながら生きていけるあり方を体感できる機会は必要だ。

そのうえで、どのような生き方を選び歩んでいくかは、もちろん本人次第だ。ただし、選び取ることは複数の選択肢があって初めて可能になるのであり、限定的な生活のなかでそれをもちづらい状況にあるのならば、本人が別の道を選び取ることもできる環境が保障されていなければならない。それは、岡部卓が福祉の論理から支援の必要性を示し、「それぞれの「生の可能性」を伸ばす」と述べたことに通じている（岡部卓2018：255、第3章3参照）。かかわりは、若者が選択できる余地を拡大し、必要に応じて選び取っていく機会や可能性を保障するという意味で必要なのだ。

かかわりに乗らない自由

とはいえ、若者側からすると、望んでもいないのに干渉されるのは煩わしいと感じられることも多い。そもそも、無業状態にある若者を対象とする事業体制自体が、当人の無業状態を問題視し、それを改善・解消すべきという前提に立ったものではないかという批判もありうるだろうし、実践が暴力性を帯びるリスクも免れない。

そこで、支援者からの一方向的なかかわりが当人の選択可能性を保障するものとしてありながら、同時に暴力性を回避するためには、若者がかかわりに乗らない自由（権利）をもつことが重要になる。関心をよせる他者からのかかわりはあるけれども、そのかかわりにどう応じるかは若者次第ということだ。たとえ若者がかかわりを拒否したとしても、それは（そのとき）選ばなかった結果であり、初めからかかわりや選択肢がないこととはまったく異なる。

本書で取り上げた事業でも、対象者としてあがった若者へのかかわりの有無や頻度は個々人によって大きく異なっていた。事業対象者のうち、長期欠席者および半年以上の無業経験をもつ83名について、そのかかわりの度合いを整理すると、表終−1のようになった。[*8] 対象者として名前があがりながらも「一度も会っていない」若者、また「数回は会った」もののその後継続した関係がもてない（もてなかった）若者が、それぞれ3割弱いる。つまり、「定期的・継続的な関係がある／あった」人は全体の半数に満たない。

表終−1　事業対象者とのかかわり頻度

一度も会っていない	23名
数回は会った	22名
定期的・継続的な関係がある／あった	38名
	83名

継続的な関係に至っている割合が少ないことに対し、事業としての仕様や成果を疑問視する声もあるかもしれない。もちろん、事業対象者との継続的・相互的な関係を発展させていく実践的努力は必要だ。しかし、本人の求めを前提とせず、支援者側からかかわっていくことでかれらの選択可能性を保障しようという必要性からすれば、これでいいのだと言い切ることが必要だ。ここで「定期的・継続的な関係がある」ことがよしとされ、その割合を増やしていくことが目的化してしまえば、若者がかかわりを拒否する

自由を奪い狭め、強制性を強めていく道しか残されていない。若者がかかわりに乗ってこない場合には、訪問の頻度を下げたり、事業通信を投函するだけにとどめたりと、負担の少ないかかわりに変更し、関心をよせ続けながらも、支援者側の行為に乗らない自由を認め守っていくことが重要だ。

かかわりを広げていく視点

他方で、誰と定期的・継続的な関係を築きづらいのかということは別途問われる必要がある。かかわりを拒否するのは若者の権利だが、それを言い訳に支援者側の実践の質が顧みられなければ、そのかかわりは建前になり下がり、かれらの選択可能性を保障するものではなくなるからだ。

本書の事業の場合、特に関係を築けない存在として目立ったのがヤンチャな若者たちだった。非行要素を含んだ仲間集団をもつ若者たちは、そのほとんど全員が「一度も会っていない」か「数回は会った」に分類されている。[*9] 一方で、表終-1で「定期的・継続的な関係がある／あった」と分類された38名の若者は、そのほとんどが家族以外の他者関係をほぼもたない、孤立状態にある者たちだった。[*10] なぜこの事業は、孤立状態にある人々には一定選ばれていた一方で、ヤンチャな若者たちには選ばれなかったのだろうか。

本書の第6章では、スタッフからの一方向的なかかわりが双方向的なものへ変化していく過程を、cさんの事例から検討した。当初断片的な関係しかもてなかったcさんは、フリースペースへの来所が妹の付き添いという兄役割に重なったことで定期的な参加へと至っていた。つまり、定期的・双方向的なかかわりへの転換に際しては、若者自身の生きようとするストーリーに重なるかたちで支援者との関係や場が位置づくことが重要だった。

これをもとに考えると、本書の事業はヤンチャな若者たちの生きようとするあり方をほとんど捉えられず、それに重なるものを、つまりはかれらが選び取るに値するような選択肢としてのかかわりを、提示できていなかったといえる。そもそも、かれらにはすでに一緒に過ごす仲間がおり、かれらの生きているコミュニティがある。そこから個人を引っ張り出し分断するような実践は、かれらの思いや生き方に重ならなくて当然だろう。本事業は、若者の生きる世界に参入し、そこでかれらとかかわっていくような取り組みとはなっておらず、個人にアプローチし、若者を実践者側のフィールドに巻き込んでいこうと志向しているために、ヤンチャな若者たちとの関係を築くことができなかったのだ。[*11]

他方、海外では、若者たちがすでに形成しているコミュニティに支援者側が入り込んでいく取り組みが少なくない。そこが「リスクにさらされた若者に接触《コンタクト》するためのもっとも自然な環境」だからだ（Furlong et al. 1997 : 11）。若者たちが遊びたまる場にワーカーが赴き、その集団丸ごとかかわっていく取り組みがおこなわれてきた。

家を拠点にしているわけでなく、また共に活動する仲間集団をもつ若者たちにとっては、個人情報をベースに自宅を訪問し、個別のかかわりをもとうとする本事業のような体制は適さない。名前も住所も知らないまま、「若者たちに占拠された〝空間〟に参加」し（Rogers 2011 : 9）、その集団ごとかかわっていくような取り組みが、かれらの思いや生き方を知り、それに重なるかかわりを模索・提示していきやすいだろう。

日本では、このようなかたちでヤンチャな子らの生活環境に入り込んでいく実践はほとんどおこなわれていない。[*12] ただし、ユースセンターと呼ばれる、若者たちが余暇活動をおこなう拠点が、ヤンチャな子らの生活環境の一部に組み込まれているような例は存在する。ユースワーカーの横江美佐子は、日常生活の延長で過ごせる、開かれた場であるユースセンターだからこそ、支援臭を嫌い、しかし困難な歩みをおこなうヤンチャな若者たちとつながりうることを示唆している（水野ほか2015）。ここでは、若者たちの生活圏内にあり、オープンであることが重視されるが、さらにもう一つ、若者にとってセンターが「使える」「行ってもよい」と思える場であることも重要だろう。

たとえば、フィンランドではバイクを介して若者にかかわるバイクユースセンターなどの試みがある（平塚2012）。そこでは無料でバイク修理をおこなうことができ、ユースワーカーはそれを通じて若者たちとの交友を築いていくという。[*13] 支援者側のフィールドに若者を巻き込んでいこうとする際にはとりわけ、その場は若者にとって魅力的でなければならない。若者文化への注目は、ヤンチャな層に近づいていくための重要な視点になるだろう。

本事業で対象にあがりながらも、実質的にはカバーされていないこうした低階層のヤンチャ層も、支援的かかわりを選べる状況が保障されるべき若者の一人であることを改めて確認しておきたい。かれらの移行過程が今日困難なものとなっていることは周知の事実だ（西田2012）。自ら強い意思をもって支援を要求する行動を起こさずとも、関心をよせる他者がおり、その他者とのかかわりをいつでも選び取れる環境を担保しておくことが、若者支援として求められているのではないだろうか。

このことは、すべての若者にとって、ときに支援的かかわりを得られる機会が保障されていることが重要だという主張にもつながっていく。フィンランドのヘルシンキ市で活動する市民団体カリオラ・セツルメント（Kalliolan Nuoret ry）がおこなうガールズハウスを訪れたときのことだ。そこは、10～28歳までの女性が、リビングルームで自由に過ごしたり、ヨガや演劇などのプログラムに参加したりできる場所だった。そこのユースワーカーが次のようなことを話していた。

特に問題のある子をかいつまんで支援する、ということをモットーにしていない。若者は大人から見たら一見しょうもないことに思えることでも悩む。明日になると解決するけど、今日話したいというのを話せる場所が大事だ。（略）長くかかわっていくなかで、いつかその子が何かに悩むときがくるかもしれない。その時に長くかかわっているなかで、サポートする時があるかもしれないし、ないかもしれない。

（2013年9月12日、現地にてヒアリング[*14]）

不安定で悩みやすい若者期を生きるすべての者に、関心をよせる他者の存在と、ときにそこでのかかわりに支えられるような場が必要なのではないだろうか。

支援ニーズを表明せず放置されがちな若者たちへの支援という観点から考えたとき、本事業のような「支援機関アプローチ型」の事業はもちろんのこと、ユースセンターのような場が生活圏内にあることなど、対象を限定しないユニバーサルなユースワークを広げていくこともまた重要な意味をもつのである。[*15]

3　若者支援のプロセスを拡張する

以上を踏まえて、本書では、自ら支援を求めない人へのかかわりを若者支援において重要なものと位置づけ、従来の若者支援において注目されてこなかった、支援者側からの〈一方向的なかかわり局面〉を重要な実践プロセスとして提起したい。

支援とニーズ

そもそも、支援とは何か確認しておくと、支援とは通常「二人以上の人の関係のなかで生じている」と考えられている（星加2012：11）。そのうえで、今田高俊は支援を次のように定義した。

> 支援とは、何らかの意図を持った他者の行為に対する働きかけであり、その意図を理解しつつ、行為の質を維持・改善する一連のアクションのことをいい、最終的に他者のエンパワーメントをはかる（ことがらをなす力をつける）ことである。
>
> （今田2000：11）

これによれば、「他者への働きかけ」「他者の意図の理解」「行為の質の維持・改善」「エンパワーメント」[*16]が支援の構成要素である。なかでも「他者の意図の理解」という点は、特に強調されている。支援が成立するためには「支援される人の意図を優先すべきであって、支援する人の目的がそれを上回ってはならない」とし、支援に要請される条件として「自分の意図を前面にださない」「相手への押しつけにならない」「相手の自助努力を損なわない」があげられている（同前：15）。

この支援される側の意図や意思という点で議論が深められてきたのが、障害者の自立生活運動の流れだ。「私のことは私が決める」というもっとも基本的なことを奪われてきた人々がいるとして、「当事者主権」という言葉が打ち出されてきた（中西・上野２００３）。「わたしのニーズはわたしがいちばんよく知っている」、だから「わたしのニーズがいつ、いかに、誰によって、どのように満たされるべきかはわたし自身が決める」という「当事者ニーズ中心」の立場が表明され強調されてきたのだ（上野２００８：22）。

なお、ニーズneedsとは、「要援護性」とも訳され、『現代社会福祉事典』では「さまざまな見解があるが」と前置きしたうえで、下記の定義が示されている。

何らかの基準に基づいて把握された状態が、社会的に改善・解決を必要とすると社会的に認められた場合に、その状態をニード（要援護状態）とすることができる。

（秋元ほか編２００３：３５６）

図終-1　上野千鶴子による「ニーズの四類型」

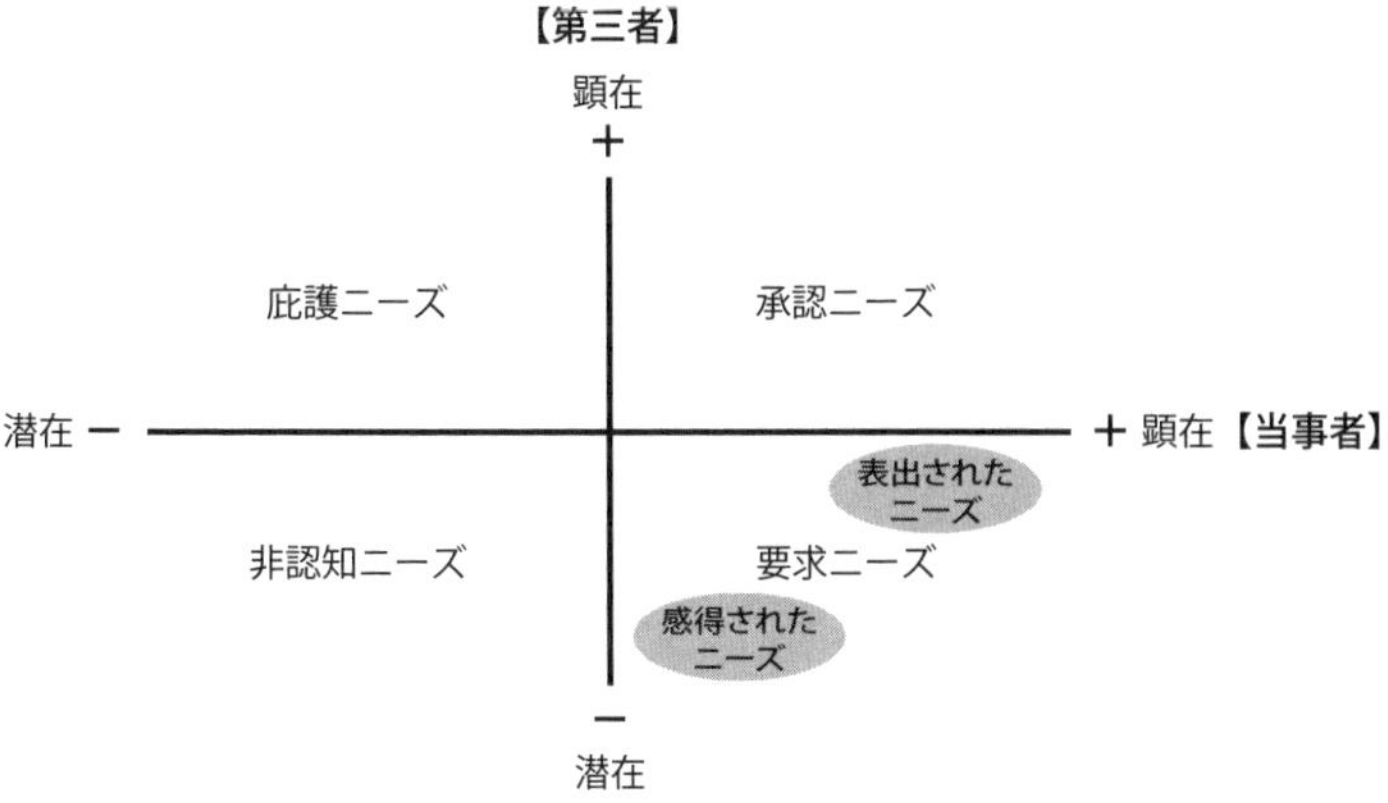

出所）上野（2008）p.14を参照し筆者が加筆作成

これに対し、当事者主権を主張する上野千鶴子は、社会的に承認された一般的なニーズよりも、個々人の主観的な必要をもってニーズとする、という立場を示した。そして、ニーズが生成し、承認される動的な過程と、その複数の関与者の間の相互作用を明らかにできるようなニーズの概念化をめざし、ニーズを四つに分類した（図終-1）。そこでは、①ニーズの帰属する被援護対象である当事者とそれ以外の第三者に二分し、②ニーズの生成過程を「顕在化」と呼び「顕在化」以前と以後に二分することで、四象限でニーズが捉えられている[*17]（上野2008）。

まず、当事者にも第三者にも顕在化している「承認ニーズ」がある（右上）。また、当事者には認識されていないが第三者には認識されている「庇護ニーズ」は、いわば「あなたにはこれが必要だ」というかたちで第三者から定義されたニーズだ（左上）。これはパターナリズムに通ずるものとして、当事者主権の立場から強い批判がなされてきた。その一方で重視されるのが、当事者には認識されているが第三者にとっては認められていない「要求ニーズ」だ（右下）。そのなかには、さらにJ・ブラッドショウのいう「感得されたニーズ felt needs」と「表出されたニーズ expressed needs」がある。「必要性を感じなければサービスを求めることはないが、一方で感得されたニーズが要求として表出されないこともよくある」という指摘からは、「感得」してから「表出」するまでの顕在化プロセスに注目を向ける必要性が示唆される（Bradshaw 1972 : 73）。さらに、当事者にとっても第三者にとっても顕在化されていない「非認知ニーズ」がある（左下）。

当事者ニーズを知るかかわり

これらを本書で取り上げてきた「支援機関アプローチ型」の若者支援に重ねて考えてみよう。無業・孤立状態にある若者に本人の申し出とは関係なく支援者側からかかわっていこうとすることは、ときに第三者が当人のニーズを見立て、「庇護ニーズ」に基づく支援を進めていくことになりかねない。それは「相手への押しつけ」（今田２０００）となる可能性を孕み、パターナリズムに陥る危険がある。

他方で、本人が支援を求めないのだから支援は不要だとも単純にはいえないはずだ。ニーズを表出しないことは、ニーズがないことと同義ではないからだ。「感得されたニーズ」が表出されるまでには距離があり、その過程が困難なものであることは自立生活運動からも明らかにされてきた。とすれば、当事者の「感得されたニーズ」を「表出されたニーズ」へと後押ししていくこと、その「表出されたニーズ」を聞き取る他者となること、それらを経て第三者には顕在化していなかった「要求ニーズ」を認知し「承認ニー

図終−2　ニーズの承認過程と支援の拡張

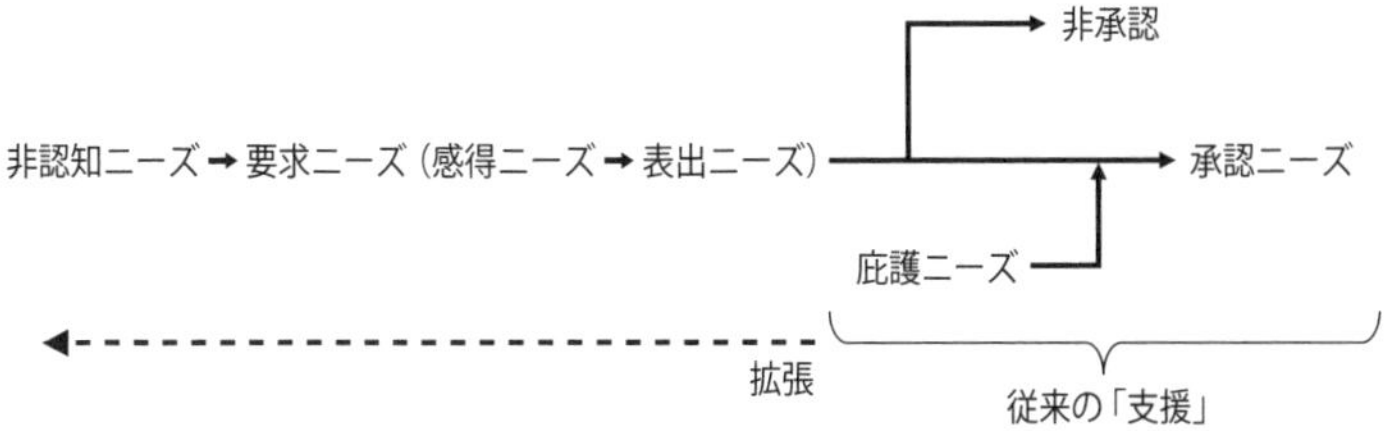

出所）上野（2008）p.16を参照し筆者が加筆作成

ズ」へと転換していくことが支援者に求められるのではないか。

また、かかわっていくなかで、当事者にも第三者にも顕在化されていない「非認知ニーズ」が事後的に発見されていくこともありうる。上野はブラッドショウの「比較ニーズ」を参照し、個人間、地域間、文化間、国際間の比較などから、ある文脈でニーズと認識されたものが、他の文脈ではそう認識されないことを通じて、事後的に「潜在ニーズ」を判定することが可能だとしている（上野２００８）。事業の具体的な例でいうと、スタッフの助けを得ながら通信制高校の課題に取り組むメンバーらの姿を見て、自らも高校に進学し勉強会に参加していったｃさんの様子から、初期には誰にも顕在化していなかった「潜在ニーズ」を見出すことができる。

以上を踏まえれば、第三者である支援者からは（そして、ときに若者自身にとっても）潜在化している本人のニーズを探究し、その表出過程を支え、承認していくものとして、自ら支援を求めない人にかかわっていく過程を捉えられるのではないだろうか。ニーズには社会的に承認されていく過程があり、このすべてのプロセスにエンパワーメント、抑圧、交渉、葛藤、合意の過程が作用している（上野２００８、図終−２）。本書では、このプロセス全般へと、つまり図終−２の点線部分まで支援の視野を広げ、顕在化していないニーズを知っていく過程を重視し、そこに支援者がかかわっていく必要性を提起するものだ。[*18] そのかかわりはもはや支援と呼ばなくてもよい営みのようにも思えるが、その呼称はともかくとして、若者支援実践を構想し展開する際の重要な局面として、ニーズのありかを探究しニーズが感得され表明されていく過程を位置づけたいのである。

これまで支援ニーズを表明した者にだけ対応していたがゆえに不問とされてきた、つながりはじめの実践、つまり第6章で論じたような支援者側からの〈一方向的なかかわり局面〉の実践を、若者支援の議論の中心に位置づけていくことが必要だ。[*19]

4 若者支援は「何を」支援するのか

若者支援のプロセスを拡張し、ニーズの有無やありようまで含めてかかわり知っていく過程を位置づけるとすれば、それは本人の葛藤を前提に、それを解消していく対応として考えられてきた支援のあり方にも変更を迫ることになる。そこで、若者支援とは何をする営みなのか改めて考えてみたい。[*20]

就労でもなく、葛藤の解消でもなく、医療モデルでもなく

もともと、中高階層の無業・孤立者、すなわちこれまでひきこもりとして可視化されてきた人々やその支援を語る際には、内的葛藤／外的状況（就労）／精神医療の三つが主な視点となってきた（第4章2を参

照）。まずはこの視点から、本書で取り上げてきた若者たちを捉えなおしてみたい。

はじめに外的状況に注目してみよう。たとえばａさんは初期の無業でひきこもりがちであった状態から、その後幾度かの無業状態をはさみながらも、高校在学、アルバイト就労を経てフルタイム就労へと至っている。工藤定次が設定した「社会に出て一人でメシを食っていくこと」（工藤ほか２００４：90）という「ゴール」からすれば、ａさんのフルタイム就労こそが支援において重要な事柄になる。あるいは、「ひきこもりの評価・支援に関するガイドライン」（新ガイドライン）では最終的には就学・就労に至ることが想定されており、ａさんの高校再入学やアルバイトを重視する見方もありうる。

しかし、本書での検討からは、外的状況が変わり、無業から在学・就労等へと至っても、本人の生きようとするストーリーが変わらず貫かれていることがたびたび見られた。ａさんの場合、フリースペースへの参加や高校再入学は渋々であり、就学後も、ひきこもり状態だったときと変わらず、人とかかわらずにいたほうが安全だという見通しをもっていた。彼の生きるストーリーに変化はなく、外的状況の変化が本人にとってその時点でさほど大きな意味をもたないのだとすれば、外的状況の変化のみに注目して、それを支援する際の「ゴール」と位置づけたり、重視してよいものか疑問が残る。

このような外的状況（だけ）に注目することへの批判は、内的葛藤にこそ目を向けるべきだという立場からすでにおこなわれてきた。石川良子は、「とりあえず働いてみる」という処方箋に基づき拙速に社会参加を迫るあり方が、「自己や労働や生について掘り下げ」その意味を「問う営み」の機会を奪っているとし（石川良子２００７：１９２）、仮に外的状況に変化があっても、実存的問題に決着がつかない限り「不全感が残されたままになる」とした（同前：229）。そして、存在論的安心の確保という「回復」目標を提起している。ひきこもりの若者たちにとって、「問うという営み」は「必然的な行為」であるとし、かれらが「真正面」からそれに取り組み、「生きることへの覚悟、生きることや働くことの意味といったものを手にする」ことが重要だとした（同前：228）。

これらの石川の知見は、実存的問題に直面し葛藤していることを前提としている。他方、本書で見てきた低階層孤立者のなかには、cさんのようにそもそも無業や孤立・ひきこもり状態が葛藤として生じていない場合もあった。また、初期のaさんの人を避けてひきこもる様子も、生きることや働くことの意味、自分自身の存在を徹底して問うているという石川の示すひきこもり像とはやや距離がある。外的状況ではなく、内的葛藤に目を向けよという批判では、低階層孤立者の経験や支援に即したものにはならない可能性が高い。

では、三つ目の視点である精神医療の枠組みは、低階層孤立者の支援を考えるうえで有効だろうか。近年では、ひきこもりの若者の状況を捉える視点として、アセスメント項目が詳細に打ち出されることも増えた。たとえば精神科医の近藤直司は、ひきこもりを生物―心理―社会的にアセスメント（評価）する方法論としてGAW（Global Assessment for Social Withdrawal）を提案している。それは下記の6軸からなる（表終-2）。

第1軸では、ひきこもりの直接的な原因・背景となっている情緒体験ないし精神症状の把握・同定がおこなわれ、不安・恐怖、パニック症状、抑うつ関連症状、強迫症状などが判断される。第2軸では、回避性・依存性・強迫性などのパーソナリティ傾向や、自閉スペクトラム症・知的障害・学習障害などの発達障害・特性が把握される。第3軸の「心理的資質」では、「問題認識の的確さ、内省力、洞察力、思いを巡らせ考える能力、言語化する能力、援助者との間で安定した関係を維持できるかどうか、あるいは抽象的/具体的な思考の整合性」などが評価される（近藤2017：74）。さらに、第4軸では摂食障害や身体疾患が、第5軸では「ひきこもりの成因や長期化に関連していると思われる家族関係、家族機能、友人関係、その他の環境要因、経済・雇用状況」が、第6軸では「対人関係の特徴や、集団、社会的場面への適応」がそれぞれ評価される（同前：76）。こうした多軸評定によって、「多くの援助者がこれまで以上にひきこもりのメカニズムを把握しようと努め、ケースの理解が深まること、そのことが個々に応じた的確な援助方針の策定に結びつくことが期待できる」と近藤はいう（同前：82）。

確かに、これらのアセスメントは多角的に若者の状態を捉えようとする視点にはなりうる。しかし、このアセスメント軸からは、若者自身の能動的・主体的側面に注目することはできない。たとえばcさんの兄として生きようとする姿は、第5軸の「ひきこもりの成因や長期化に関連していると思われる家族関係、家族機能」として回収されてしまうだろう。

表終-2　近藤直司による「ひきこもりの包括的アセスメント：GAW」

第1軸	ひきこもりに関連する情緒体験・症状
第2軸	パーソナリティと発達の特性
第3軸	心理的資質 psychological mind
第4軸	ひきこもりに関連する身体的問題
第5軸	ひきこもりに関連する環境要因の評価
第6軸	社会的機能水準の評価

出所）近藤（2017）p.71を参照し筆者作成

若者の生きるストーリーへの注目

以上から、従来注目されてきた外的状況／内的葛藤／精神医療のいずれの視点も、低階層孤立者の経験やその支援を考える視点としては不十分だといえる。そこで、新たに提示したいのが、若者の生きるストーリーへの着目だ。これが従来の視点に対してどのような新しい視覚をもつのか、三点にわたって述べてみたい。

一つは、無業・孤立をめぐる多様な経験を捉える視点となることだ。本書で明らかにしてきたように、低階層孤立者の無業・孤立経験は、中高階層のひきこもりの若者たちに注目するなかで語られてきた葛藤の経験とは異なる部分も多く、たとえばｃさんの無業は家族内役割を担うなかで自然と至ったものだった。また、ａさんの三度にわたる無業は、すべて異なるストーリーを生きるなかでの、異なる経験としてあった。不当な迫害を経て人とかかわらないほうが安全に生きられるという思いのなかで至った無業なのか、自分は本当に介護の仕事に就くのか試し試し模索する時期としての無業なのかでは、その意味は大きく異なるだろう。

このように、無業や孤立をめぐる経験は、個々人によっても、ある一人の若者の時々によっても異なり、そこにはさまざまな意味が織り込まれている。これまでの言説で繰り返し強調され、いつしか前提とすら感じられるようになっていた「ひきこもり＝葛藤」という枠組みを一度脇に置かなければ、多様な無業・孤立経験を捉えていくことはできない。[*21]

その枠組みを解除する一つの視点が、本人が過去の出来事を意味づけながら今どのように生きようとしているのか、若者の生きるストーリーを探究していくことだといえる。多様な出来事の、多様な意味づけのもとに、それぞれの、その時々の生きようとするストーリーが浮かび上がり、そこに多様な経験を見出す回路が生まれる。[*22] それは、これまで「無葛藤型」「困り感がない」などとくくられ、その経験が可視化されず、また支援しづらいと片づけられてきた人々の経験を捉えかかわっていく際に有効な視点となるだろう。[*23]

二つ目に、若者自身の経験や思い、意思などに、実践者が意識的に注目していくことを促す点があげられる。この点が最大の利点であるといってもいい。過去の出来事に対しどのような意味づけをおこない、それを踏まえてどのような自分を生きようとしているのかを探究することは、「かれは（〜の体験を経て）〜しようとしている」というかたちで若者自身を主語にした捉え方を必要とする。一見理解しがたいように思える若者の状況や、展望など何ももっていないだろうと言い放ってしまいたくなる状況においても、若者を主語としながら探究していくことで若者の視点に立った気づきや発見が可能になるのだ。[*24] また、出来事に基づき探究していくことは「あいつはこんな奴だ」と決めつけたり、印象論的に語る状況を排すことにもつながる。

精神医療の枠組みで本人の状態をアセスメント（評価）するような視点では、こうした若者の能動的な姿や生き方は見えてこない。そしてそれは、かれらの生き方や思いに重なるかかわりを模索することで、支援を求めていない（ように見える）人とつながる回路を見出していく実践においては致命的となる。

三つ目には、これまで外的状況を重視するのか内面を重視するのかというかたちで対立的に捉えられてきた両側面を架橋する視点だということをあげたい。aさんを思い出すと、長い間人とかかわるか否かをめぐるストーリーが拮抗しながら、やがて、人とかかわりときに助けられながらやっていこうとする見通しを強めていた。この変化が、就学や就労といった外的状況と直結するかたちで確立したわけではなかったことを踏まえれば、外的状況ではなく「〝内部〟で起きていること」(石川良子2007：71)に注目すべきだとする主張は正しい。

他方で、aさんが新しい生き方を形成し確かなものにしていく過程は、石川が想定するように自己に向き合って一人で問うような営みとして進行したわけではない。新たな体験を可能にする場への参加や、新たに生じた生き方を共有する支援内外のさまざまな場や他者の存在が重要な意味をもっていた。つまり、若者が新たな生き方を見出し確かなものにしていく過程は、外的状況に影響を受け支えられている。この視点を欠くと、若者個人の気持ちの問題として無業・孤立経験やその支援を回収していくことになりかねない。

外的状況の変化に過度に特化しそれ自体を「回復」としてめざすあり方は本人の感覚を置き去りにするが、若者の内面変化のみに囚われることもまた危うい。若者の生きるストーリーに着目し、そのありようや変化を捉えていく視点は、若者の内面に注目しながら、同時に、従来重視されてきた就労や就学などの外的状況を目標としてではなくストーリーの形成・再形成を支える場の一つとして重視することで、個人の内面問題をそのような場があるかという社会問題に接続させて問うものとなっているのである。

以上を踏まえれば、無業・孤立状態の支援に際して「回復」という語感はそぐわない。「回復」とは、「一度悪い状態になったものが、元の状態になること」「一度失ったものを取り戻すこと」(大辞林)などを意味する言葉だ。また、ある一地点の事柄を想起させやすいものでもある(石川良子2007)。新しいストーリーを立ち上げ、それが後退したり前面化したりすることを繰り返しながら、何らかの生き方を見出していく過程は、元に戻ることや定点的な状態を意味するものではなく、その人の人生の過程そのものともいえる。こうした視点は固定的な「回復」目標にあてはめることなく、その人の人生にかかわり共に生きるものとして若者支援を提起することにもつながっていくのではないだろうか。

若者支援はどのような営みか

では、若者の生きるストーリーに着目することで、若者支援をどのような営みとして捉えなおすことができるか、まとめてみたい。

(1) かかわりの実践

本書では、低階層孤立者への支援には三つの局面があると考えた(第4章3を参照)。まず、支援対象となる若者の存在を同定していく〈存在認知の局面〉があり、それを経て本人が支援を求めていない(ように見える)場合には支援者からの〈一方向的かかわりの局面〉が生じる。この二局面を経て至るのが〈双方向的かかわりの局面〉だ。これまでの若者支援実践研究の多くは〈双方向的かかわりの局面〉について論じ

（村澤・山尾２００９、御旅屋２０１５）、結果的にそれ以前の二つの段階が軽視されてきた。ここでは、この重視されてこなかった二つの局面でおこなわれる実践を〈かかわりの実践〉と呼ぼう。若者がニーズを表明したかにかかわらず、その存在に関心をよせ、かかわっていくことそのものに価値を置く実践だ。

そこでは、いかにして若者がかかわってもよいと思える他者や場になっていけるかが問われることになる。[*25] そして、その実践の要として、若者がどのように生きようとしているのかを探究することがあった。たとえ断片的な関係だったとしても、そのなかで見えてくる若者にまつわる情報を蓄積し、それに基づいてかかわりを続けていく。その試行錯誤のなかで、若者の生きるストーリーに多少なりとも接触するかかわりがおこなわれたとき、定期的・相互的な関係へと至る道がひらけてくるのだ。このとき、可変性に富んだフリースペースという場は、勉強を目的に来る妹の付き添いで来所し隣の部屋でおしゃべりをしながら過ごしたｃさんのように、それぞれの若者の思いや生き方に重なる過ごし方・使い方を提供できる点で重要だった。

なお、本人のニーズ表明に基づかない〈かかわりの実践〉は、パターナリズムに陥る危険性を孕む。先に確認したように、若者の選択可能性を保障するという観点から、本人の拒否を守り認めるものとして〈かかわりの実践〉を位置づけることが必要だ。また、パターナリズムを批判した当事者運動が本来求めたのは、自分で選ぶことのできる「多様な選択肢の整備」だったという石川時子は、支援者側の価値判断により、たとえば就労に限定するような矮小な選択肢しか提示しないことは、その方向への誘導を駆り立てる危険性があると示唆している（石川時子２００７）。とすれば、フリースペースを含め、多様な場やかかかわりを提示すること自体が、〈かかわりの実践〉がパターナリズムへと陥ることを押しとどめるものとなるのではないか。

こうした〈かかわりの実践〉が重要なのは、なにも「支援機関アプローチ型」に限った話ではない。中高階層のひきこもりの若者たちがこれまで多く利用してきた「要求応答型」の支援機関においても、十分な関係構築や継続的な関係に発展しないままフェードアウトしていく若者は少なくない。また、家族の強い申し出によって渋々支援機関につながった場合なども、若者自身は支援を求めていない（ように見える）ことはありうる。つまり、「要求応答型」の支援現場であってもすべての若者が最初から、あるいは直線的に〈双方向的かかわりの局面〉に至るわけではない。すぐにフェードアウトしていった若者となぜ関係が築けなかったのか、目の前にいる渋々来所した若者にどのようにかかわっていくのか、来所が中断されたのはなぜなのか。「要求応答型」の現場で生じるこうした疑問は、若者の生きようとするストーリーを探究し、それに重なるかかわりを模索していく〈かかわりの実践〉のなかで問われ検討される事柄と重なる。低階層孤立者への支援から見出された〈かかわりの実践〉に関する知見は、これまで広くおこなわれてきた「要求応答型」の実践上の課題を再考する視点にもなりうるのだ。

（2）「どう生きるのか」を共につくり支える実践

その〈かかわりの実践〉を経て、若者との双方向的関係が形成された後も、若者の生きるストーリーに注目することは意味をもつ。ただし、〈かかわりの実践〉では若者がどのように生きようとしているのか探究することに主眼があったことに対し、関係が定着した後は、若者が新たに生きようとするストーリーの形成をどのように後押ししたり支えたりするのかということにより焦点化されていた。そこで、支援の中盤以降におこなわれる実践をここでは〈ストーリー形成を支える実践〉と呼びたい。この実践には大きく二つのことが含まれる。どのような（what）ストーリーの形成を、どのように（how）支えるのか、ということだ。

一つ目の、どのような（what）ストーリーの形成を後押しするのか、という点に支援者が傾倒し注力していくことは危険なことでもある。体験している過去の出来事は個々人によって異なり、それをどのように意味づけ、それを踏まえてどのように生きようとするかは多様だからだ。生き方の良し悪しは、外部から決められるようなものではない。とりわけパワーをもつ支援者側から、ある生き方を貶めるようなことは絶対にあってはならない。

他方で、実践において、支援者はある一定の方向性をもって、すなわち「このようになっていくといいな」という願いをもって、若者の新たな生き方の形成・再形成にかかわっていることもまた事実だ。とりわけ本書の実践では「こんなふうに変わってきたよね」という成長物語をスタッフがつくり、またそれを若者に求めがちだった。それが功罪をもつことは第7章で指摘したとおりだが、実践が意図をもった価値的な取り組みである以上、支援者が願いや方向性をもたずに若者とかかわることはできず、それが若者の生きようとする姿を探究する過程や若者自身に影響することは避けがたいことでもある。

とすれば、どのような（what）ストーリーが若者に形成されていくことを支援者として願うのか、という点はやはり問うておく必要がある。本書の若者の様子や確認してきた支援の必要性からは、尊厳が尊重され、自身の可能性をひらくことを支えるものといったことがひとまずはあげられるだろうか。

しかし、支援者は願いながらも、それに固執してはならない。どのように生きていくかを選び、歩んでいくのは若者自身だ。願いをもってかかわりながらも、そのことが、若者に特定の〈生〉を強制したり、支援者の描くストーリーとは異なる若者の姿を捉えそこなったりすることにつながらないよう、ストーリーの内実だけにこだわらない姿勢が支援者には求められる。この意味では、〈ストーリー形成を支える実践〉でも、〈かかわりの実践〉と同じように、そもそも目の前の若者がどのように生きようとしているのかを探究する視点が重要だといえる。

また、新しいストーリーが形成されたかという結果ばかりに注目し、それを成果として求めてしまうことも危険だ。aさんの場合、人とかかわるか否かをめぐるストーリーは、幾度も現れたり弱まったりしながら形成・再形成されていった。新たな出来事への新たな意味づけによって新しいストーリーが立ち現れたとしても、それによってこれまで生きてきたストーリーが丸ごとひっくりかえるわけではない。むしろ個人の内で併存状態を保ちながら、それぞれが強弱をもって生きられていく過程があるのだ。若者の生きるストーリーに注目しながらも、その結果に固執することなく、長期にわたる形成・再形成プロセスを支え、保障していくことが求められる。

この点とかかわって、二つ目の、ストーリーの形成・再形成をどのように（how）支えていくのか、という実践が重要になる。若者が新しい生き方を見出し、確かなものとしていく過程には、ストーリーのもととなる体験の増加、その体験を語り意味づけていくこと、そして新たなストーリーを共有する場や他者の存在が必要だ。どのようなストーリー（what）を形成するのかという内実にこだわることの危険性を踏まえれば、実践の力点はどのように支えるのか（how）にかかわる事柄のほうにあるといえる。

無業・孤立状態のなかで家を拠点に生活していると、家庭という場だけに生活世界が限定されていることも少なくない。そうした状況においては、フリースペース、ボランティア、職場、学校など、家族以外の他者の存在する場への参加は新しい出来事・体験を生み出す可能性が高い。逆に、新しい体験が生じることの重要性だけを考えれば、それが就労の場であろうと、フリースペースであろうと大差はない。したがって、従来「ゴール」として捉えられてきた就学や就労といった外的状況はめざすべきものというよりは、新たな体験の獲得に際しての場の一つであり、選択肢にすぎない。

また、若者が新しいストーリーを形成していく過程には、新しい出来事を増やしていくだけでなく、それを意味づけていくことが必要となる。本書の事業では、語り意味づける機会をフリースペース内に意識的につくりだすことで、若者のストーリー形成を後押ししていた。さらに、そうして徐々に形成されたストーリーは、支援内外の他者に発信・共有していく実践によって、より力強く安定的なものとなっていた。aさんの様子からは、支援の内部だけでなく外部にも自分の生きようとするあり方を認め励ます他者を得ていったことが、「やっていけそう」という感覚を生み出し、支援者とのかかわりがなくなってもやっていく自信につながっていったように見える。

このように考えると、若者たちが参加し、かかわっていく場の性質や、そこで求められる役割・関係性などは多様であることが重要だ。自身が役割を担い、同僚という関係性の生じる就労の場が新しい出来事を生じさせることもあれば、職場と自宅の往復で孤立した日々を経て無業へと至っていたbさんのように、フリースペースへの参加が新たな体験やそれへの意味づけをおこなう場として重要になることもある。また、ストーリーの安定性ということを考えれば、遠く感じられていた支援の外の場を「半外地化」する実践のなかで、ストーリーを共有する他者を増やしていくことも重要な意味をもつ。若者支援では就労支援が広く展開され、政策上も就労に比してそれ以外の場への参加は軽視されがちだ。[*26] しかし、支援の内外を問わず「就労」だけを重視する観点から支援が展開されることは、上記の多様性を狭めることに通じる。

以上をまとめ、本書では若者支援を、若者が生きようとするあり方を探究しかかわること、そして、若者が新たな生き方を模索・形成する機会を保障し、その過程に積極的にかかわっていく営みだと捉えたい。[*27] それは若者がどのように生きようとしているのか、また新たな生き方をどのように形成していくのかという内面に注目するものではあるが、同時に、それを捉えようとする他者や、その形成にかかわる多様な場が存在することの重要性を強調するものだ。かれらを知り、かかわり、かれらの生き方を共有する他者になり、またそうした存在を若者の周囲に広げていくことこそが、若者支援に求められるのである。

5 問われる存在としての支援者

しかし、こうした実践は、ともすれば支援者側がよしとする生き方を強要するものにもなりかねない。

最後に、その問題性と、それを超え出ていく契機を模索しておきたい。

よき〈生〉への誘導

本書で示してきた実践は、結局のところ支援者側のよしとする生き方への誘導ではないか、という批判はおおいにありうる。本章では、パターナリズムに陥らず、しかし自ら支援ニーズを表出しない人々への支援をどう提起できるか検討してきたが、そうして「巧妙に」抑圧性を回避したとしても、結局のところ一定の方向へ若者を操作しコントロールしていこうとする抑圧性を孕んでいるのではないか、という指摘にはうなずくほかない。

これは、被干渉者への支配・抑圧の一形態とされるマターナリズムにも近い。マターナリズムは、支援者の価値判断に基づきゆるやかに一定の方向へ誘導するものの、優しさや共感が前面に出ているためコントロールであるとは意識されづらい面をもつ。善意であり、パターナリズムのように明確な抑圧でないがゆえに、振り払う決意をすることが難しいという(石川時子2007)。

あるいは、近年では「リバタリアン・パターナリズム」と称される新たなパターナリズム論が展開されている(セイラー/サンスティーン2009)。そこでは、被干渉者に支配感を抱かせずに選好を変化させ、自己決定に至らせるという知的戦略が示されている。たとえば、望ましいと思われる選択肢を初期値(デフォルト・ルール)として用意し、他方で、その初期値に納得がいかなければ、その選択肢をやめる離脱(オプト・アウト)の自由を保証する戦略などだ。気に入らないときには最小限のコストで自由に退出することが保証されていれば、選択肢が制限されるわけでも、押しつけでもなくなるというわけだ（瀬戸山2010）。

これは、若者の拒否する自由を確保することでパターナリスティックな介入を回避していこうとした本書の主張と重なるものとしてみなされるかもしれない。石川時子は、こうしたリバタリアン・パターナリズムがどのような正当化論をまとっているのか論じ、その問題性の一つに「価値の問題が不在」であることを指摘している。より合理的で人々の厚生にかなった初期設定（デフォルト）を設計することを推奨しているが、それを設定する側（干渉者）が何を「よい」とするのか、価値や倫理の問題にはほとんど触れられていないという問題だ（石川時子2012）[*28]。

この視点を踏まえれば、本書の実践がマターナリズムやリバタリアン・パターナリズムに重ねられる問題性は、干渉者側、つまり支援者側の価値が問いなおされる過程の不在あるいは過小にも起因しているように思われる。言い換えれば、支援者のあり方を問う視点こそが重要だということだ。

支援者側の価値を問う

多くの場合、支援において注目されるのは被支援者だ。若者支援でいえば、若者側は常に語られ、議論される対象となってきた。他方で、支援者側はどの程度問われてきただろうか。ひきこもり状態を経験し、支援を受け、やがて支援する側へと立場を変えていった島村恒平は、次のように語っている。

支援を受けることに対して「自分はこれからどうされてしまうんだろう?」という不安や怖さがありました。自分の知らないところで自分のことについてアレコレ言われてしまうことへの怖さというか、自分だけ裸にされてる状態で、「なんで俺だけ裸にされてんだろう?みんな(支援者も)脱げよ」っていう感覚。

(JYCフォーラム若者支援全国協同連絡会2016:8)

たとえば先の表終-2で示したようなひきこもりの包括的アセスメント(GWA)に象徴的なように、支援において若者はある基準や視点にのっとり評価され解釈されていく対象となりやすい。その評価・判定をおこなう側の支援者は何ら問われることなく、若者だけが支援者のもつ軸から一方的に論じられていく。このことへの違和感を、島村は表明したといえる。

これは若者支援にかかわる多くの研究と実践が、そしてまた本書が、若者の変化ばかりに注目し語ることで、支援者側のことをほとんど問うてこなかったという批判に通じている。本書もその足りなさを猛省しながら、若者のストーリーに注目する視点が、この点を乗り越える一つの契機になりうることを私の話から示しておきたい。

第6章で取り上げたcさんに出会った当初、私は彼のことがわからずに悩んだ、という話を本書ではしてきた。語弊を恐れずにいえば、無業状態で家にもひきこもりがちである彼が、特段悩んでいるようにも困っているようにも見えず、また支援を求めているようにも見えない様子が、私には不思議だったのだ。

求めていないのにかかわられるなんて鬱陶しいだろうなと思いながら、関係を形成するなかでいずれ苦しんだり焦ったりする思いを話し聞ける関係になれたらとも考えていた。

この思いの背景には、それ以前の「要求応答型」支援機関で、中高階層でひきこもり状態を経験した若者たちと共に過ごしてきた経験がある。かれらはそれぞれに無業状態であることへの負い目を語り、ひきこもり状態だったときの葛藤や苦しみを語ってくれた。また、私自身も、大学卒業後に所属を失った体験を話し、そこで抱いた焦燥感や羞恥心、不安などを語りながら、かれらと共感的に対話を重ねてきた。

そのなかで、私は自分のしんどかった経験と重ねながら、無業・孤立者観とでもいえるものを形成していたのだろう。cさんに対して戸惑ったのは、彼がそれに合致しない姿を示していたからだった。その際、私はこの若者観を変更するのではなく、「まだ彼はそういう側面を見せてくれていないだけ」と思い込んでいたわけだ。こうしたスタンスからは、cさんの兄として生きようとする主体性や能動性を見出すことはできず、彼の思いに重なるかかわりをすることもできないことは明白だ。

さらにいえば、そうした私の無業・孤立者観は、当人たちもそれを望んでいるだろうという前提のもとに現状からの変容に重きを置きやすい。私自身が成長物語を強固にもち、それにそぐわない目の前の若者の状況に直面した際に、その価値を問いなおすことのできないまま現場に立っていたといえる。

つまり、若者の生きるストーリーを捉えていこうとすることは、ときに支援者自身のもつ考えや思いが変更を迫られることを含んでいる。いや、さらにいえば、支援者自身の生きようとするストーリー自体に変更が求められるような場合すらある。

ここに、多少苦しくても我慢し頑張ることで何がしかを得ながら生きてきたという人がいたとしよう。こうしたストーリーを生きている人は、必要な場面からすぐさま撤退して平気な顔をしているように見える若者が、実は生きようとする姿に目を向けることが難しい。支援者自身のストーリーを解体したりずらしたりしないことには捉えられない若者の姿もあるのだ。無業・孤立をめぐる経験はさまざまであるため、支援者側の変わる余地がないまま若者とかかわり続けていけば、かれらの生きようとするストーリーを捉えそこなう局面は生じうる。それがないとすれば、支援者側の枠組みにあてはめて若者を解釈していることが疑われなければならない。

訪問支援をおこなう工藤定次は、「ひきこもり」は「苦行」であり、「誰かが手を貸さなければ、脱却は無理」という考えを繰り返し示している（工藤ほか２００４：46）。ドアの外からしつこく本人に声をかける際、テレビのボリュームがいっぱいまで上げられ、「「聞かない、聞く耳など持たない、帰れ」という意志表示」だとわかっても、「そんなことは私も百も承知なので、話を中断することなく続ける」とされる（同前：１０９）。あるときには、強気に迫ったり、身体接触を伴って宿泊施設への入所を促したりすることもある。ここにはこれまでの経験に基づく工藤の不動の若者観・実践観がある。こうした支援者側の「変わらなさ」は、これまで見てきたように、支援者側のもつストーリーや前提からはみ出る若者の経験を矮小化し、見えづらくさせていくだろう。

多くの場合、支援的かかわりが何らかの困難に直面したときに問題化されるのは若者側だ。いわく「就労しない／できない」「面談（支援の場）に来ない／来られない」「困り感がない」などである。支援者が自明視している「就労」や「面談に来る」といった認識や、そうした認識を支える無業であれば葛藤しているはずだという前提、支援者側のもつストーリーや価値が問題化されることは少ない。

しかし、さまざまな生き方があり、それぞれの人が歩むストーリーにその人なりの出来事や思いの蓄積があるのだとすれば、若者の生きようとするストーリーが「問題」で、支援者のもつストーリーが「正解」であるといった考えは成り立たない。若者が新たな場での体験などを通じて新しい生き方を形成していくのと同じように、支援者側も、目の前にいる若者の生きるストーリーとの出会いや発見から、自らの考えや生き方を問いなおしていくことがあって然るべきではないだろうか。支援者も変わることが問われる側になるのだ。これは、若者が新たな生き方を模索・形成する過程に積極的にかかわっていく若者支援が、支援者側のよしとする生き方を押しつけ、若者の心情を組み替えていく実践になり下がらないためにも不可欠な事柄だ。

以上からは、その人が生きるストーリーという視点をはさむことが、支援者と若者が同じ地平に立っていることへの注目を促す可能性を指摘できる。これは、島村が問題化した若者だけが「裸」となり問われる若者支援の状況に、一石を投じる視点ともなるのではないだろうか。

ただし、本書もまた、従来の研究や実践と同様に、支援する側の変化に目を向けたものとは到底いいがたい。[*29] 若者の生きるストーリーに注目しそれを捉えようとするなかで、ようやく、そのためには支援者側の変化が求められるのだと、実践としても研究としても言語化できたというのが本書の本当に拙い到達点である。今後、スタッフの生きるストーリーへの着目とその変化の検討が、若者支援において重要な課題となっていくことは間違いない。[30]

〔注〕

＊1　生活保護制度上ならばケースワーカーなど、給付制度にかかわる主体が若者層への関心をもっていくことはもちろん重要だ。しかし、実際に若者にかかわっていく主体は、給付制度の担い手でないことが望ましい。給付制度をベースにした支援はただでさえ強制性を内包しており、給付制度と若者支援の担い手は分けるべきだろう。

＊2　事業対象者であっても、面談だけを続けているような場合は、担当スタッフでないと会う機会はほとんどなく、私が直接かかわりをもった事業対象者は圧倒的に男性が多かった。もちろん、研究期間内に面談やフリースペース活動などを通じて一定のかかわりをもっていた女性たちも少なくないが、複雑な家庭事情を抱えていたり、依頼することが適さない時期であったり、断られたりといった事情が重なり、本書では取り上げることができなかった。傾向としては、金井（2011）、植野（2015）、飯島（2016）で指摘されているように、家族内問題、自身のメンタルヘルス問題などが見られることも多かった。

＊3　その際、家族の存在は、無業・孤立状態にある若者の存在が可視化される重要なきっかけとなることも多い。親が支援ニーズを表明することで可視化されてきた中高階層のひきこもりだけでなく、たとえば世帯員に何らかのケアを要する人がいれば介護関係者や保健師、民生委員などが世帯にかかわる可能性も増す。実際、訪問看護師が認知症や健康障害などを発症した親を訪問するなかで、ひきこもり状態の世帯員を発見することがしばしばあるという（岡本・松浦2016）。

＊4　たとえば、生活保護世帯出身で中学卒業後に進学も就職もしない（できない）者たちは「中卒ブラブラ族」と呼ばれ、若年での結婚や出産、その後の生活困難から新たな生活保護家庭をつくりだしてしまう可能性が高いと

して福祉現場で問題視されてきたという（盛満２０１１）。

＊5　これは本研究の成果だが、具体的に論じることができたケースは限られている。また、生活保護世帯の若者に限っていることから、広く貧困・生活不安定世帯の無業・孤立者の状況や経験を可視化できたわけでもない。本書の知見がどの程度の広がりをもつものであるのかは、今後の実践の広がりに待つほかない。

＊6　奥田はパトロールの際におにぎりを手渡して立ち去るのではなく路上にしゃがみ込んでホームレスの人々の話を聞き取ることを通じて（奥田２００６）、あるいは橘ジュンは繁華街で気になる女の子に「夜の声かけ取材」をおこなうことを通じて（橘２０１０）、「無告の民」に置かれやすい人々に関心を寄せかかわろうとしてきたといえるだろう。

＊7　生活保護世帯出身の中学生には、就職を強く意識するあまり将来の夢や進路に対する「天井感」が見られるという指摘があるが（盛満２０１１）、これも他のあり方を感じられる機会の少なさに関係している。

＊8　２０１０年4月から２０１５年3月までのデータによる整理であり、対象者として名前のあがった時期が遅いために「一度も会っていない」「数回は会った」に分類されている者もいる。

＊9　長期欠席および半年以上の無業経験をもたない事業対象者（全対象者１０８名中25名）のなかには、反学校的な仲間集団をもちながら、事業とも継続的にかかわっている若者がごく数名だがいた。

＊10　誤解のないよう加えておくと、孤立状態にある対象者を母数とすると、３人に1人程度は、一度も、あるいは数回しか会えていない人に分類される。

＊11　これは、ｃさんのその後の状況経過にも重ねられる。ｃさんがもともと生きていた生活世界にスタッフが入り込み参画していったわけではなかったため、彼がフリースペース（支援者側のフィールド）からフェードアウトしてゆくと、そのつながりはたやすく途切れてしまった。生活拠点が家に限られている場合、そうした私的空間に支援者が参加していくことは難しい面もあるが、たとえば近年ではスクールソーシャルワーカーが家に入り込

み、その人の生活環境で共に過ごす一員になっていくような実践も示されている（大田2014）。

＊12 ストリートワークとしては、橘ジュンや仁藤夢乃らの取り組みが近い（橘2010、仁藤2014）。ただし、かれらが対象としているのは若年女性であり、またいわゆるヤンチャな子らと形容される者たちではない場合も多い。その多くがストリートで孤立しており、必ずしもコミュニティをもっているわけでもなさそうだ。

＊13 ただし、ワーカーたちは週末に若者たちが何十メートルにも連なって集団的に走る行為にも参加しており、かれらの生活環境へも参画している。こうしたベースがあるからこそ、センターが若者の来所する場所となりえている側面も強い。

＊14 若者支援とユースワーク研究会（主催：平塚眞樹）の欧州視察で訪問した。この話を聞いたとき「わが意を得たり」とふるえる思いがしたことは今でも忘れられない。

＊15 こうした主張は、際限なく恣意的に支援が入り込み、介入の〈無制限性〉を呼び込むものとして批判されうる。岡部茜が言うように、若者の生活基盤を保障する仕組みが一向に整備されないまま、特定の自立イメージを特権化し、それに方向づけられた〈よき生〉へと若者を「教育」するような支援では、対象者を広げる視点は〈生〉への介入を無制限に拡張するだけのものとなるだろう（岡部茜2021a）。そうではなく、ここで主張するような、誰もが支援的かかわりを選び取れる環境の拡大という意味で、利用の〈無条件性〉あるいは〈選択可能性〉として若者支援を問いなおし拡張していくためには、後にも検討するように支援の中身と支援者自身が問われる回路が必要不可欠だ。

＊16 「エンパワーメント」については、R・アダムスを引いて「個人、グループ、および／あるいはコミュニティがその環境をコントロールできるようになることであり、みずから設定したゴールを達成できるようになることであり、それによって自分自身および他者が生活の質を最大限に向上させることができるようになること」だと説明し、「被支援者として障害者だけでなく、一般の個人、集団、組織、コミュニティ、社会までを含む」としてい

る（今田2000：14）。

＊17　上野は、従来の分類概念が当事者側に顕在化しているニーズを劣位に置くような命名や下位分類のあり方であったことを批判し、それへの対抗として四つの類型を意識的に名づけている（上野2008）。

＊18　「孤独死」を取り上げた三井さよは、当人が支援者の手を拒むとき、「自己決定を尊重するべきなのか、さらに一歩踏み込むべきなのか」というジレンマが浮かび上がるとし、「相手が他者であることを踏まえながら、自身をかかわらせ続ける支援」について考察している（三井2008：108）。このような議論も、表明されたニーズに対応する取り組みとして想定されてきた支援の枠組みを広げることで、より議論の俎上に載せられやすくなるのではないか。

＊19　この主張に基づけば、先に示した今田高俊の支援の定義についても、「他者の意図の理解」という点を、当人のニーズの有無や内容を捉えていく過程を含めたものとして解釈することが必要だ。

＊20　以下では、無業・孤立状態の若者に注目してきたひきこもり支援と重ねながら検討をおこなっていく。しかし、葛藤がない（こともある）低階層孤立者の経験や支援と、内的葛藤が重要な位置づけをもってきた中高階層ひきこもりを重ねて議論することへの批判もあるだろう。それは、かつてひきこもりがニートと混同されるなかで、ひきこもり特有の問題（本人の葛藤や経験）が軽視されていったことへの懸念とも重なるものだ（石川良子2007）。それでも、本書で両者を重ねていこうとする一つの理由は、低階層孤立者への支援の必要性が認められていった際、その担い手となるのは現在中高階層のひきこもりなどの支援にかかわっている人々である可能性が高いからだ。「要求応答型」から「支援機関アプローチ型」に異動したときの私の戸惑いも含め、これまでの若者支援を問いなおすかたちで検討していくことは、実践上も意味あることだと考えている。なお、池上正樹が「ひきこもり未満」という言い方で、ひきこもりというカテゴリーでくくれない人々の存在を指摘している（池上2018）。こうした周縁の人々の可視化が進んでいくと、分類や定義に固執したあり方は今後ますます緩和

されていくだろう。

＊21　関水徹平が、ひきこもりを「身動きのできない状態」とのみ捉える解釈では見過ごされる「動的プロセス」があるとした見解も、これに近いものがある（関水２０１６）。ただし、関水はひきこもりを葛藤に強く関連づけて論じており、そこで見過ごされる経験があるという点では同様の問題を抱えている。

＊22　内的葛藤を強調してきた研究のほとんどは語（れ）る人々を対象に、本人から語られたことをもとに議論を展開してきた。他方、若者の生きるストーリーの探究は、まとまった自己語りだけでなく、断片的な日常の会話、表情や沈黙、ふるまいなども材料にしておこなわれる。自己語りをする（したい）とは限らない人々の経験を捉えられるという点でも、若者の生きるストーリーに着目すること、さらにいえばＮＩの着眼点は有効だといえる。さらに、そこで見出されたストーリーは、若者一人で形成されたものではなく、支援者をはじめとした周囲との応答関係のなかで生じ現在進行形で影響を受けていることも多い。新たに生み出される語りやストーリーの揺れや形成過程を射程に入れられる点でも、語られた結果のみに注目してきたインタビュー調査と異なる可能性をもつといえる。今後、この視点から従来語られてきた中高階層のひきこもりの経験やその支援を読み解くことで、より理解が深まるのか否か検討することが求められる。

＊23　斎藤環は、ひきこもりを「葛藤型」「無葛藤型」「回避型」「境界型」に区分けし、工藤と共に「葛藤型」がもっとも多く「やりやすいタイプ」だとした（工藤・斎藤２００１：31）。

＊24　そもそも生きる気力が減退しているときや混乱状態にあるときには、どのように生きようとするのかという展望を本人が形成できないような状況も考えられる。しかし、この視点のもととなったＮＩに注目する意義は、むしろストーリーを描けなくなりストップしているように傍からは見える人々のストーリーを汲み取っていくことにある。たとえば家に閉じこもる人々を「ストーリーを描けずにいる」と捉えてしまえば、かれらなりに生きようとするストーリーを見落とすことになるのだ。

＊25　富山県のコミュニティハウス「ひとのま」を主宰する宮田隼は、ひきこもり相談に対して「解決させようとしない」という考え方を示している。「向こうにとってみれば別に付き合っていても損じゃない」という関係は、重なるところがあるだろう（公益財団法人鉄道弘済会　第57回社会福祉セミナー「「ひきこもり」と社会福祉」2021年7月4日）。

＊26　若者政策が就労に傾斜してきたことは、若者政策の発端から見ても明らかだ。また、「やっとの思いで獲得した居場所を離れるのは怖いから、そこに滞留してしまうことになる」として、居場所（フリースペース）をもたないとする実践もある（津富・NPO法人青少年就労支援ネットワーク静岡編著2011：50）。

＊27　NIの言葉を借りると、再ストーリー化を応援する営みとも表現できるだろう。ただし、新しいストーリーが立ち上がることのみならず、その安定性を増していく過程も含めて支えていくことを重視する点で、NIで用いられる再ストーリー化よりも長いスパンが想定されている。若者支援に実践・研究双方からかかわってきた南出吉祥は「自分づくりの応援」という言葉で表現しており、これにも重なるものだ。

＊28　たとえばセイラーら（2009）の著書で取り上げられる「臓器提供者を増やす方法」では、規程に基づいた手続きをもって臓器を提供する意思を表明しなければならない明示的同意方式から、不同意の場合はその意思表示を簡単にできる機会を設ける推定同意方式にデフォルト・ルールを変更するだけで、提供同意者は増え、臓器提供によって救われる命も増えるとした。しかし、これは社会規範として臓器提供をすることが正しいと訴えかけることにもなる。「倫理や価値の問題を素通りして「よい」という社会規範、ルールを課すこと」に通じているのだ（石川時子2012：53）。

＊29　若者の生きるストーリーを捉えることを実践の要として提起した本書の立ち位置からすれば、その探究に支援者の生きるストーリーがどう影響し、また実践のなかでどのように変わっている（いない）のか検討できていないことは、若者の生きるストーリーを真に捉え、また捉えなおすことが実践上できていたのかという問題にもか

かわる点で、本研究に残された重大な課題だろう。

＊30　本書が依拠してきたＮＩを提唱したクランディニンらの研究では、教師の生きるストーリーが、そのライフヒストリーやワードイメージから具体的に語られており、より（文化的）多様性を含みこむものとして再ストーリー化されていく様子が示されている。再ストーリー化の契機となっているのは、ほとんどの場合、「緊張関係に陥ったとき」であったという（クランディニンほか２０１１：２１８）。緊張関係をはね除けるのではなく再ストーリー化の方向に向かうのはなぜかについての明言はないが、「互いに出会い、かかわることが、新しい支えとするストーリーの足場となる」と言及されている（同前：２１９）。こうした知見を参照しながら、たとえば「緊張関係に陥ったとき」若者支援の実践者はどのように自身を問いなおしているのか（いないのか）検討していくことが必要だ。

※　本研究は、日本学術振興会科研費１５Ｈ０６５４３、１７Ｋ１３９９４の助成を受けた。

資　料

資料-1　本書に登場する若者

	年齢／性別	事業とのかかわり	学校経験（かかわり前／かかわり後）	世帯
aさん	20代半ば／男性	7年	中学不登校→高校中退／→高校（通信制）卒	母（入院），父，姉（異父）
bさん	20代後半／男性	5年	専門学校（映像系）卒（前後で変化なし）	単身（家族：母，姉，妹）
cさん	20代前半／男性	7年	中学不登校→高校不進学／→高校（通信制）休学	母，妹，妹
eさん	20代半ば／男性	2年半	高校中退／→高校（通信制）卒	母，四人妹弟（異父），姪

注）2015年3月時点

資料-2　本書に登場する事業スタッフ

	年齢／性別	所属等	資格等	若者支援現場経験年数
スタッフA	30代半ば／女性	B市嘱託職員	臨床心理士	8年程度
スタッフB	30代半ば／男性	NPO法人職員，元法人利用者	社会福祉士・精神保健福祉士	8年程度
スタッフC	20代後半／女性	NPO法人職員，大学院生（筆者）	教員免許（小／中／養護）	6年程度

注）2015年3月時点

資料-3　若者の経年変化

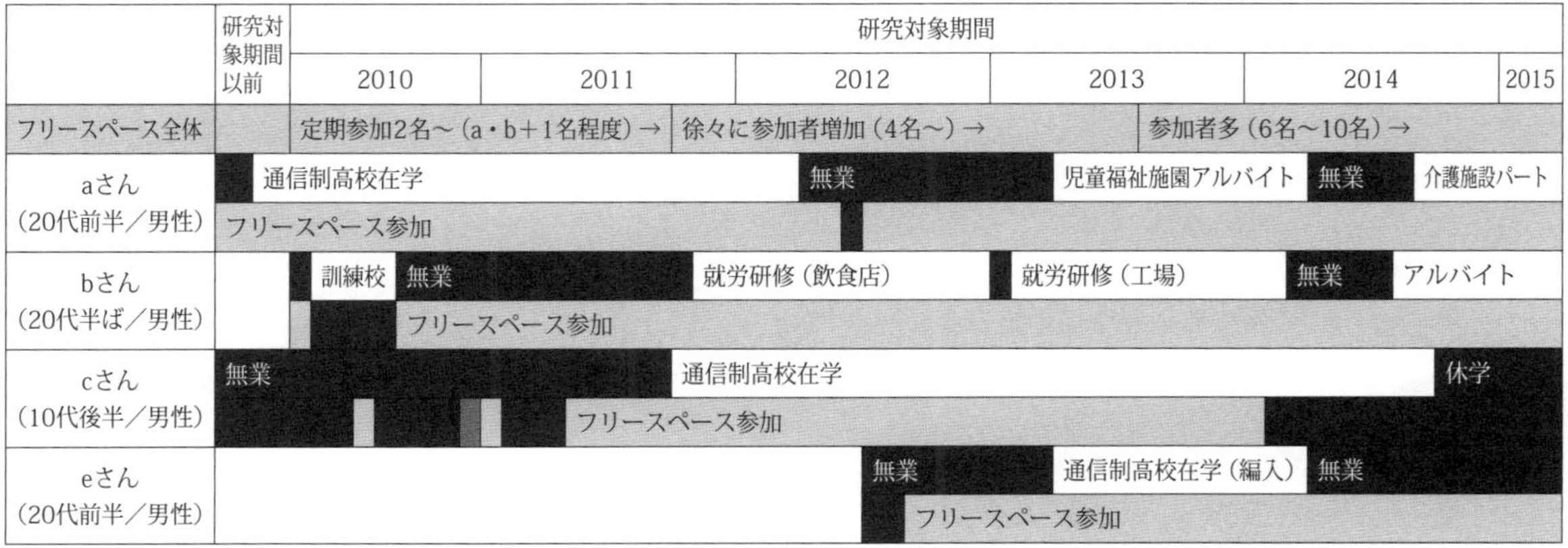

注）1：年齢は2010年4月時点
　2：上段は当時の状況を示し，無業の時期は濃いグレーにしている。下段はフリースペースへの参加状況を示し，定期的なかかわりがもてずにいる時期は濃いグレーにしている。

あとがき

自分がかかわり、大事に思ってきた人たちとの取り組みについて、ようやく一つのかたちとして示すことができた。正直なところを言えば、本書の実践については、その意義を示したいと思いながら、同時にその暴力性や抑圧性にどう向き合い表現するのか、私自身が問われていると感じてきた。「これを言いたい」という思いと、「言ったら誰かを傷つける（ことにつながる）のではないか」という思いを行ったり来たりしながら、ここまで筆を進めてきた。

不十分なところも多かろうが、それでも一つ感じていることがある。それは、本書の提起が議論のきっかけにはなりうるだろうということだ。私もそうだったが、何を大事にし、何をめざし実践するのかといった事柄は、日々の実践のなかでは意識の下に埋もれてしまうことが少なくない。本書の提起に対し、それぞれの立場から改めて自身の経験や実践、若者支援が大事にすべきことは何かといったことを考え、周囲と議論するなかで、日常では沈んでしまいがちな事柄を語り合うきっかけが生まれたらと願っている。

また、そうして出てきた意見や批判は、ぜひ広く共有してもらいながら、私自身もまた、実践者としても、研究者としても、考えを深め、改め、更新していくことができたらと思う。本書の足りなさの言い訳にも聞こえるかもしれないが、読者の皆さんからの反応を通じて、今後より議論を深めていくことができたらこれほどうれしいことはない。

本書は、2018年12月に首都大学東京（現東京都立大学）大学院人文科学研究科に提出した博士論文「不可視化された低層孤立者の経験と〈若者支援〉」をもとに、実践者の方にも読んでいただけるよう、大幅な加筆修正をおこなったものだ。

誰よりもまず、本書のフィールドとなった事業にかかわった若者とスタッフ、関係者の方々に、最大の感謝を申し上げたい。気づけば一緒にいた時間以上の月日が経ってしまったことに驚くばかりだが、不思議なことに、今でも心に住みつく他者の一人としてみんながいる。私を共に過ごす仲間として受け入れてくれたことに、心から感謝したい。ありがとう、また会いましょう。

それから、事業の委託元だったNPO法人の方々にも、お礼申し上げたい。大学院生のとき、初めて足を踏み入れた現場がここでなかったら、私は今もこの研究や活動を続けていたかわからない。こんなふうに自分を語り、弱みを見せながら、共に生きられる場所があるんだという発見が、あのときの私にとってどれほど衝撃であったことか。その出会いと、今でも続くつながりに、深く感謝したい。

さらに、指導教員である乾彰夫先生には、本当にたくさんのことを教わった。そもそも、現場に足を踏み入れたのも先生の勧めからだった。数々の指導のなかでも忘れられないエピソードがある。修士課程のとき、ひきこもりを経験した若者にインタビューをしたことがあった。そのとき、親子関係の話がまったく出てこないインタビュー記録を見て、先生は「かれらが語らないのではなく、あなたが聞けないだけなんじゃないの」というような主旨のことを言った。親子関係への違和感を抱えていた私自身に向けられた言葉だった。調査や論文執筆で問われるのは自分自身のあり方であり姿勢でもあるのだと、痛烈に突きつけられた体験だった。

似たことは、博論の副査を引き受けてくださり、大学院時代の先輩でもある杉田真衣さんからも一貫して問われていたように思う。あるとき言われた「若者に、変わることを求めていますよね」という言葉は、今でも耳に残る。若者と真摯に向き合いながら調査を続けてきた杉田さんのまっすぐな指摘は、ごまかしたり、目を背けたりしようとする自分に気づかされる機会を幾度も与えてくれた。また、同じく副査の浜谷直人先生にも大変お世話になった。どのように研究の意義を示せるのか、どのように伝えることが必要か、何度もコメントをいただいた。博士論文完成までの道のりは本当に長く、つらいものだったが、三人の方々による熱心なご指導と支えによって、なんとか学位取得までたどり着くことができた。本当に、ありがとうございました。

そのほかにも、お世話になり、お礼を申し上げたい方々は数え切れない。

東京都立大学の乾ゼミの方々には、共同研究を通じて研究のイロハを、身をもって学ばせていただいた。特に、宮島基さん、中村清二さん、児島功和さん、南出吉祥さん、柴田万里子さん、桑嶋晋平さんとは、何度も議論を重ねながら論文を書きなおし、ケースの読み方・議論の展開の仕方を教えてもらった。また、三浦芳恵さんとは、同期ならではのつながりと刺激しあう関係があったと思う。

さらに、法政大学の平塚眞樹さんには、研究会を通じてたくさんの出会いと機会をいただいた。全国の実践者の方々と欧州をめぐり、議論するなかで学んできたことは大きく、それをうまく本書の展開につなげきれていないことは課題だ。また、都留文科大学の田中昌弥先生には、当時北海道教育大学にいらした際に指導教員として大変お世話になった。生きづらさの真っただ中にいた私の話を聞き、言葉をくれ、その葛藤に丁寧に付き合ってくださったことが、大学院に進学しここまで研究を続けてきたことのスタートにあったと思う。

それから、若者研究会の南出吉祥さん、阿比留久美さん、岡部茜さん、御旅屋達さんとの関係も支えだ。皆さんとの議論は刺激に満ちていて、いつも背中を押される気持ちになる。こうしたつながりをもちながら研究できることに心から感謝したい。

東京を離れ、滋賀県に移り住んだ当初は不安もあったが、関西圏の実践者の方々、ひきこもり等を経験した若者の皆さんとの新たな出会いに励まされ、支えられてきた。職場である滋賀県立大学の先生方のサポートもあり、実践・研究の両方を手放さずにいることができる。

また、本書の執筆にあたっては大月書店の角田三佳さんに大変お世話になった。角田さんの的確なコメントと時々の励ましが、本書完成までの大きな力となった。深くお礼申し上げる。

最後に、若者当事者として、また支援者として、日々多くの発見と刺激をくれる島村恒平さんに、格別の感謝を示したい。島村さんとの対話なしには、博士論文も、また本書も、書ききることは到底できなかった。

学生時代からどこか生きづらさを感じてきた私が、若者支援の領域に出会い、かかわるようになったのは必然でもあったのだろうが、それはとても幸運なことだったと今になって思う。何年も会っていない人たちも含めて、つながり、共にある感覚をもてることが、何にも代えがたい支えであり、財産である。本書を通じて、さらなる新しい出会いとかかわりが生まれることを期待して、筆をおきたい。

２０２１年11月29日

原　未来

文　献

主として邦訳書を用いた場合は，邦訳書名の後に原著書名を記載した。なお，邦訳書からの引用は原著書を参照し一部変更したものもある。

A

阿部彩（2011）「子どもの社会生活と社会経済階層（SES）の分析――貧困と社会的排除の観点から」『こども環境学研究』7(1)，pp.72-78

安倍晋三（2007）「衆議院議員赤嶺政賢君提出若年者の雇用政策と支援に関する質問に対する答弁書」（内閣衆質166第162号，2007年4月17日）

阿比留久美（2012）「「居場所」の批判的検討」田中治彦・萩原建次郎編著『若者の居場所と参加――ユースワークが築く新たな社会』東洋館出版社，pp.35-51

秋元美世・大島巌・芝野松次郎・藤村正之・森本佳樹・山縣文治編（2003）『現代社会福祉辞典』有斐閣

雨宮処凛（2007）『生きさせろ！――難民化する若者たち』太田出版

青木秀男編著（2010）『ホームレス・スタディーズ――排除と包摂のリアリティ』ミネルヴァ書房

青木紀（1993）「子どもの「社会生活」と階層」青木紀・杉村宏・松本伊智朗・野崎哲也「現代社会の子育てと社会階層――北海道子どもの生活環境調査から」『教育福祉研究』2，pp.31-45

青木紀（1997）「貧困の世代的再生産――教育との関連で考える」庄司洋子・杉村宏・藤村正之編著『貧困・不平等と社会福祉』有斐閣，pp.129-146

青木紀（2003）「貧困の世代的再生産の現状――「B市における実態」青木紀編著『現代日本の「見えない」貧困――生活保護受給母子世帯の現実』明石書店，pp.31-83

蟻塚亮二（2010）「学説と現実との隙間――第2回　治ればそれでいいのか」『精神科臨床サービス』10(2)，pp.260-266

安宅仁人（2007）「「若者自立塾」の実践が提起するもの――若者自立支援政策の批判的検討と支援実践の展望」『北海道大学大学院教育学研究院紀要』103，pp.181-190

B

坂東充彦（2007）「ひきこもり者の心理状態に関する一研究――文献における

「当事者の語り」の分析より」『九州大学心理学研究』8, pp.185-193
別府朋来（2016）「「居場所」における若者たちと支援実践――若者支援NPOの事例から」『社会臨床雑誌』24(2), pp.95-108
バーンスティン, B.（1981）『言語社会化論』（萩原元昭訳）明治図書（Bernstein, B. 1971 *Class, Codes and Control Volume1: Theoretical Studies towards a Sociology of Language*, Routledge & Kegan Paul Ltd.）
尾藤廣喜・小久保哲郎・吉永純編著（2011）『生活保護「改革」ここが焦点だ！』あけび書房
ブロス, P.（1971）『青年期の精神医学』（野沢栄司訳）誠信書房（Blos, P. 1962 *On Adolescence: A Psychoanalytic Interpretation*, The Free Press of Glencoe.）
ブルデュー, P.（1990）『ディスタンクシオンⅠ』（石井洋二郎訳）藤原書店（Bourdieu, P. 1979 *La distinction: critique sociale du jugement*, Editions de Minuit.）
Bradshaw, J.（1972）Taxonomy of social need, in McLachlan, G. ed., *Problems and Progress in Medical Care: Essays on Current Research, 7th series*. Oxford University Press, pp.71-82.
部落解放・人権研究所編（2005）『排除される若者たち――フリーターと不平等の再生産』解放出版社
Bynner, J. M.（2005）Rethinking the Youth Phase of the Life-course: The Case for Emerging Adulthood?, *Journal of Youth Studies*, 8(4), pp.367-384.

C

知念渉（2018）『〈ヤンチャな子ら〉のエスノグラフィー――ヤンキーの生活世界を描き出す』青弓社
中央職業能力開発協会（2010）「合宿型若者自立プログラムの受付開始」
Clandinin, D. J.（2012）Potential of Narrative Inquiry: Understanding Lives in Motion,（日本臨床教育学会第2回研究大会記念講演「ナラティブ的探求の可能性～動きの中で一人ひとりの人生をとらえる」）
Clandinin, D. J. and Connelly, F. M.（2000）*Narrative inquiry: Experience and Story in Qualitative Research*, Jossey-Bass.
クランディニン, D. J. ほか（2011）『子どもと教師が紡ぐ多様なアイデンティティ――カナダの小学生が語るナラティブの世界』（田中昌弥訳）明石書店（Clandinin, D. J., Huber, J., Huber, M., Murrhy, M. S., Orr, A. M., Pearce, M. and Steeves, P. 2006 *Composing Diverse Identities: Narrative inquiries into the*

interwoven lives of children and teachers, Routledge.）
Connelly, F. M. and Clandinin, D. J.（1990）Stories of experience and narrative inquiry, *Educational Researcher*, 19(5), pp.2–14.
Corbanese, V. and Rosas, G.（2017）*Guide for developing national outreach strategies for inactive people*, International Labour Organization.

D
デューイ, J.（2004）『経験と教育』（市村尚久訳）講談社（Dewey, J. 1938 *Experience and Education*, The Macmillan Company.）

E
遠藤治雄（2020）「生活困窮者自立支援制度とひきこもりの方への支援」（東京都ひきこもりに係る支援協議会（令和2年度第1回，委員提供資料4八王子市福祉部生活自立支援課（自立相談支援機関）主任相談支援員・遠藤治雄委員）
江藤すみれ（2017）「「私」として生きていくこと」漆葉成彦・青木道忠・藤本文朗編著『何度でもやりなおせる――ひきこもり支援の実践と研究の今』クリエイツかもがわ，pp.21–30

F
藤里町社会福祉協議会・秋田魁新報社編（2012）『ひきこもり町おこしに発つ』秋田魁新報社
福原宏幸（2012）「日本におけるアクティベーション政策の可能性――現状と展望」福原宏幸・中村健吾編著『21世紀のヨーロッパ福祉レジーム――アクティベーション改革の多様性と日本』糺の森書房，pp.249–288
福原宏幸・中村健吾（2012）「序」福原宏幸・中村健吾編著（2012）『21世紀のヨーロッパ福祉レジーム――アクティベーション改革の多様性と日本』糺の森書房，pp.i–xvi
福原宏幸・中村健吾・柳原剛司（2015）「序章」福原宏幸・中村健吾・柳原剛司編著『ユーロ危機と欧州福祉レジームの変容――アクティベーションと社会的包摂』明石書店，pp.13–46
ファーロング, A.（2006）「NEET概念の登場とその意味づけ」乾彰夫編著『不安定を生きる若者たち――日英比較 フリーター・ニート・失業』大月書店，pp.70–76
Furlong, A.（2013）*Youth Studies: An introduction*, Routledge.

Furlong, A., Cartmel, F., Powney, J. and Hall, S.（1997）*Evaluating Youth Work with Vulnerable Young People*, The Scottish Council for Research in Education.

ファーロング, A.／カートメル, F.（2009）『若者と社会変容――リスク社会を生きる』（乾彰夫・西村貴之・平塚眞樹・丸井妙子訳）大月書店（Furlong, A. and Cartmel, F. 1997 *Young People and Social Change*, Open University Press.）

古川八郎・菱山洋子（1980）「学校ぎらいの統計研究（1）――東京都における出現率の推移と社会的要因の考察」『児童精神医学とその近接領域』21(5), pp.300-309

二神能基（2005）『希望のニート――現場からのメッセージ』東洋経済新報社

G

玄田有史（2001）『仕事のなかの曖昧な不安――揺れる若年の現在』中央公論新社

玄田有史（2005）「若年無業者の実情」内閣府「青少年の就労に関する研究調査」pp.5-26

玄田有史（2013）『孤立無業（SNEP）』日本経済新聞出版社

玄田有史・二神能基・石臥薫子（2004）「「ニート」と「引きこもり」――若者が見つけられないこの国の希望の正体とは!?」『くらしと教育をつなぐWe』13(128), pp.2-22

玄田有史・曲沼美恵（2004）『ニート――フリーターでもなく失業者でもなく』幻冬舎

ギデンズ, A.（2005）『モダニティと自己アイデンティティ――後期近代における自己と社会』（秋吉美都・安藤太郎・筒井淳也訳）ハーベスト社（Giddens, A. 1991 *Modernity and Self-Identity: Self and Society in the Late Modern Age*, Polity Press.）

ゴッフマン, E.（2002）『儀礼としての相互行為――対面行動の社会学〈新訳版〉』（浅野敏夫訳）法政大学出版局（Goffman, E. 1967 *Interaction Ritual: Essays on Face-to-Face Behaviour*, Anchor Books, Doubleday and Company Inc.）

五石敬路（2017）「生活困窮者自立支援の特徴と課題――アクティベーションと言えるか？」『貧困研究』19, pp.5-17

後藤道夫（2001）『収縮する日本型〈大衆社会〉――経済グローバリズムと国

民の分裂』旬報社
後藤道夫（2011）『ワーキングプア原論――大転換と若者』花伝社

H
Hamilton, M. G. and Adamson, E. (2013) Bounded agency in young carers' lifecourse-stage domains and transitions, *Journal of Youth Studies*, 16(1), pp.101-117.
濵田江里子（2012）「日本の若者政策における「若者問題」」宮本みち子・佐藤洋作・宮本太郎編著『アンダークラス化する若者たち――生活保障をどう立て直すか』明石書店，pp.215-241
原未来（2012）「対象関係組み替え過程としての「ひきこもり」と〈回復〉――当事者の語りと支援実践から」『生活指導研究』29，pp.175-193
原未来（2014a）「生活保護世帯の若者へのアウトリーチ型支援」『教育科学研究』28，pp.1-11
原未来（2014b）「サポステリサーチ報告」特定非営利活動法人文化学習協同ネットワーク『さがみはらパーソナル・サポート・センター活動報告ブックレット2013』pp.18-25
原未来（2015）「〈若者支援〉におけるフリースペース実践――「居場所」で紡がれる若者たちのストーリー」『臨床教育学研究』3，pp.110-126
長谷川裕（1993）「生活困難層の青年の学校「不適応」」久冨善之編『豊かさの底辺に生きる――学校システムと弱者の再生産』青木書店，pp.107-145
林明子（2016）『生活保護世帯の子どものライフストーリー――貧困の世代的再生産』勁草書房
狭間香代子（2013）「ニーズ」山縣文治・柏女霊峰編集委員代表『社会福祉用語辞典――福祉新時代の新しいスタンダード〈第9版〉』ミネルヴァ書房，pp.292-293
ハーマン, J. L.（1999）『心的外傷と回復〈増補版〉』（中井久夫訳）みすず書房（Herman, J. L. 1992 *Trauma and Recovery*, Basic Books, a division of Harper Collins Publishers, Inc.）
非行克服支援センター研究プロジェクト（2014）『何が非行に追い立て，何が立ち直る力となるか――「非行」に走った少年をめぐる諸問題とそこからの立ち直りに関する調査研究』新科学出版社
平塚眞樹（2009）「おとなへの“わたり”の個人化――英国における若年支援政策をめぐって」豊泉周治・佐藤和夫・高山智樹編『生きる意味と生活を問

い直す――非暴力を生きる哲学』青木書店，pp.180-202
平塚眞樹（2012）「ヨーロッパにおける若者支援の現段階――フィンランドに焦点をあてて（第2回）ユースワークという世界」『高校のひろば』83, pp.66-69
本田良一（2010）『ルポ生活保護――貧困をなくす新たな取り組み』中央公論新社
本田由紀（2005）「無業者の経歴と現状」内閣府「青少年の就労に関する研究調査」pp.41-62
本田由紀（2006）「「現実」――「ニート」論という奇妙な幻影」本田由紀・内藤朝雄・後藤和智『「ニート」って言うな！』光文社，pp.15-112
本田由紀（2008）『軋む社会――教育・仕事・若者の現在』双風舎
保坂亨（2000）『学校を欠席する子どもたち――長期欠席・不登校から学校教育を考える』東京大学出版会
保坂亨（2002）「不登校をめぐる歴史・現状・課題」『教育心理学年報』41(0), pp.157-169
保坂亨（2019）『学校を長期欠席する子どもたち――不登校・ネグレクトから学校教育と児童福祉の連携を考える』明石書店
星加良司（2012）「当事者をめぐる揺らぎ――「当事者主権」を再考する」「支援」編集委員会編『支援 Vol.2』生活書院，pp.10-28

I

イェルガコポロ，アレクサンドラ（2013）「ナラティブ分析」佐藤彰・秦かおり編著『ナラティブ研究の最前線――人は語ることで何をなすのか』ひつじ書房，pp.1-42
飯島裕子（2016）『ルポ貧困女子』岩波書店
飯島裕子・ビッグイシュー基金（2011）『ルポ若者ホームレス』筑摩書房
池上正樹（2018）『ルポひきこもり未満――レールから外れた人たち』集英社
池上正樹・塩倉裕・永冨奈津恵（2003）「座談会ひきこもりが問いかける，現代の課題――「ひきこもり」を考える」『世界』718, pp.213-223
池谷秀登（2008）「生活保護現場からみる子どもの貧困――自立と自己実現に向けた福祉事務所の支援」浅井春夫・松本伊智朗・湯澤直美編『子どもの貧困――子ども時代のしあわせ平等のために』明石書店，pp.172-192
生田武志（2007）『ルポ最底辺――不安定就労と野宿』筑摩書房
今田高俊（2000）「支援型の社会システムへ」支援基礎論研究会編『支援学

──管理社会をこえて』東方出版，pp.9-28
今井貴子（2012）「転換期の政策デザイン──アングロ・サクソン型社会的包摂の政治過程」武川正吾・宮本太郎編著『講座 現代の社会政策 第6巻 グローバリゼーションと福祉国家』明石書店，pp.151-179
稲村博（1988）『登校拒否の克服──続・思春期挫折症候群』新曜社
乾彰夫（2002）「若者たちの労働市場のいま──「学校から仕事へ」の移行過程変容の性格と課題」竹内常一・高生研編『揺らぐ〈学校から仕事へ〉──労働市場の変容と10代』青木書店，pp.12-34
乾彰夫（2006）「「フリーター・ニート」概念の問題性」乾彰夫編著『不安定を生きる若者たち──日英比較 フリーター・ニート・失業』大月書店，pp.16-27
乾彰夫（2010）『〈学校から仕事へ〉の変容と若者たち──個人化・アイデンティティ・コミュニティ』青木書店
乾彰夫（2012）「高校中退後の若者たちの生活・労働・学びと成長──内閣府高校中退者調査から」北海道大学大学院教育学研究院附属子ども発達臨床研究センター『遊ぶ・働く・学ぶ──持続可能な発達の支援のために シンポジウム報告書』pp.44-53
乾彰夫・平塚眞樹（2011）「ポスト産業社会イギリスにおける若者の移行過程変容と若年支援政策」鈴木敏正・姉崎洋一『持続可能な包摂型社会への生涯学習──政策と実践の日英韓比較研究』大月書店，pp.109-134
一般社団法人北海道総合研究調査会（2012）「パーソナル・サポート・サービスの評価手法等に関する調査　報告書」
一般社団法人インクルージョンネットかながわ（2017）「生活困窮者自立相談支援事業における中高年ひきこもり者とその家族への効果的な支援に関する研究報告書」（厚生労働省平成28年度社会福祉推進事業）
石橋和彦（2013）「何を考えてケースワークをしているのか──反省も込めて」埋橋孝文編著『福祉＋α④生活保護』ミネルヴァ書房，pp.166-176
石田光規（2011）『孤立の社会学──無援社会の処方箋』勁草書房
石川時子（2007）「パターナリズムの概念とその正当化基準──「自律を尊重するパターナリズム」に着目して」『社会福祉学』48(1)，pp.5-16
石川時子（2012）「社会福祉における「誘導」とリバタリアン・パターナリズム論の近似性」『社会福祉』53，pp.45-56
石川良子（2005）「「ニート」論の批判的検討──「ひきこもり」当事者の語りから」『日本教育社会学会大会発表要旨集録』57，pp.195-196

石川良子（2007）『ひきこもりの〈ゴール〉――「就労」でもなく「対人関係」でもなく』青弓社
石川良子（2017）「〈聴くこと〉の難しさと〈語れなさ〉」webちくま連載「ひきこもり支援論――人の話を聴くこと・わかること」第5回（2017年11月3日）http://www.webchikuma.jp/category/hikikomori（2021年10月31日確認）
伊丹敬之（2005）『場の論理とマネジメント』東洋経済新報社
伊藤茂樹（2003）「不登校」苅谷剛彦・志水宏吉編著『学校臨床社会学――「教育問題」をどう考えるか』放送大学教育振興会，pp.51-63
伊藤茂樹・森重雄・山田正行（1990）「登校拒否問題の再検討――地域特性を中心に」『日本教育社会学会大会発表要旨収録』42，pp.169-170
岩井浩（2013）「失業給付指標の国際比較と雇用保険の論点――日英比較を中心に」『関西大學經濟論集』63(1)，pp.37-71
岩満賢次（2019）『若年生活困窮者支援とガバナンス』晃洋書房
岩田正美（2005）「「被保護層」としての貧困――「被保護層」は貧困一般を代表するか？」岩田正美・西澤晃彦編著『貧困と社会的排除――福祉社会を蝕むもの』ミネルヴァ書房，pp.171-194
岩田正美（2008）『社会的排除――参加の欠如・不確かな帰属』有斐閣

J

ジョーンズ，G.／ウォーレス，C.（2002）『若者はなぜ大人になれないのか――家族・国家・シティズンシップ 第2版』（宮本みち子監訳）新評論（Jones, G. and Wallace, C. 1992 *Youth, Family and Citizenship*, Open University Press.）
JYCフォーラム若者支援全国協同連絡会（2016）『第11回 全国若者・ひきこもり協同実践交流会 in ふくしま 報告集』

K

籠山京（1953）「貧困家庭の学童における問題」『教育社会学研究』4，pp.18-27
梶原豪人（2020）「貧困家庭の不登校をめぐる研究の動向と課題」『社会福祉学』61(2)，pp.59-70
垣田裕介（2011）「パーソナル・サポート型支援による社会的包摂の可能性――貧困に対する社会政策の論点と課題」『大分大学経済論集』63(4)，pp.27-49
金井淑子（2011）「不可視化される「女性の〈若者問題〉」」宮本みち子・小杉礼子編著『二極化する若者と自立支援――「若者問題」への接近』明石書

店，pp.97-103
狩野力八郎・近藤直司編（2000）『青年のひきこもり――心理社会的背景・病理・治療援助』岩崎学術出版社
苅谷剛彦（2008）『学力と階層――教育の綻びをどう修正するか』朝日新聞出版
苅谷剛彦・志水宏吉編（2004）『学力の社会学――調査が示す学力の変化と学習の課題』岩波書店
春日井敏之・櫻谷眞理子・竹中哲夫・藤本文朗編（2016）『ひきこもる子ども・若者の思いと支援――自分を生きるために』三学出版
加藤弘通（2005）「ひきこもりの心理」白井利明編『迷走する若者のアイデンティティ――フリーター，パラサイト・シングル，ニート，ひきこもり』ゆまに書房，pp.189-213
勝山実（2001）『ひきこもりカレンダー』文春ネスコ
勝山実（2017）「藤里町のひきこもり支援が心配だ」「勝山実＠鳴かず飛ばず働かず」（2017年5月15日，2020年1月13日修正記事）https://hikilife.com/hikikomori/fujisato-machi-worried/（2021年10月31日確認）
川北稔（2005）「ストーリーとしての引きこもり経験」『愛知教育大学教育実践総合センター紀要』8，pp.261-268
川北稔（2006）「ひきこもり支援の課題と展望――社会規範を解きほぐす居場所の実践から」忠井俊明・本間友巳編著『不登校・ひきこもりと居場所』ミネルヴァ書房，pp.240-260
川北稔（2019a）「ひきこもり状態にある人の高年齢化と「8050問題」――生活困窮者相談窓口の調査結果から」『愛知教育大学研究報告．人文・社会科学編』68，pp.125-133
川北稔（2019b）『8050問題の深層――「限界家族」をどう救うか』NHK出版
喜田裕子（2019）「貧困を背景とした不登校中学生への学校と地域の連携による支援」『富山大学人文学部紀要』71，pp.37-47
貴戸理恵（2012）「支援者と当事者のあいだ」「支援」編集委員会編『支援Vol.2』生活書院，pp.65-71
菊池まゆみ（2015）『「藤里方式」が止まらない――弱小社協が始めたひきこもり支援が日本を変える可能性？』萌書房
木下弘（1948）「長期欠席生徒の調査」『教育』10，pp.52-55
北尾倫彦（1986）「落ちこぼれ・無気力・ひきこもり」『教育と医学』34(5)，pp.439-443

北岡健二・植山つる・徳永はな江ほか（1952）「青少年の問題をめぐつて――長期欠席の原因・対策（座談会）」『教育統計』18，pp.72-93
こころの健康科学研究地域精神保健活動における介入のあり方に関する研究（2003）「10代・20代を中心とした「ひきこもり」をめぐる地域精神保健活動のガイドライン――精神保健福祉センター・保健所・市町村でどのように対応するか・援助するか」
児美川孝一郎（2010）「「若者自立・挑戦プラン」以降の若者支援策の動向と課題――キャリア教育政策を中心に」『日本労働研究雑誌』52(9)，pp.17-26
近藤直司（2017）『青年のひきこもり・その後――包括的アセスメントと支援の方法論』岩崎学術出版社
近藤直司・長谷川敏雄編著（1999）『引きこもりの理解と援助』萌文社
近藤直司・清田吉和・北端裕司・黒田安計・黒澤美枝・境泉洋・富士宮秀紫・猪股夏季・宮沢久江・宮田量治（2010）「思春期ひきこもりにおける精神医学的障害の実態把握に関する研究」厚生労働科学研究費補助金こころの健康科学研究事業『思春期のひきこもりをもたらす精神科疾患の実態把握と精神医学的治療・援助システムの構築に関する研究』（平成21年度総括・分担研究報告書，主任研究者：齊藤万比古）pp.67-86
小西祐馬（2003）「貧困と子ども」青木紀編著（2003）『現代日本の「見えない」貧困――生活保護受給母子世帯の現実』明石書店，pp.85-109
小西祐馬（2007）「子どもの貧困とライフチャンスの不平等――構造的メカニズムの解明のために」岩川直樹・伊田広行編著『貧困と学力』明石書店，pp.114-131
小杉礼子（2003）『フリーターという生き方』勁草書房
小杉礼子（2004）「若年無業者増加の実態と背景――学校から職業生活への移行の隘路としての無業の検討」『日本労働研究雑誌』46(12)，pp.4-16
小杉礼子・堀有喜衣（2003）「学校から職業への移行を支援する諸機関へのヒアリング調査結果――日本におけるNEET問題の所在と対応」日本労働研究機構ディスカッションペーパー，03-001
厚生労働省（2005）「平成17年度における自立支援プログラムの基本方針について」
厚生労働省（2015-2017）「21世紀出生児縦断調査（平成13年出生児）」第13～15回
厚生労働省（2018）「「生活保護世帯出身の大学生等の生活実態の調査・研究」の結果（概要）」（2018年6月25日報道発表）

厚生労働省（2020）「2019年国民生活基礎調査の概況」
厚生労働省職業安定局若年者雇用対策室（2004）「「若者自立・挑戦プラン」に基づく若年者雇用対策の推進」『職業研究』pp.33-38
厚生労働省・都道府県労働局・ハローワーク・中央職業能力開発協会（2009）「緊急人材育成支援事業（基金訓練，訓練・生活支援給付金）ご案内」
小山裕（2016）「家庭のなかの子どもからみた学校と戦争――一九五二－五八年」相澤真一・土屋敦・小山裕・開田奈穂美・元森絵里子『子どもと貧困の戦後史』青弓社，pp.75-104
工藤宏司（2008）「ゆれ動く「ひきこもり」――「問題化」の過程」荻野達史・川北稔・工藤宏司・高山龍太郎編著『「ひきこもり」への社会学的アプローチ――メディア・当事者・支援活動』ミネルヴァ書房，pp.48-75
工藤定次・斎藤環（2001）『激論！ひきこもり』ポット出版
工藤定次・スタジオポット（1997）『おーぃ，ひきこもりそろそろ外へ出てみようぜ――タメ塾の本』ポット出版
工藤定次・YSCスタッフ・永冨奈津恵（2004）『脱！ひきこもり――『YSC（青少年自立援助センター）の本』ポット出版
釧路市福祉部生活福祉事務所編集委員会（2016）『希望をもって生きる――自立支援プログラムから生活困窮者支援へ　釧路チャレンジ〈第2版〉』全国コミュニティライフサポートセンター

L

李暁博（2013）「日本語教師の「個人的実践知」についての一考察――ナラティブ・インクワイアリーという手法を用いて」『日本語日本文学』23，pp.55-70
リスター, R.（2011）『貧困とはなにか――概念・言説・ポリティクス』（松本伊智朗監訳）明石書店（Lister, R. 2004 *Poverty*, Polity Press）

M

牧原寛之・長屋正男・中嶌真知子（1985）「単親家庭の登校拒否に関する研究――7年間の児童相談所記録に基く分析」『児童青年精神医学とその近接領域』26(5)，pp.303-315
丸山里美（2013）『女性ホームレスとして生きる――貧困と排除の社会学』世界思想社
丸山康彦（2014）『不登校・ひきこもりが終わるとき――体験者が当事者と家

族に語る，理解と対応の道しるべ』ライフサポート社
松本伊智朗（1993）「子育てと「社会的ネットワーク」」青木紀・杉村宏・松本伊智朗・野崎哲也「現代社会の子育てと社会階層――北海道子どもの生活環境調査から」『教育福祉研究』2，pp.46-58
松浦直己（2005）「非行と家庭内病理との関連についての検討――少年院における不適切養育（虐待を含む）の実証的調査」財団法人明治安田こころの健康財団『研究助成論文集』41，pp.88-98
三上文一（1950）「長期欠席児童の生態――子どもの幸福は守られてるか？」『カリキュラム』22，pp.66-67
耳塚寛明（2007）「学力と家庭的背景――保護者調査を用いた小6算数学力の分析」お茶の水女子大学『青少年期から成人期への移行についての追跡的調査JELS第10集』pp.1-15
南出吉祥（2012）「若者支援関連施策の動向と課題――「若者自立・挑戦プラン」以降の8年間」『岐阜大学地域科学部研究報告』30，pp.117-133
南出吉祥（2015）「若者支援政策の変遷とその課題」『総合社会福祉研究』45，pp.24-31
三井さよ（2004）『ケアの社会学――臨床現場との対話』勁草書房
三井さよ（2008）「「人として」の支援――阪神・淡路大震災において「孤独」な生を支える」崎山治男・伊藤智樹・佐藤恵・三井さよ編著『〈支援〉の社会学――現場に向き合う思考』青弓社，pp.89-113
三浦まり・濵田江里子（2012）「能力開発国家への道――ワークフェア／アクティベーションによる福祉国家の再編」『上智法學論集』56(2・3)，pp.1-35
宮本みち子（2002）『若者が《社会的弱者》に転落する』洋泉社
宮本みち子（2004）「社会的排除と若年無業――イギリス・スウェーデンの対応」『日本労働研究雑誌』46(12)，pp.17-26
宮本みち子（2008）「「成人期への移行」政策と若年者支援」日本社会福祉学会編『福祉政策理論の検証と展望』中央法規出版，pp.146-172
宮本みち子（2012）『若者が無縁化する――仕事・福祉・コミュニティでつなぐ』筑摩書房
宮本みち子（2015）「若者の移行期政策と社会学の可能性――「フリーター」「ニート」から「社会的排除」へ」『社会学評論』66(2)，pp.204-223
宮本みち子編（2015）『すべての若者が生きられる未来を――家族・教育・仕事からの排除に抗して』岩波書店
宮本みち子・佐藤洋作・宮本太郎編著（2021）『アンダークラス化する若者た

ち――生活保障をどう立て直すか』明石書店
宮武正明（1988）「崩れゆく家庭・地域と子どもたち――貧困のなかで子どもたちはなぜ中ブラ・無職少年になるのか」『教育』38(12)，pp.19-33
水野篤夫・岸田祐子・横江美佐子・竹田明子（2015）「日本と海外の若者支援の取組み」埋橋孝文・大塩まゆみ・居神浩編著『子どもの貧困／不利／困難を考えるII――社会的支援をめぐる政策的アプローチ』ミネルヴァ書房，pp.219-245
文部省（1951-1999）「学校基本調査」
文部省（1953-1959）「公立小学校・中学校長期欠席児童生徒調査」
諸星ノア（2003）『ひきこもりセキラララ』草思社
盛満弥生（2011）「学校における貧困の表れとその不可視化――生活保護世帯出身生徒の学校生活を事例に」『教育社会学研究』88，pp.273-294
森田洋司（1991）『「不登校」現象の社会学』学文社
村上尚三郎（1972）「義務教育における不就学，長期欠席に関する考察」『仏教大学研究紀要』56，pp.133-165
村澤和多里（2017）「「ひきこもり」概念の成立過程について――不登校との関係を中心に」『札幌学院大学人文学会紀要』102，pp.111-135
村澤和多里・山尾貴則（2009）「若者たちの「孤立化」と「回復」をめぐって――地域若者サポートステーションの取り組みを通して考える」『生活指導研究』26，pp.79-99

N

内閣府（2005）「若者の包括的な自立支援方策に関する検討会報告」
内閣府（2010a）「ユースアドバイザー養成プログラム（改訂版）」
内閣府（2010b）「若年無業者（15～39歳）数及び割合――就業構造基本調査（平成19年）の再集計結果」
内閣府（2021）「令和3年度版 子供・若者白書」
内閣府子ども若者・子育て施策総合推進室（2011）「ひきこもり支援者読本」
内閣府政策統括官（共生社会政策担当）（2005）「青少年の就労に関する研究調査」
内閣府政策統括官（共生社会政策担当）（2016）「若者の生活に関する調査報告書」
中村健吾・福原宏幸（2012）「序」福原宏幸・中村健吾編著『21世紀のヨーロッパ福祉レジームーアクティベーション改革の多様性と日本』糺の森書房，

pp.i-xvi
中村好孝（2005）「支援活動からみたひきこもり――ある民間支援団体の事例を手がかりにして」『年報社会学論集』18，pp.136-146
中村好孝・堀口佐和子（2008）「訪問・居場所・就労支援――「ひきこもり」経験者への支援方法」荻野達史・川北稔・工藤宏司・高山龍太郎編著『「ひきこもり」への社会学的アプローチ――メディア・当事者・支援活動』ミネルヴァ書房，pp.186-211
中西正司・上野千鶴子（2003）『当事者主権』岩波書店
中西新太郎（2003）「日本的雇用の転換と若年層の就業行動・ライフコース変容」『女性労働研究』43，pp.64-74
中西新太郎（2009）「漂流者から航海者へ――ノンエリート青年の〈労働―生活〉経験を読み直す」中西新太郎・高山智樹編著『ノンエリート青年の社会空間――働くこと，生きること，「大人になる」ということ』大月書店，pp.1-45
日本労働研究機構（2001）「大都市の若者の就業行動と意識」（調査研究報告書No.146）
日本労働研究機構（2003）「諸外国の若者就業支援政策の展開――イギリスとスウェーデンを中心に（概要版）」（日本労働研究機構資料シリーズNo.131）
二宮元（2019）「緊縮期のワークフェア改革――ニューレイバーからキャメロンへ」『大原社会問題研究雑誌』733，pp.3-18
二宮祐子（2010）「教育実践へのナラティヴ・アプローチ――クランディニンらの「ナラティヴ探究」を手がかりとして」『学校教育学研究論集』22，pp.37-52
西田芳正（2012）『排除する社会・排除に抗する学校』大阪大学出版会
仁藤夢乃（2014）『女子高生の裏社会――「関係性の貧困」に生きる少女たち』光文社
野口裕二（2005）『ナラティヴの臨床社会学』勁草書房
野口裕二（2009）「ナラティヴ・アプローチの展開」野口裕二編『ナラティヴ・アプローチ』勁草書房，pp.1-25

O
OECD (2013) Activating jobseekers: Lessons from seven OECD countries, *OECD Employment Outlook 2013*, OECD Publishing, pp.127-190.
OECD (2017) *Investing in Youth: Japan*, OECD Publishing.

荻野達史（2007）「相互行為儀礼と自己アイデンティティ――「ひきこもり」経験者支援施設でのフィールドワークから」『社会学評論』58(1)，pp.2-20
荻野達史（2008）「ひきこもりと対人関係――友人をめぐる困難とその意味」荻野達史・川北稔・工藤宏司・高山龍太郎編著『「ひきこもり」への社会学的アプローチ――メディア・当事者・支援活動』ミネルヴァ書房，pp.127-158
荻野達史（2013）『ひきこもり もう一度，人を好きになる――仙台「わたげ」，あそびとかかわりのエスノグラフィー』明石書店
岡部茜（2019）『若者支援とソーシャルワーク――若者の依存と権利』法律文化社
岡部茜（2021a）「若者を食べ吐きする「若者自立支援政策」」『大原社会問題研究所雑誌』753，pp.4-17
岡部茜（2021b）「「投資」は若者を支えるか？」『教育』906，pp.72-77
岡部茜・青木秀光・深谷弘和・斎藤真緒（2012）「ひきこもる若者の語りに見る“普通”への囚われと葛藤――ひきこもる若者へのインタビュー調査から」『立命館人間科学研究』25，pp.67-80
岡部卓（2018）「わが国における子ども・若者の貧困をどのようにとらえるか――社会福祉学からの接近」阿部彩（研究代表者）『子ども・若者の貧困対策諸施策の効果と社会的影響に関する評価研究 平成30年度報告書』pp.252-259
岡田真紀（2007）『不登校・非行・ひきこもりになったわが子――悩みを乗りこえた母親たちの声』学苑社
岡本響子・松浦美晴（2016）「ひきこもり当事者と高齢の親への支援の実態――訪問看護師へのインタビューから」『日本看護学会論文集. ヘルスプロモーション』47，pp.119-122
小此木啓吾（1979）『対象喪失――悲しむということ』中央公論社
小此木啓吾（2000）「ひきこもりの社会心理的背景」狩野力八郎・近藤直司編『青年のひきこもり――心理社会的背景・病理・治療援助』岩崎学術出版社，pp.13-26
奥田知志（2006）「北九州市におけるホームレス支援の始まり」山崎克明・奥田知志・稲月正・藤村修・森松長生『ホームレス自立支援――「北九・市民・行政協働による「ホームの回復」』明石書店，pp.44-96
大阪府教育委員会（2007）「平成18年度　大阪府学力等実態調査報告書」
大澤真平（2008）「子どもの経験の不平等」『教育福祉研究』14，pp.1-13

大田なぎさ（2013-2015）「スクールソーシャルワーカーのしごと」『子どものしあわせ』754-776（連載）
大田なぎさ（2014）「スクールソーシャルワーカーのしごと（4）家庭訪問から家庭滞在へ――特別なことをせずに子供と遊び母親の声を聴く」『子どものしあわせ』757，pp.40-45
御旅屋達（2015）「若者自立支援としての「居場所」を通じた社会参加過程――ひきこもり経験者を対象とした支援の事例から」『社会政策』7(2)，pp.106-118

R

Robison, O., Egan, J. and Inglis, G.（2017）Young carers in Glasgow: health, wellbeing and future expectations, Glasgow Centre for Population Health Report. https://www.gcph.co.uk/assets/0000/6144/Young_carers_school_survey_report_Nov2017.pdf（2021年10月31日確認）
Rogers, V.（2011）*101 Things to Do on the Street, Second Edition*, Jessica Kingsley Publishers.
Rose, H. D. and Cohen, K.（2010）The experiences of young carers: a meta-synthesis of qualitative findings, *Journal of Youth Studies*, 13(4), pp.473-487.
労働政策研究・研修機構（2004）「移行の危機にある若者の実像――無業・フリーターの若者へのインタビュー調査（中間報告）」『労働政策研究報告書』No.6
労働政策研究・研修機構（2005）「若年就業支援の現状と課題――イギリスにおける支援の展開と日本の若者の実態分析から」『労働政策研究報告書』No.35
労働政策研究・研修機構（2019）「子どものいる世帯の生活状況および保護者の就業に関する調査2018（第5回子育て世帯全国調査）」『JILPT調査シリーズ』No.192

S

斎藤環（1998）『社会的ひきこもり――終わらない思春期』PHP研究所
斎藤環（2002）『「ひきこもり」救出マニュアル』PHP研究所
斎藤環（2003）『ひきこもり文化論』紀伊國屋書店
斎藤環（2011）「ひきこもりの心理状態への理解と対応」内閣府子ども若者・

子育て施策総合推進室「ひきこもり支援者読本」pp.3-17
酒井朗（2014）『教育臨床社会学の可能性』勁草書房
酒井朗・川畑俊一（2011）「不登校問題の批判的検討――脱落型不登校の顕在化と支援体制の変化に基づいて」『大妻女子大学家政系研究紀要』47, pp.47-58
桜井啓太（2013）「「自立支援」による生活保護の変容とその課題」埋橋孝文編著『福祉＋α④生活保護』ミネルヴァ書房，pp.75-88
桜井啓太（2016）『〈自立支援〉の社会保障を問う――生活保護・最低賃金・ワーキングプア』法律文化社
桜井利行（2003）「ひきこもり経験者の語りに関する一考察――エリクソンの「アイデンティティ」概念を手がかりに」『大阪大学教育学年報』8，pp.223-234
笹倉千佳弘（2008）「不登校の現実をめぐる一考察――階層の視点からみえてくること」『就実教育実践研究』1，pp.57-68
佐藤洋作（2005a）「若者自立塾の現場から」『前衛』796，pp.143-151
佐藤洋作（2005b）「〈不安〉を超えて〈働ける自分〉へ――ひきこもりの居場所から」佐藤洋作・平塚眞樹編著『ニート・フリーターと学力』明石書店，pp.206-229
佐藤洋作（2012）「「学校から社会へ」の移行を支援する――移行期としての若者期を問う」竹内常一・佐藤洋作編著『教育と福祉の出会うところ――子ども・若者としあわせをひらく』山吹書店，pp.206-230
佐藤洋作・浅野由佳・NPO文化学習協同ネットワーク編著（2005）『コミュニティ・ベーカリー風のすみかへようこそ――ニートから仕事の世界へ』ふきのとう書房
生活保護制度の在り方に関する専門委員会（2004）「生活保護制度の在り方に関する専門委員会 報告書」
生活困窮者自立支援のあり方等に関する論点整理のための検討会（2017）「困窮者自立支援のあり方に関する論点整理」
関水徹平（2016）『「ひきこもり」経験の社会学』左右社
関水徹平・藤原宏美（2013）『果てしない孤独――独身・無職者のリアル』扶桑社
瀬戸山晃一（2010）「法的パターナリズム論の新展開（1）――リバタリアン・パターナリズム論の含意と法規制」『阪大法学』60(4)，pp.807-826
社会経済生産性本部（2007）「ニートの状態にある若年者の実態および支援策

に関する調査研究報告書」
社会保障審議会生活困窮者自立支援及び生活保護部会（2017）「生活困窮者自立支援及び生活保護部会　報告書」
澁谷智子（2018）『ヤングケアラー――介護を担う子ども・若者の現実』中央公論新社
澁谷智子編（2020）『ヤングケアラー わたしの語り――子どもや若者が経験した家族のケア・介護』生活書院
嶋内健（2011）「社会的包摂としてのアクティベーション政策の意義と限界――ワーク・アクティベーションとソーシャル・アクティベーション」『立命館産業社会論集』47(1)，pp.173-194
志水宏吉（2014）『「つながり格差」が学力格差を生む』亜紀書房
申智媛（2011）「学校改革研究における教師の経験を捉える視座」『東京大学大学院教育学研究科紀要』51，pp.329-340
新藤こずえ（2013）「スクールソーシャルワークからみた不登校と貧困に関する一考察」『立正社会福祉研究』14(2)，pp.15-23
塩倉裕（1997a）「人と生きたい――引きこもる若者たち」（『朝日新聞』1997年2月5日～2月13日連載）
塩倉裕（1997b）「「引きこもる」若者を救え（コラム・私の見方）」（『朝日新聞』1997年2月26日）
塩倉裕（2000）『引きこもり』ビレッジセンター出版局
塩倉裕（2002）「「引きこもり」を見る視点」『高校生活指導』152，pp.6-13
塩崎正（2017）「コネクションズ・サービスの撤退とバーミンガム市の対応――日本における若者支援策への示唆に焦点を当てて」『東京未来大学研究紀要』12(0)，pp.29-39
白水崇真子（2015）「若者支援の変遷と日本社会が直面する課題――支援の現場から（1）」宮本みち子編著『すべての若者が生きられる未来を――家族・教育・仕事からの排除に抗して』岩波書店，pp.95-116
相馬契太（2016）「ただ「いる」こと，ただ「ある」こと」春日井敏之・櫻谷眞理子・竹中哲夫・藤本文朗編『ひきこもる子ども・若者の思いと支援――自分を生きるために』三学出版，pp.138-156
総務庁青少年対策本部（1990）「青少年白書（平成元年版）」
総務省（1956-）「就業構造基本調査」
総務省（1984-2001）「労働力調査特別調査」
総務省（2002-）「労働力調査」

末吉朋美（2013）「教師の悩みはどこから来るのか？――日本語教師たちとのナラティヴ探究を通して」『阪大日本語研究』25，pp.75-104
杉村宏（1987）「子ども・家族・貧困――社会階層と子どもの進路を中心にして」白沢久一・宮武正明編著『生活関係の形成――社会福祉主事の新しい課題』勁草書房，pp.108-153
杉田真衣（2015）『高卒女性の12年――不安定な労働，ゆるやかなつながり』大月書店
住田正樹（2004）「子どもの居場所と臨床教育社会学」『教育社会学研究』74，pp.93-109
鈴木晶子・松田ユリ子・石井正宏（2013）「高校生の潜在的ニーズを顕在化させる学校図書館での交流相談――普通科課題集中校における実践的フィールドワーク」『生涯学習基盤経営研究』38，pp.1-17
鈴木英市（1956）「公立の小学校及び中学校における長期欠席児童生徒の実態」『文部時報』943，pp.52-63

T

橘ジュン（2010）『漂流少女――夜の街に居場所を求めて』太郎次郎社エディタス
高木隆郎・川端利彦・田村貞房・三好郁男・前田正典・村手保子・澄川智（1959）「長欠児の精神医学的実態調査」『精神医学』1(6)，pp.29-35
髙橋薫（2012）「関係性を回復する支援――サポステを訪ねてくる若者たち」竹内常一・佐藤洋作編著『教育と福祉の出会うところ――子ども・若者としあわせをひらく』山吹書店，pp.170-185
高山龍太郎（2008）「不登校から「ひきこもり」へ」荻野達史・川北稔・工藤宏司・高山龍太郎編著『「ひきこもり」への社会学的アプローチ――メディア・当事者・支援活動』ミネルヴァ書房，pp.24-47
竹中哲夫（2010）『ひきこもり支援論――人とつながり，社会につなぐ道筋をつくる』明石書店
竹中哲夫（2017）「ひきこもりへの支援の展開」境泉洋編著『地域におけるひきこもり支援ガイドブック――長期高齢化による生活困窮を防ぐ』金剛出版，pp.57-76
竹内常一・佐藤洋作編著（2012）『教育と福祉の出会うところ――子ども・若者としあわせをひらく』山吹書店
滝口克典（2017）「「ぷらほ」の奇妙な実践――支援の社会モデルより」『月刊

社会教育』737，pp.34-38
田中敦（2014）『苦労を分かち合い希望を見出すひきこもり支援――ひきこもり経験値を活かすピア・サポート』学苑社
田中千穂子（2000）『受験ストレス――挫折・ひきこもりと家族の課題』大月書店
田中昌弥（2011a）「臨床教育学の課題とナラティブ的探究――教師の専門性と子どもの世界を読み開く」『臨床教育学研究』0，pp.44-57
田中昌弥（2011b）「教育学研究の方法論としてのナラティブ的探究の可能性」『教育学研究』78(4)，pp.411-422
谷野幸子（1985）「一青年のひきこもりからの旅立ち」『心理臨床ケース研究』3，pp.145-159
セイラー, R. H.／サンスティーン, C. R.（2009）『実践 行動経済学――健康，富，幸福への聡明な選択』（遠藤真美訳）日経BP（Thaler, R. H. and Sunstein, C. R. 2008 *Nudge: Improving Decisions about Health, Wealth, and Happiness*, Penguin Books.）
the Social Exclusion Unit（1999）*Bridging the Gap: New Opportunities for 16-18 year olds not in Education, Employment and Training.*
Toivonen, T.（2013）*Japan's Emerging Youth Policy: Getting young adults back to work*, Routledge.
特定非営利活動法人ビッグイシュー基金（2010）『若者ホームレス白書――当事者の証言から見えてきた問題と解決のための支援方策』
特定非営利活動法人釜ヶ崎支援機構・大阪市立大学大学院創造都市研究科（2008）『「若年不安定就労・不安定住居者聞き取り調査」報告書――「若年ホームレス生活者」への支援の模索』
富田富士也（1992）『引きこもりからの旅立ち――登校・就職拒否から「人間拒否」する子どもたちとの心の記録』ハート出版
富田富士也（1995）「登校拒否その後――人間関係がわずらわしい」『少年育成』1995年9月号，pp.8-14
富田富士也（2000）『新・引きこもりからの旅立ち――不登校「その後」・就職拒否に悩む親子との関わりの記録（増補改訂版）』ハート出版
東京都ひきこもりに係る支援協議会（2021）「「ひきこもりに係る支援の充実に向けて」提言」
妻木進吾・堤圭史郎（2010）「家族規範とホームレス――扶助か桎梏か」青木秀男編著『ホームレス・スタディーズ――排除と包摂のリアリティ』ミネル

ヴァ書房，pp.169-201
都留民子（2010a）『失業しても幸せでいられる国――フランスが教えてくれること』日本機関紙出版センター
都留民子（2010b）「「ワークフェア」は貧困を解決できるか？第1回「労働神話」を見直す」『賃金と社会保障』1524，pp.20-27
津富宏（2010）「非行・犯罪」内閣府「ユースアドバイザー養成プログラム（改訂版）」
津富宏・NPO法人青少年就労支援ネットワーク静岡編著（2011）『若者就労支援「静岡方式」で行こう!!　地域で支える就労支援ハンドブック』クリエイツかもがわ
露木恵美子（2019）「「場」と知識創造――現象学的アプローチによる集団的創造性を促す「場」の理論に《ママ》構築にむけて」『研究 技術 計画』34(1)，pp.39-57
都築学（1982）「時間的展望に関する文献的研究」『教育心理学研究』30(1)，pp.73-86

U
打越正行（2021）「学校を去る訳――地元建設業に生きる沖縄のヤンキーたち」『教育』906，pp.78-83
上野千鶴子（2008）「当事者とは誰か？――ニーズ中心の福祉社会のために」上野千鶴子・中西正司編『ニーズ中心の福祉社会へ――当事者主権の次世代福祉戦略』医学書院，pp.10-37
植野ルナ（2015）「働きづらさに悩む若年無業女性――“ガールズ”支援の現場から」『住民と自治』622，pp.12-15
上山和樹（2001）『「ひきこもり」だった僕から』講談社
漆葉成彦・青木道忠・藤本文朗編著（2017）『何度でもやりなおせる――ひきこもり支援の実践と研究の今』クリエイツかもがわ
埋橋孝文（2011）『福祉政策の国際動向と日本の選択――ポスト「三つの世界」論』法律文化社
埋橋孝文編著（2007）『ワークフェア――排除から包摂へ？』法律文化社

W
若者自立・挑戦戦略会議（2003）「若者自立・挑戦プラン」
若者自立・挑戦戦略会議（2004）「若者の自立・挑戦のためのアクションプラ

ン」
若者自立・挑戦戦略会議（2005）「「若者の自立・挑戦のためのアクションプラン」の強化」
若者の包括的な自立支援方策に関する検討会（2005）「若者の包括的な自立支援方策に関する検討会報告」
若者支援全国協同連絡会編（2016）『「若者支援」のこれまでとこれから――協同で社会をつくる実践へ』かもがわ出版
渡邉亜矢子（1992）「東京都公立中学校における「学校ぎらい」出現率の学校差および地域差」『生活指導研究』9，pp.143-162
Williamson, H. (2004) The Milltown Boys Revisited, Berg.
ウィリス, P.（1996）『ハマータウンの野郎ども』（熊沢誠・菊池秋郎訳）筑摩書房（Willis, P. E. 1977 *Learning to Labour: How working class kids get working class jobs*, Ashgate Publishing Ltd.）

Y
山田恵子（2015）「スクールソーシヤ《ママ》ルワークにおける「家庭訪問」の意義と必要性――貧困家庭等における長期不登校問題の解決のために」『早稲田大学大学院文学研究科紀要』第1分冊 61，pp.21-34
山田孝明（2018）『8050問題を考える――笑いと悲しみと共に生きたい』イシス出版
山本耕平（2009）『ひきこもりつつ育つ――若者の発達危機と解き放ちのソーシャルワーク』かもがわ出版
山本耕平（2013）『ともに生きともに育つひきこもり支援――協同的関係性とソーシャルワーク』かもがわ出版
横井敏郎（2006）「若者自立支援政策から普遍的シティズンシップへ――ポストフォーディズムにおける若者の進路と支援実践の展望」『教育学研究』73（4），pp.432-443
横田正雄（1986）「底辺の不登校児たち――崩壊家庭の不登校児の事例研究」『精神衛生研究』33，pp.245-253
横湯園子（2006）『ひきこもりからの出発――あるカウンセリングの記録』岩波書店
湯浅誠（2008）『反貧困――「すべり台社会」からの脱出』岩波書店
湯浅誠（2009）『どんとこい，貧困！』理論社

著者
原 未来（はら みき）
1985年生まれ。博士(教育学)。滋賀県立大学人間文化学部准教授。ひきこもり等を経験した若者とイベントを開催したり、フリースペースを立ち上げたりしながら、実践と研究の双方で活動している。
共著に『「若者／支援」を読み解くブックガイド』(かもがわ出版、2020年）など。

DTP 岡田グラフ
装幀 廣田清子

見過ごされた貧困世帯の「ひきこもり」
——若者支援を問いなおす

2022年1月21日 第1刷発行

定価はカバーに
表示してあります

著 者 原 未来
発行者 中川 進

〒113-0033 東京都文京区本郷2-27-16
発行所 株式会社 大月書店
印刷 太平印刷社
製本 プロケード
電話（代表）03-3813-4651 FAX 03-3813-4656 振替00130-7-16387
http://www.otsukishoten.co.jp/

ISBN978-4-272-33104-8 C0036 Printed in Japan